银行监管的未来

Banking on Basel:
The Future of International Financial Regulation

刘畅 郭敏 张桥云 编译
罗 平 校审

西南财经大学出版社
Southwestern University of Finance & Economics Press

图书在版编目(CIP)数据

银行监管的未来/刘畅编译. —成都:西南财经大学出版社,
2011. 7
ISBN 978 - 7 - 5504 - 0354 - 3

Ⅰ. ①银⋯　Ⅱ. ①刘⋯　Ⅲ. ①银行监督—研究　Ⅳ. ①F830. 2

中国版本图书馆 CIP 数据核字(2011)第 145923 号

银行监管的未来

刘畅　郭敏　张桥云　编译
罗平　校审

责任编辑:向小英
助理编辑:高小田　高玲
封面设计:杨红鹰
责任印制:封俊川

出版发行	西南财经大学出版社(四川省成都市光华村街55号)
网　　址	http://www. bookcj. com
电子邮件	bookcj@ foxmail. com
邮政编码	610074
电　　话	028 - 87353785　87352368
印　　刷	郫县犀浦印刷厂
成品尺寸	148mm × 210mm
印　　张	10. 25
字　　数	255 千字
版　　次	2011 年 10 月第 1 版
印　　次	2011 年 10 月第 1 次印刷
书　　号	ISBN 978 - 7 - 5504 - 0354 - 3
定　　价	29. 80 元

前　言

　　《巴塞尔协议Ⅲ》是在 2008 年全球金融危机的背景下产生的，并在韩国首尔举行的 2010 年 G20 峰会上获得正式批准实施。虽然该协议的提议、修改和通过前后只有短短的一年多时间，但是整个内容却是经过长期对巴塞尔新资本协议（《巴塞尔协议Ⅱ》）的修改和沉淀得来的。

　　结合"十二五"规划和《巴塞尔协议Ⅲ》中增强的资本要求，中国银行监督管理委员会（以下简称中国银监会）也进行了及时跟进，推出了适合中国国情的四大监管工具——资本要求、杠杆率、拨备率和流动性要求。这被业界称为中国版"巴塞尔Ⅲ"。在资本充足率方面，商业银行一级资本充足率，从现行的 4% 上调至 5%，资本充足率保持 8% 不变；第二，在拨备覆盖率的基础上，引入动态拨备率指标控制经营风险，原则上不低于 2.5%；第三，引入杠杆率监管指标，按照监管规划，"十二五"期间，我国银行业杠杆率监管标准确定为不低于 4%；第四，在现有流动性比率监管基础上，引入流动性覆盖率和净稳定融资比率指标。以上监管指标的确定给我国银行业带来了更大挑战。有人戏言，中国银行也将从此走上"补血"之路。因此，中国银行业应该以这次监管指标的引入为契机，主动探索银行经营的新路子，积极开发符合监管要求的金融产品，增强竞争力，才能在国际金融舞台上占据一席之地。

　　本书共分为八个部分。第一部分为简介部分。第二部分着重阐述资本监管的作用，并举出相应案例。第三部分介绍了《巴塞尔协议Ⅰ》产生的背景以及不足之处。第四部分结合上一章节的讨论结果，导出巴塞尔新资本协议推出的背景以及一些重要概念。第五章介绍了评论巴塞尔新资本协议作为一个国际银行业公约的评估基础和出发点。第六章继续讨论该协议的可行性。第七章讨论了巴塞尔新资本协议可能的改进方向，为"巴塞尔协议Ⅲ"的推出打下基础。第八章提出了建议和对策。本书详细介绍了巴塞尔协议（包括巴塞尔协议Ⅰ、巴塞尔新资本协议以及巴塞尔协议Ⅲ）的出台背景、优点和不足、改进的方向和路径以及建议与对策，是硕士、博士研究生，银行从业人员和相关领域科研人员较好的参考用书。本书译者希望通过本书的出版能够对中国银行业经营管理和银行监管提供案例分析和理论支持工具。

　　本书在成书过程中得到了四川省银监局王筠权先生、王泽平先生、程铿先生、王国成先生，西南财经大学的大力支持和帮助，在此对他们表示由衷的感谢和致敬！

编译者

二〇一一年四月

目　录

第一章 简介

2004 年 6 月,《资本计量和资本标准的国际协议:修订框架》,即巴塞尔新资本协议正式出台。新协议改变了金融业发达国家银行监管的基本方法,把最低资本要求作为审慎监管的核心;同时,新协议使国际监管工作达到了前所未有的协调与统一[①],即使对于巴塞尔银行监管委员会[②]制定的标准(见表 1.1)——国际监管趋同的典型条例——巴塞尔新资本协议也相当权威。本书阐述了资本规则和相关监管规定的内容,这些规则的成功实施需要国际间银行监管者的持续大力合作。

表 1.1　　　　　巴塞尔银行监管委员会

> 巴塞尔银行监管委员会的目标是:增进对监管的理解并提高全球银行的监管水平。(巴塞尔委员会,2007)赫斯塔特银行的倒闭给世界各地的货币市场带来重大影响,因此在此之后,10 国集团于 1974 年年底制定了委员会最初的条例和监管制度。委员会的各国代表分别来自各国的中央银行以及银行监管当局。

---

① 这主要是在欧盟成员国之间。

② 1999 年之前,该委员会使用法语拼写,称为 Basle。巴塞尔的官方语系是德语,为响应当地居民的语言偏好,1999 年该委员会更名为"Basel"。巴塞尔委员会的网站上现在使用标准的索引为"Basel",但是 20 世纪 80 年代和 90 年代以来的详细记录仍然使用旧的拼写,即"Basle"。为达成一致性,本书中全部使用"Basel"这一写法。

表1.1(续)

由于该委员会没有被官方正式认可，也没有正式员工，因此它的一系列活动并不具备国际法律效力。该委员会每年都会在国际清算银行（表1.2）的总部瑞士巴塞尔开展多次交流会。这种交流会的程序既不会公开——正如国际货币基金组织执行董事会等——也不会在公开的摘要中记录。然而，它会在其网站上持续不断地发布并维护一些咨询文件，如标准、建议、指导方针以及国际活跃银行监管的最优做法。该委员会称其活动是"鼓励采用共同的方法和标准，但并不强求成员国在监管技术上做到完全一致"（巴塞尔委员会2007），这也是对其最初20年工作的准确定性，但是巴塞尔新资本协议的执行使大家误解了这一点。

委员会所要做的第一个重大而持续的工作是缩小国际活跃银行之间在监管方面的差距，并确保对其提供充分的监督。1975年，巴塞尔委员会成立不久，就公布了一份文件，这份文件最终被称为"协约"，这项"协约"规定了一整套原则，要求东道国和母国共负监督责任。之后，委员会根据深入研究影响重大的监管失灵案例如20世纪80年代后期的银行国际商业信贷案例，对这些原则作了进一步的阐述和修订。这些活动又产生了许多相关的创新，如关于离岸银行中心处理的综合监管方面问题等。

巴塞尔委员会的第二个主要工作是公布银行监管的一般标准。1996年里昂的首脑会议之后，委员会的这项工作在参加会议的七国集团（G-7）领导人的要求下变得更加全面。1997年发布了"有效银行监管核心原则"，并在2006年作了修订。这些原则为世界各地的银行业监管者服务，而并不仅仅局限于巴塞尔委员会。同时，委员会已设立包括10国集团以外的监管者和组织机构的交流机制和部门，以此来鼓励各金融机构遵守核心原则。

巴塞尔委员会的第三个长期任务是制定资本充足率的标准公式。正如第三章的阐述，第一批资本标准（巴塞尔协议）发布于1988年。重新修订后的资本标准，即巴塞尔新资本协议（本书的主题）发布于2004年。虽然1987年在对巴塞尔协议的协商中，关注国际活跃银行的资本充足率还只是巴塞尔委员会两大重要活动的其中之一，但在巴塞尔新资本协议的研讨和实施过程中已经占据了主导地位。

表1.1(续)

> 在巴塞尔新资本协议的谈判完成之后，巴塞尔委员会于 2006 年 10 月将其工作改组为 4 个主要的小组委员会：协议执行小组（专门处理巴塞尔新资本协议），政策发展小组（处理新出现的问题），会计专责小组以及国际联络小组（主要是组织协调巴塞尔委员会和非巴塞尔委员会监管者之间的相互关系）。

注：尽管委员会起源于 10 国集团，但是目前已有 13 个国家作为巴塞尔委员会的代表，其中有 12 个国家是原始成员：比利时、加拿大、法国、德国、意大利、日本、卢森堡、荷兰、瑞典、瑞士、英国和美国。西班牙于 2001 年加入该组织。

表 1.2　　　　　　　　　　国际清算银行

> 国际清算银行（BIS）是巴塞尔银行监管委员会的机构主体，总部设在瑞士巴塞尔，该组织的任务是促进国际间货币和金融合作并充当中央银行的银行。许多委员会和组织在国际清算银行都设有它们的代表处，尽管这些实体不是其中正式的部分，但它们（包括巴塞尔委员会在内）的目的在于维护国际金融系统的稳定。目前，国际清算银行的成员总数有 55 家中央银行。
>
> 　国际清算银行成立于 1930 年，是为了执行"杨格计划"以解决德国赔偿问题而组建的。之后，其重点迅速转移到促进国际金融合作和货币稳定这两方面来。这些目标最初是通过各国央行官员、经济学家（商讨国际金融问题，协调国家的金融政策）、研究人员定期举行会议编制并发行金融统计数据来确定的。国际清算银行在实施和维持布雷顿森林体系方面也发挥了不小的作用。
>
> 　历史上，国际清算银行保留了它作为"中央银行的银行"的地位；在金融交易中，作为中央银行在国际金融合作者与主要对手之间的代理人或受托人，并作为国际货币系统提供或组织紧急融资（包括"稳定计划"中的一部分，例如由国际货币基金组织的分别在 1982 年和 1998 年为墨西哥和巴西进行的紧急融资）。国际清算银行协助各国央行管理外汇储备，同时其本身持有由各国央行投资的约 6% 的全球外汇储备。

作为一种监管模式和国际资本监管的趋势，巴塞尔新资本协议远远超越了 1988 年的初始框架（巴塞尔资本协定）。事实上，巴塞尔新资本协议已经在巴塞尔委员会的工作中占据主导地位，它的政策含义具有深远的影响，在国内银行业的监管和监督国际活跃银行的国际合作这两方面，新协议的影响力也是不言而喻的。此外，该协议也是其他金融机构活动的国际协定的先驱，这一点虽然不明显但也同样重要。大型金融机构的全球化扩张和金融市场全球一体化意味着如果其中一个国家的金融系统产生了严重的问题，那么这种金融风险就会很容易且迅速地蔓延到其他国家，正如大规模的同业拆借一直是银行压力的国际传导机制。

巴塞尔新资本协议的经验将不可避免地影响所有国际金融监管的未来，当巴塞尔委员会公布修订后的框架时，这种情况有可能比巴塞尔委员会预想的来得更早。在 2007 年爆发次级抵押贷款危机之后，寻找额外或替代性的监管机制就更具有紧迫性。这场危机揭露了金融机构风险管理和政府部门监管的大量缺陷。在巴塞尔新资本协议尚未到位期间，许多银行在资产负债表中累计了大量的次级抵押资产，同时一些银行设立表外实体来从事高风险业务。在危机发生时，银行界内出现了许多争论：全面执行巴塞尔新资本协议是将缓解还是加剧银行的问题。对此人们各持己见，而这次的金融风暴也正是由银行的许多问题而引起的。

到 2008 年，巴塞尔委员会已基本承认，修订后的框架还不能够完全包含这次次贷危机所暴露的风险，因此还需要对此框架进一步强化。然而，这一危机使巴塞尔新资本协议中的两个基本问题突显出来。首先，纳入修订后框架的资本监管方法是不是从根本上就是错误的？其次，即使将巴塞尔新资本协议的基本方法作为国内法规的范例，在资本规则和监管措施的国际化方面，这种努力是不是无用和不恰当的？本书将会对这两个问题作出合理并且扩展的解释。

论点综述

一直以来，一个围绕巴塞尔新资本协议银行资本规则的核心政策问题是：国际化能否获得超额的净利润？在狭义框架下，本书的结论是：巴塞尔新资本协议资本监管的详细规则，对银行业监管的国际协定并不适用。在银行业监管中，这些分析结果对银行业的监管和国际合作有着更广泛的影响。

第一，也是最重要的是包含在巴塞尔新资本协议中的对国内银行资本监管的评估准则。建立在具有严重缺陷的银行监管模式基础上的国际协定显然是没有任何价值和意义的。然而，由于许多行政因素的存在，如税收遵从成本和监管的局限性，即使是理论健全的规则也不一定是最理想的。

直到巴塞尔新资本协议的出现，资本要求是基于相对简单的规则而建立的，并要求每家银行为基于风险类型划分方法的资产预留一部分资本，即在不同类型的信用敞口下对风险进行分类。尽管一家银行资产的风险权重由外部评级机构的评估决定，并且这些机构提供的评估结果是有效的，但是对于大多数银行，将继续使用上述那些简单的规则。这种改变可能是有争议的，尤其是在次贷危机中暴露出外部评级机构的缺陷之后，本书建议采用全新的、适用于大型银行的测定方法来确定最低资本要求。

巴塞尔新资本协议资本监管内部评级法（IRB），将允许大型银行使用自己的信用风险模型生成相应的数量指标，并将这些指标代入委员会提供的风险权重函数计算公式中（这个公式决定了银行必须持有的资本量）。IRB 方法的优势是通过使用主要银行的先进风险评估技术增加了监管资本要求的风险敏感度。IRB 方法与国际趋同活动中得出的其他监管方法和准则不同，它不是通过对一个或多个国家使用的监管系统加以改编而来的，而是在国际谈判期间发展起来的。资本要求是当代银行监管的核心，而 IRB 方法基本上是未经检验的，因此，监管者对这些准则的改变可能会导致大家对准则的认可程度。尽管许多监管者坚持认为在适应的现行的监管模式后，可以对这种方法进行适当的细微调整，但是 IRB 方法中的多种概念和实际存在的问题给国内银行业的监管确实带来了许多问题。

第二，是在实现各个国家的政策目标时，巴塞尔新资本协议能够评估国际银行监管。即使银行监管的基本设计是存在缺陷的，但是如果其他国家遵守这些规则，那么就会为每个参与国带来重要的潜在功用。另一方面，即使国际协议中详细统一的监管规则是在概念健全的基础上产生的，但在每个参与国中，这些规则必定会因经济环境、法律环境以及政策优惠的不同而不同。从任何一个国家的角度来看，关键问题在于由赞同巴塞尔新资本协议规则（与采用各自不同的规则相比①）而带来的收益是否能够抵消其随之而来所带来的损失。

潜在功用有许多不同的类型，同时要使一个功用得以完全实现，就必须在其他方面付出代价。此外，每个国家的不同群体将会对各种不同功用的相对重要性作出不同的评估。因此，换句话说，大家都没有在统一的国家功用基础上评价协议，都是基于不同的视角来作出自己的选择，例如大银行、小银行、

---

① 国际趋同过程中的监管规则比纯粹的国内的监管规则能更好地适用于一个或多个国家的公共利益。例如，在一次国际讨论会中，如果移民的规则减少了对某些国内利益集团的影响，那么这个规则就有可能被迅速通过。

立法者、监管者以及那些自认为是公共利益的拥护者对巴塞尔新资本协议的关注点各有不同。巴塞尔新资本协议两个首要目标为，增强国际活跃银行的安全性与稳健性和促使不同国家银行间的平等竞争。从理论上来说这并不难实现，但在实践中，可能其中一个目标会在协商的关键点上处于上风。不幸的是，从巴塞尔新资本协议的历史来看，在高效的银行业监管中，重要而抽象的普遍利益往往在协商的关键时刻服从于商业和官僚的利益。

除了巴塞尔新资本协议中涉及的缺乏统一的国家利益以外，另一项政策评估的难点是，IRB 理论方法中可信性收益可能不会转化成巴塞尔委员会特殊体制结构中的实际收益。不协调的激励措施，监控上的困难，或其他因素可能会限制协约的效力。同时，监管模式的选择是非常关键的，巴塞尔委员会的运作看上去也挺有意思的，并且这两者之间的互动将会决定巴塞尔新资本协议的影响力。实际上巴塞尔新资本协议的国际特征并没有填补 IRB 方法的缺陷；相反，随着越来越多的国家采用 IRB 方法，它作为国内监管基础也将会产生越来越多的缺陷；同时，对 IRB 方法实施的有效监控所表现出的困难将会限制采用共同的监管模式所带来的收益。

第三个分析是比较明确的。因为事实上任何倡议都会有优缺点，合理的政策分析并不是期望得到一个完美的协约，而是要在实际中得到最好的可选方法。即使一个提案存在重大缺陷，但它也不一定会是一个错误的政策选择。其他提案可能会有更大的意想不到的不良后果，或虽然只有较少的负面影响，不过是以对初始政策目标的肤浅认识为代价的。将巴塞尔新资本协议的优缺点同其他可选方法进行比较，我们可以看到没有任何单一的替代方案优于作为国际协约基础的 IRB 方法。然而，在巴塞尔委员会资本监管和体制限制的实际备选方案中，可能的确存在一种比巴塞尔新资本协议更简单、更折中的国际协约。本书最后一章对这种可选方法提供了一些建议。

内容提要

本书首先从银行资本监管的角度对巴塞尔新资本协议及其相应的影响进行讨论，并进一步阐述了新旧巴塞尔协议的发展历史。其次对作为银行监管模式和国际协定的巴塞尔新资本协议进行核心分析，评估一些可行的替代方法。最后，在本书结尾对该协约可能的重大修改方案提出了相应的建议。

第二章回顾了10国集团制定最低银行资本要求的理由以及相关的历史。要理解巴塞尔新资本协议的要求，有两点相当关键：首先，美国在过去的25年中，银行监管的性质有一个显著的变化，同时在其他金融中心也有一些较小程度的变化。金融服务行业的发展与银行活动限制条件的放宽产生共生效应，这种效应使资本监管成为银行监管的核心。其次，尽管风险的评估会变得复杂化与定量化，但是银行资本要求的确定还涉及对整个经济中金融系统稳定性和资本用途多样化这两方面的权衡。因此，资本监管不能成为一种纯粹的机械化任务，但对于其政策的谨慎执行却是很有必要的。

第三章描述了旧巴塞尔协议的起源、特点及其发展历史，并提供了巴塞尔委员会成立的背景，以及在20世纪80年代后期美国和英国寻求一个关于资本充足率的协约的双重动机。本章还阐述了在协议的再次起草之前，委员会对巴塞尔协议和巴塞尔委员会的其他监管合作协定做出的显著调整。即使巴塞尔委员会修改了原始的旧巴塞尔协议框架，但美国单方面的对这些规则进行了补充以适用于自己的银行，这样就可以将诸如信用风险证券化这类新问题考虑在内。然而，在旧巴塞尔协议执行过程中，当需要对监管方面做出迫切改变时，他们只是对国家的监管制度做了微量的调整。尽管业内人士都普遍认识到，信用风险管理和监管制度在理论和实践上的差距越来越大，但是没有一个国内银行监管者开始要求对资本充足率重新进行全面修改。

本章也评估了旧巴塞尔协议的优缺点。其中最大的缺点是，它在覆盖范围上存在缺口，并为监管套利创造了许多机会，而这些机会又逐步使银行业务混合更加严重，包括证券化、衍生产品以及其他金融产品。这些金融产品在旧巴塞尔协议起草期间已组成了银行主要活动的一部分。因此，这些缺陷就成为了推出巴塞尔新资本协议的主要动机。

第四章阐述了巴塞尔新资本协议的艰难协商过程以及 2004 年修订后的框架，包括协议的实施和随后 4 年中的修改。虽然委员会在 1998 年对协议进行了一次彻底修订，但修改结果仍然显得比较杂乱；尤其是根据次级抵押贷款和证券化中暴露出的监管缺陷，提出一个相应的法案，但是该法案的隐形成本非常大。例如，在巴塞尔新资本协议投入的监管资源和精力通过修订协议来企图解决流动性风险（这种风险在本次危机中得以真正认识），但是对协议的修改又可能暴露出新的监管缺陷。

巴塞尔委员所做的第一个成就是于 1999 年推出了关于资本监管的"三大支柱"，并保留在修订后的框架中。第一支柱包括最低资本要求，第二支柱由最低资本要求准则以外的银行监管指引组成，第三支柱涵盖了市场纪律。1999 年起草的第一支柱没有背离旧巴塞尔协议中的基础风险分类，并提出了使用外部信用评级，如由穆迪或标准普尔发展起来的信用评级，并作为定义风险分类的基础。但是，由于许多大型银行更新的风险管理方法都没有融入提案中，因此引起了银行业内广泛的不满，使得委员会不得不重新起草。之后，大家将注意力转向了推出银行自己信赖的、由其内部创建的信用评级方法，并且这种方法将作为银行监管资本计算的基础。然而，对特殊敞口的银行信用风险评级将由监管者推出的资本公式决定，因此，IRB方法就是监管的一种混合形式。

要发展一种适用性较强、可用于内部评级的方法并没有那么容易。因为两次全面的起草和大量详细的修正使其复杂程度越来越高，同时，巴塞尔委员会也试图对来自各个地区（主要是成员国）银行的反对意见做出相应的回应。在对法案中的问题做出回应的同时，巴塞尔委员会的其余精力全部集中于打造切实可行的IRB方法，以至于忽略了将第二支柱和第三支柱进行适当的发展。这种结果就造成了巴塞尔新资本协议发展不平衡的看法。

巴塞尔新资本协议对旧巴塞尔协议中的主要改变有：

●完善了风险分类，以便于小型银行计算其资本充足率，同时做了其他相关的改变，保留了1988年的基础方法，并在1999年的初始法案中对资本充足率的计算和实施进行深入的思考。

●允许较先进的大型银行通过选择使用低级内部评级法（F-IRB）或高级内部评级法（A-IRB），将他们的最低资本要求建立在内部信用风险模型投入的基础上。

●要求银行在将适当的市场纪律并入监管计划时，对其信息进行披露。

●扩大监管过程。

●要求为操作风险预留一部分资本。

由这些因素可以看出，银行内部评级法的实施是最有难度且最易引起争议的，其次就是对操作风险的管理。这两者都与银行的利润相关。

修订后的框架甚至在其出台前还存在争议。许多大银行还需要通过巴塞尔新资本协议 IRB 准则的测试运行才能消除其顾虑，IRB 准则表明银行资本需要削减，同时许多学者和政策评论员（甚至是一些立法者）认为错误是肯定存在的。一些美国的监管者还有第二种想法，即对美国实施监管的程度推行一种修改，以此来提供比当前修订后的框架更多的保障来抵制资本的削减。2007 年的次贷危机增强了人们对协议的怀疑，并促使了巴塞尔委员会在巴塞尔新资本协议全面实施之前对其再进行重大的修正。

第五章对巴塞尔新资本协议作为国内监管模式进行了相应的评价。本章首先对关于资本监管的许多重要问题进行了讨论，即为什么银行要有规律地持有多于最低监管要求的资本以及如何持有。如果资本的减少明显不是由实施 IRB 方法所产生的，那么巴塞尔新资本协议的实施就存在问题。其次本章描述了 IRB 方法的潜在优点，并强调高级内部评级法是适用于大型银行。它的优点包括较高的风险敏感度，并促使复杂的大型银行改善其内部风险管理系统，同时创造一种风险概况的"共同语言"，以此来增强银行信用延伸的监管和市场纪律。由于存在大量的问题，如评估信用风险的风险价值模型的属性未经检验，在监控银行 IRB 实施过程中产生的重大的行政监管的难题等，这就引出了重大的监管问题，即这些优点是否能够从本质上得到监管者和银行之间的共识。同时，本章还考虑到高级内部评级监管体制中的两个负面影响：反周期宏观经济影响的恶化通常伴随着风险敏感银行资本要求的提高和系统优势的减弱，这些都是使用高级内部评级银行所需要面对的。

本章的结论是高级内部评级法的风险和缺陷可能会超过它的潜在价值。因此，作为独立于国际协约之外的监管模式，其合理性是最无法确定的。事实上，巴塞尔新资本协议体制也可能最终会面对两种最糟糕的影响：一种是监管资本公式的复杂性，另一种是适用于银行业的当前最先进的风险建模技术。

第六章阐述了高级内部评级模型是否已作为国际协约的基础开始实施。本章首先考虑了协约的潜在利益，其中包括增强世界范围内（即巴塞尔委员会成员国和非成员国）国际活跃银行的安全性和健全性，促进不同国家之间的公平竞争，促进对国际活跃银行的监管，以及通过多元化监管和公开的体制使银行或投资者的成本减少。然而，这些潜在的优势没有一个从本质上被大家所认识和理解。

同时，对于高级内部评级法在许多国家产生的效用问题还存在重大的质疑，在这些国家监管方法的实际可操作性不如美国。高级内部评级法存在大量的监控问题，监管者们都试图确认在巴塞尔委员会成员国中的其他同行是否已经成功验证和监督了银行内部评级模型。本章最后还考虑到执行巴塞尔新资本协议框架对监管稳健性的有害影响。

第七章描述了可替代巴塞尔新资本协议的方法——两个国内资本监管的替代体制（可纳入国际协约以及国际合作的方法中）。第一类方法中有三种选择：维持一个适用于所有银行修正后的标准化方法；监管方式转向主要以市场导向为基础，如要求每个银行维持特定的次级债券；"事先承诺"的方法。第二类方法构成两个相当戏剧性的可能性：消除国际上对资本监管所作的努力协调，在超越统一的国家监管以外，通过国家机构对国际活跃银行进行直接监管。最后得出结论，不论是从实质性方法还是从国际合作模式来说，没有一个可替代的方法可以超越巴塞尔新资本协议，至少目前没有。不过，最后一章将会提到，这些可替代方法中的要素可能会用于修订后的巴塞尔新资本协议中。

第八章提出本书结论并给出建议。通过分析巴塞尔新资本协议，得出的一个重要的结论是，资本管制无法承担过多的审慎监管。资本监管功效的不确定性——是基于 IRB 方法，还是标准化方法，或是一些其他的办法——建议更多地关注其他审慎的工具。次贷危机已显著印证了这一结论，并揭示了某些银行的流动性和声誉风险状况，这些银行都是遵循现行规则而且"资本雄厚"的。这次危机还引出了这样的问题：除了银行的风险管理过程，对某些银行产品的监管是否是必要的。当然最重要的是，次级危机积累的经验以及近几年的财务困境表明，我们必须更多地关注由各金融角色扮演者之间的相互作用所引起的系统性风险，并且这种风险不能完全只由每个机构的资产负债表来度量或涵盖（美国部财政部 2008 年）。尽管这本书没有解决这些问题，但读者不应该误解本书对资本充足率的关注度，及对资本充足率监督的分析。

至于巴塞尔协议本身，尽管没有独立的替代方法可以取代巴塞尔新资本协议，但是新协议建议采取一些快速缓解措施。根据目前的政策环境放弃现存的 IRB 方法并不是一个现实的解决方案。巴塞尔新资本协议的规则不仅在巴塞尔委员会成员国中已被纳入国内银行监管之中，而且在许多非成员国中也开始执行。因此，从这一事实出发，为了监督这些规则，缓解措施建议对实质性资本规则和体制机制作出相应的修改，将关注的重点放在原则、直接明了的共同规则、同僚审查以及国内法律执行的协调程序上。特别是关于资本监管，巴塞尔委员会应做的是：

●促进资本的重新定义。对于防止银行破产的各类缓冲措施，如果没有根据这些来对资本的定义进行限制，那么资本监管也就毫无意义。正如第三章所述，在初始的旧巴塞尔协议的协商中，资本的定义则是解决争执的一个主体部分，并且随之又进一步得以扩充（事实上是过度扩充）。

●采用一个简单的杠杆比率要求，如包括在美国的法律中。这种明显直接的资本度量法高度透明且不易漏税。它提供了一个监管的安全网，尽管它没有高度的风险敏感性。同时，该委员会还应当考虑执行资本收入的最低比例，以便将资产负债表外的，以同样直接且透明方式进行的银行活动列入考虑范围内。

●提出一种新的要求，即对复杂的、活跃的国际银行发行的次级债务的监管指引要具体而统一。虽然这个结果不能得到确保，但是有一种变通方案是监管者针对银行的潜在问题做出监管提示，这些债务的市场定价原则将遵循"煤矿中的金丝雀"的方式。

●删除第一支柱的详细规则，并对当前第二支柱原则进行推广，以便引导国家机构对复杂活跃的国际金融机构进行监管。主要包括：①基于风险资本要求的某种具体形式；②要求银行在内部资本要求的计算和操作风险系统中，保留信用风险模型；③当资本要求低于最低水平时，把更多的期望寄托在监管干预方面。国家执行的这些原则将会受到先进同行的定期审查。虽然在最低资本的规则中不需要太多细节，但是银行采用 IRB 方法进行信息披露时却需要大量的详情。

●加强巴塞尔委员会的监控作用，其中包括，对于巴塞尔协议规则和准则的实施情况，委员会应对国家监管活动进行定期且更有力的大幅度审查。委员会应对银行资本的立场和资本监管作定期报告。最后，也是最重要的，委员会应建立特别检查小组——一个超国家的专家小组——指导巴塞尔委员会成员国的国际活跃银行进行信用风险模型的银行内部验证。这个专家小组既要在各国监管机构中传播专业知识，又要为他们自身银行模式中的验证方式和随之而来的风险管理提供一些监控方法

第八章总结了一些对其他领域的影响。尽管巴塞尔新资本

协议的自身审查表明，国际监管对于特殊情况和监管选择的影响有高度特异性，但是案例的研究的确为其他领域（金融和非金融领域）的国际合作方式的评估提供了一个新的起点。

时间框架

这里有必要做进一步的介绍。经过六年的谈判与三年前美国通过实施措施，巴塞尔新资本协议终于完成了。但是，对于协议的执行才刚刚开始。有人可能会认为，对巴塞尔新资本协议的任何判断应等待其全面投入运作并积累了丰富的经验后才能做出。然而，我们有很好的理由做出更直接的评估，尽管在实践中，巴塞尔新资本协议明显缺乏数据支撑。

第一，在巴塞尔新资本协议的整个谈判和执行过程中，出现了严重质疑。尽管它的技术导向的性质使它免于造成显著的政治影响，但是在进程中的每一步都存在争议。在短时间内，银行和立法者之间产生了分歧，银行担心更严格的监管和更高的税收成本，而立法者则担心对自己国家的银行带来竞争劣势。众多专家学者在意识形态上都认为整个行业竞争力的整体提升是基于健全的监管框架。少数银行监管官员对这种复杂性表示关注，同时一些国会议员也肯定了这些学者的正确性。

第二，通过对巴塞尔新资本协议进行的透彻分析，站在将其作为一种监管模型又作为一种国际协约的角度，对其存在的可靠性问题进行披露，那专家、学者、监管者、银行希望采用某种方法或机制，对协议加以补充或修改。更具体地说，关于巴塞尔新资本协议的有效性的评估，可能直接影响协议的推广和被认可程度。

第三，在巴塞尔新资本协议谈判和执行期间产生的质疑，在次级抵押贷款危机的背景下进一步加强了。巴塞尔新资本协议的主要特点包括，依赖大型银行的内部风险模型来确定最低资本要求，通过使用外部信用评级机构，以帮助大部分银行设定资本要求，以及全面降低住宅按揭贷款的风险权重。但是，2007年发生的金融危机对风险模型的可靠性、外部机构评级的有效性以及住宅抵押贷款风险的最初认识提出了相应的质疑。如果一个尽职的评估表明，巴塞尔新资本协议的执行对防止这些问题的出现毫无用处，或者甚至可能进一步恶化，那么就需要在总体上对协议本身进行修正。

第四，即使监管者没有说明，巴塞尔新资本协议存在严重缺陷的可能性也是极大的。在这种情况下，就应该实施一个经过外部官方部门分析和评估的替代方案。这个替代方案应该对目前存在的问题提出解决方案，并同时还可以修正未来的监管政策。

第五，修订框架中的实质性模型和国际协约，会作为其他领域的金融管制举措的一种基础实施框架，所以我们应当尽早从巴塞尔新资本协议中学到有用的东西。

第二章 资本监管的作用

在过去的25年中，美国和其他10国集团成员在银行监管理念上形成两个显著的趋势：首先，资本充足率成为最重要的原则之一，旨在保护银行的安全与稳定。其中，旧巴塞尔协议已经明显反映出了对资本充足率重视程度的提高。其次，银行"监督规则"侧重于对银行具体活动进行审查，特别是依赖于银行自身复杂的风险管理系统的大型银行机构。 （DeFerrari 和 Palmer 2001）[1]

在随后的一段时期内，旧巴塞尔协议要求所有银行都使用最低资本要求，而在实施过程中则可能出现相互冲突的情况。[2]同时，巴塞尔新资本协议的高级内部评级法中有两个显著的改变。新协议增加了资本监管的核心部分，但这样做的目的主要

---

[1] 美联储时任主席格林斯潘在2005年3月11日的独立社区银行美国全国大会上对银行监管的评论中总结了这一趋势的"大约在过去的15年中，银行监管的重点是，确保该银行管理采用适当的风险评估策略和程序，且银行的管理层要坚持这些策略和程序。银行监管已经被广泛采用，并且越来越多的以系统和政策为导向。技术进步、银行界的批评建议、现实的日益复杂以及重大银行危机中教训，已经导致银行监管产生了许多变化。"

[2] 尽管如此，在旧巴塞尔协议实施后的几年中，有影响力的监管机构已经改变了传统的银行监管框架。1994年，美联储时任主席格林斯潘认为，银行和其他金融机构应该不断提高自我监管水平，因为政府监管机构不能胜任此项工作。约翰加普. 美联储主席的观点是自我监管 [J] . 金融时报，1994 - 6 - 9 (1)。

是为了促使银行采用高级风险评估方法。新协议对美国和其他10国集团成员国的银行监管产生了显著影响。但是，如果在今后几年采用不同的银行监管准则，则可能会对高级内部评级法的推广和使用产生严重的负面影响。根据对巴塞尔新旧协议框架的理解，本章介绍了银行资本监管的基本原理，并简要地说明了最低资本要求在旧巴塞尔协议中的重要性。

资本监管的原理

政策制定者和评论员在讨论银行资本充足率时，通常会涉及资本充足率作用的探讨。资本充足率不但为银行损失提供资本缓冲，在银行破产时对债权人提供保护，而且为银行及其管理者提供了一种衡量银行承担适度风险的方法。[①] 从资本充足率的定义即可看出，前两个影响是同等重要的，关键问题是能够为银行资本提供多少缓冲和保护。如果一家公司没有资本，那么它不仅会破产，而且还可能产生意想不到的损失，甚至会给部分或全部债权人带来潜在的以及与之相关的损失。另一方面，资本充足降低了企业破产的概率，对债权人来说这显然是很重要的。如果该公司是一家银行，那么这对社会就更加重要，因为银行破产将导致巨大的经济损失。

---

① 政策制定者和评论员会经常列举很多资本目的。有些目的非常重要，但对资本监管来说其重要性却是微小的，如为新的业务提供一个融资平台。而另外一些目的不是由本文中的基本职能派生的，就是与其密切相关的，如保护政府存款保险基金或抵制由政府安全网造成的无效率资本分配，

资本要求包含风险承担原则是最近才制定的[1]。但是，在构建模型时各界学者不时会对这一原则提出质疑，他们认为在某些情况下资本要求可以增加银行承受的风险（Kim 和 Santomero 1988）[2]。不过，监管机构和许多学者现在似乎也接受了这种观点，认为完善的资本要求可以有效阻止银行承担过多的风险（Santos 2001）[3]。从总体上讲，由于私人债权人非常关心贷款公司的资本充足水平，所以资本的作用（在包含风险业务中）在很大程度上已经成为一个关键因素。

当然，资本要求的作用大小取决于其水平的高低，以及其收益和机会成本之间的平衡机制。但是，只有在采用资本监管后，其成本收益权衡才是必要的。为什么要把资本要求放在首位？Berger Herring 和 Szego（1995）回答了这个问题，他们首次详细地说明了为什么市场参与者要求他们的对手持有一定的资本水平，并且考虑了为什么市场自动产生需求的结果会在银行

---

[1] 对银行资本监管的讨论可以追溯到 20 世纪 60 年代和 70 年代，这些讨论中省略了资本要求的风险约束作用。然而，在 1988 年旧巴塞尔协议普遍采用时，风险约束这一原则不仅得到更好的发展，而且还得到广泛的认可（国际清算银行 1989 年）。

[2] 事实上，对于资本监管的效益来自学术上的挑战是一直存在的。例如，Allen 和 Gale（2003）。

[3] 虽然如此，但有些情况是资本要求可能会鼓励银行承担风险。例如，Blum（1999）认为，在可靠的监管措施实施之前，由于银行试图增加其股本基数，因此资本要求的增加反而会导致银行承担短期风险。Calem 和 Rob（1999）找到一个资本和风险承受的 U 形关系，即投资严重不足的银行将承担最高风险。随着资本的上升，银行承担的风险将会减少，但资本达到较高水平时，它又会重新恢复到承担更高的风险。Calem 和 Rob（1999, 336）总结到一个最低资本标准对风险程度的降低有显著的影响，意思是这项标准要求银行必须从一系列过度的风险中解脱出来，只有严格地执行资本标准，银行破产的概率才会显著地减少。Jeitschko 和 Jeung（2005）解释，相关者——存款保险公司，股东和管理人员——会在不同的情况下改变银行风险不同倾向。因此，银行的风险偏好行为在一定程度上取决于哪一位参与者的行为是最有影响力的。

中产生社会的次优水平问题，而在其他公司中则不会。

由于缺乏可靠的第三方担保，贷款方希望得到一定的保证，即借款方应依据贷款、债券或其他延伸的信贷条款来清偿债务，并且要具有充分的资产流动性和偿还能力。企业的管理者或所有者有动机为其项目而发行债券，因为这样有可能获得非常高的利润。然而，回报率高的项目其风险水平通常也较高，容易导致亏损，这将严重威胁到借款者的还款能力。承受风险增加了公司破产的概率：有限责任意味着公司实行高风险战略时，股东的损失增量很小。如果情况变好，风险投机行为可以挽救公司并增加所有者权益。如果情况变坏，公司将面临破产，但所有者也不会面对更糟糕的情况。有限责任公司中由于债权人一般分享不到企业的利润，即当分享风险投机行为的收益时债权人得不到回报，因此他们更希望对其债务人进行稳健投资约束。

这就存在一个问题：一方面，在同等条件下，债务人有义务去尽可能地利用财务杠杆，使投资带来的高额收益分配到较少的股本上。另一方面，债权人希望企业有足够的资源来偿付所有债务，并要求最大限度地提高偿债概率，因此他们要求限制借款者债务总额①。债务人可能存在的机会主义行为将导致债权人收取更高的风险溢价，除非通过如协商优先权，限制债务总额等来消除他们的顾虑。资本缓冲就是其中一种方法，因为其有助于防止各类的机会主义行为导致的损失，而不仅仅是债权人事前预期的损失。

债务人的资本还为错误的商业判断和由于运气不好导致的

---

① 更确切地说，次级债的持有人会密切关心债务人的破产费用以及其承担所有债务的能力，如果破产还是发生了，债务人应有足够的资产来清偿所有债务，且其同债权人一样享有破产优先清偿权。债权人持有债务人的次级贷款时，这两个因素实质上是可以融合的。

经济逆转提供了一个缓冲作用。对银行来说，错误的商业判断和糟糕的运气对于资产价值的潜在影响是显而易见的。如放贷人员可能无法准确地衡量借款者的信誉，或者意想不到的外部冲击可能会降低银行资产的整体价值。无论什么时候，什么原因，当一个公司的资产价值下降至仅相当于其负债时，就很容易破产。当该公司被视为极易破产时，它将面临重重困境，如员工的保留，保持与供应商和客户的关系以及特许经营权的价值。因此，这一切反过来又使得破产更有可能出现（Berger，Herring，和 Szego 1995）。同样，由于存在相关费用，公司破产后的资产价值通常会进一步贬值。再者，由于缺乏保护措施，对债务人破产的预期导致债权人要求更高的风险溢价。

机会主义行为和破产预期显著地提高了债务人的筹资成本。在对金融机构放款时，上文陈述的不确定性会显得更加严重，并且外界人士很难对这些金融机构的资产作出评估。因此，任何情况下企业内部人士和债权人之间的信息不对称将会在银行身上得到集中体现。所以，它们会期望收取更高的风险溢价。银行希望通过维持其资产价值高于负债以获得信贷，并降低放贷的风险。当然，这两者数额上的差异是，公司的净价值大约相当于其"核心资本"。任何一家公司（包括银行）应通过增加资木来优化其资本结构，直到其增加资本的成本大干其借款时预期的风险溢价降低所带来收益（假设，该公司的项目将产生丰厚的回报足以偿付增加资本的成本）①。因此，当放款人不愿意对零资本或负资本的公司进行放贷时，一般来说，市场并不会过多的"要求"借款方保持一定的资本水平，因为资本总

---

① 在最优公司资本结构这个问题上 Berger，Herring 和 Szego（1995）对债务资本的税收优势和经理之间利益分歧问题及其影响因素也进行了分析。

额的价格实际上是由贷款方来保持的①。

资本缓冲带来的收益不仅仅适用于银行，也适用于其他公司，且这些公司在特殊情况下实行这种监管是很有必要的。然而，各国政府通常不对金融部门以外的公司实行资本要求。虽然一直以来在金融部门的不同行业中的资本要求有所不同，但基本上都是信息不对称、道德风险和系统性风险相结合②。

银行资本要求的理由是，作为存款保险人或最后贷款人，政府可能是银行最大的债权人。因此，资本要求可以避免金融困境并防止股东和银行的管理层侵犯债权人的利益。然而，政府的信贷扩张不同于私人放款者的信贷扩张。从最后贷款人的职能来看，实际意义上的政府信贷扩张是很罕见的。当这种信贷扩张发生时，从理论上来说中央银行（或其他最后贷款人）会设置其放款的条件。但在实践中，只有在紧急情况（例如风

---

① 对于债权人要求资本水平，Rochet（2004）提出了一种不同但并非不相容的理由，他认为由于银行股权缩水，银行所有者和管理者将会丧失监控银行自身资产执行情况的激励——它已经完成了借款——因为他们的损失减小了。资本要求保证了他们保留监控的激励。对于资本要求，这是一个特别有趣的理论缘由，因为它使银行存在性建立在一个重要的经济解释的基础上——银行股东监控债务资本使用者的能力要比仅仅拥有的公开信息的非专业人士或市场更加有效。

② 传统上，对证券公司的资本要求是一种复杂的消费保护措施，倘若公司破产，这样的措施可以确保交易对手能全部并且快速的清偿债务。1998 年，著名的破产案例，即美国长期资本管理公司破产事件（是对冲基金而不是受证券交易委员会管制的证券公司）引起了许多关注，主要是关于对一般市场或交易对手中较大的证券持有人破产的影响。系统性风险的存在伴随着证券公司的破产，然而对于其他人还存在争议，当美联储于 2008 年 3 月采取行动救助贝尔斯登时，他们显然是更相信美联储的。保险公司的资本要求一般是一种次要的要求。在这方面，尽管主要的理由是保护消费者，但政策制定者认为是既没有适当的动机去花费必要的资源来监控保险公司的财政状况，也没有能力去关注公司不透明资产的实际价值。证券、保险、银行等行业中，对资本要求理由和运营情况的比较已刊登于巴塞尔银行监管委员会联合论坛（2001）。

险若在银行系统其他部分蔓延可能会导致银行破产）下最后贷款人才可能执行它的职能。因此，无论是出于财政还是政治缘由，央行没有选择，它只能为使银行幸存下来提供必要的信贷。政府充当最后贷款人的职能可以理解为，为银行提供了一个模糊而又重要的保证。

至于存款保险制度，政府是银行对存款者的债务担保人。正是由于这一原因，保险存款人一般不会在意银行是否有足够的资本。当然，存款人对银行资本情况的漠视本质上是消除了其倒闭和产生恐慌的可能性。但由此而来的道德风险问题也扩大了银行机会主义行为的范围并且使政府保险人面临损失，因为储户既不需要要求银行持有符合其能力的资本水平来支付其存款，也不用监督银行的财务状况。

存款保险制度的这两个特点使情况进一步复杂化。首先，存款保险自动适用于新的存款，政府没有机会决定是否因新的存款的产生而延长其保证。其次，尽管有很强的理论依据表明可以建立一个可盈利存款保险制度来密切跟踪银行风险，但事实上，存款保险制度只能反映银行不能充分及时地偿还其储户的实际风险。政府的信用敞口或多或少是自动产生的，并没有对银行资本和风险轮廓进行特别评估，因为私人放款者常被认为是自行设定贷款的条件。政府的目标是持续的监管银行的安全性和稳健性。当然，从历史上看，安全和稳健监管的形式有很多。正如本章下一部分将要讲述的那样，资本充足率监管日益成为安全和稳健监管的核心。这种趋势带来了银行监管理由与监管体制之间概念上的紧密联系①。

尽管资本管制的理由始于政府对商业银行的信用敞口，但它不可能在此结束。之前的描述强调了对政府安全网影响的看法和银行及私人交易对手的动机。如果这样做的结果是认为政府将为银行面临的严重流动性或偿债能力问题担保的话，那么私人市场参与者不得要求银行持有与其风险敞口一样多的资本，否则就会要求一个适当的风险调整后的回报率。在这种情况下，政府的资本要求是补偿银行存款人面临的道德风险②。

另外一个理由是，政府可以利用资本监管降低银行倒闭的概率，因为银行倒闭会造成重大的外部负面效应。最明显的是存在潜在的系统性风险，即一家银行的倒闭可能危及其他通过银行间同业拆借市场融资的银行，也可能危机到资金通过支付系统从第一家银行流入本行客户账户的银行。大规模的金融动荡造成的社会成本是巨大的，且其不会只由银行的股东和债权人承担。正是由于银行的倒闭可能会引发全社会的危机，政府可能会要求更高的资本水平，以使社会福利和银行业务的成本更接近。

虽然有些学者对系统性风险的重要性提出质疑，特别是支

---

① 在私人债权人的保护措施与政府使用的监管技术之间，美国法律中还有一些有趣的相似之处。1991 年，联邦存款保险公司改进法案加入美国的银行监管机制中，银行"迅速采取纠正行动"使已经低于资本要求的资本水平回复到最低监管资本要求。尽管进一步的措施是改变早期的银行监管承受 20 世纪 80 年代储蓄和贷款灾难的重要手段，但是迅速采取纠正行动机制大致是类似于债券持有人或其他放款人在契约或贷款协议下采取的行动。Acharya 和 Dreyfus（1989）曾建议，政府应以同样的方式给存款保险定价，因此私人债权人就可以在他们的贷款协议上建立封闭的规则和公约。同样，Rochet（2004）表明，他建议当次级债券价格低于某一水平时，监管机构应与银行密切联系，这种行为类似于私人放款者遵循有关公约行为。

② 事实上，如第 5 章讨论的，几乎 10 国集团中的所有银行持有的资本都大大超过了当前的监管要求。以上也是评论家进行争论和推测的原因。

付系统中的信用敞口已逐步减少①，但是，只要是不确定的，所有的银行监管机构都认为这是真实的风险②。尽管如此，监管部门通常不会以此作为资本要求理由③。与此相反，美联邦储备前主席格林斯潘明确否认这类理由。在他看来（当他还是主席的时候），"系统性风险的管理理所当然是中央银行的工作"以及"不应该要求银行持有资本来预防整体财政崩溃"（格林斯潘，1998）。然而，并不是所有的监管机构都有明确的立场，大量的巴塞尔委员会成员对巴塞尔新资本协议进程的官方评论都没有提到系统性风险的预防，无论是作为资本充足率要求的理由还是作为一个确定的因素。正如下面所讨论的，对系统性风险的关注或许会被保留，以便随时制定资本充足率的要求，但他们不会为巴塞尔新资本协议援用官方的理由。

另一个不利的外部因素是，银行倒闭可能导致借款者信誉信息消散，这种代价是高昂的。这一论点是建立在金融中介机构重要性的经济解释之上的：他们研究潜在的借款人的信息和借款人的项目，以便于他们从不好的贷款中区分优良贷款。这类信息的昂贵性和特殊性导致银行往往不会公开除信誉信号（即贷款自身传递的延伸）以外的其他信息。银行在监控特殊借款人方面也制定专业条款，以保护他们的贷款。但当银行倒闭时，其研发的信息和专业知识也会丢失。在极端情况下，其结果可能产生消极的宏观经济影响（Bernanke，1983）。

---

① 对于这种怀疑的例子，见 Scott（2005）和 Benston、Kaufman（1995）。

② 的确，监管者对系统性风险的潜在性的忧虑于 2008 年 3 月富有戏剧性的阐明了，当时纽约联邦储备银行提供某些金融保障，以促进向摩根大通出售贝尔斯登。贝尔斯登不是商业银行，因此，按照常规的理解，它也没有进入美联储的贴现窗或类似财政援助的依据。纽约州的联邦储备银行在次级危机中期采取的行动，对金融监管的范围和执行具有深远的影响。

③ 有时，只是间接引用。例如，在 2001 年 4 月 10 日，英国金融服务管理局主席 Davies 在伦敦举行的巴塞尔资本协议会议上发表的评论。

对于短期系统性风险，银行倒闭仍然可能产生社会费用，但是对银行和其利益相关者来说这一费用不会内部化。当然，银行的信息和专业知识是否会丢失主要取决于解决银行倒闭的模式。如果银行只是进行简单的清算，这样的后果将随之而来。然而，在通常情况下，银行倒闭将会引起更强的银行对破产银行或至少是其优良资产的并购。在某种程度上，收购行也会接纳破产银行的借款人员和相关记录，这些信息资产是应当保留的（尽管在实践中部分借款人的关系通常失去）。

对于资本充足率的监管，其理论价值不能证明其在当代银行法和国际合作协约中的关键作用。为了形成一套完善的监管制度，银行须持有多少资本，是否应完全遵循资本要求，这两个问题是同等重要的。回答这个问题主要涉及该原则的确定及其可执行性，以及世界各地执行银行和监管部门对它的接受程度。接下来的章节将详细介绍其实际操作和管理上的考虑。本节中的其余部分首先介绍资本充足率水平原则的概念，然后以实际问题为中心检验如何衡量银行的风险水平。

在概念上，监管资本水平的标准看上去相对易于制定。在旧巴塞尔协议执行之前，正如 Santomero 和 Watson（1977）所建议的，政府应设立最低资本要求，使银行资本要求的边际收益（即由高代价的银行倒闭带来的每单位风险的减少所增加的社会福利）与资本化的边际成本（即由更高资本要求导致金融中介减少所需增加的社会成本）相等。在关于银行资本下降的公共政策争论的背景下，Santomero 和 Watson 指出，银行往往忽视银行倒闭的外部成本，而监管部门往往忽视更高银行资本水平的机会成本。

如果监管机构认为，银行倒闭伴随的系统性风险或其他不利的外部因素都是同样重要以及需要通过资本要求来进行适当处理，那么所要求的资本水平应进行如下规定，例如，对额外的贷款产生的预期收益的现值超过由于银行倒闭伴随的所有风险损失（也是现值的折扣）。另外，如果监管机构都相信系统风险的学术怀疑论，或正如格林斯潘所说，作为最后贷款人的中央银行直接投保的最优对象是系统性风险，那么，边际社会成本/效益的计算应类似于对私人参与者的边际成本和效益的计算①。事实上，格林斯潘说过，"制定健全的监管标准的一个合理原则是，如果没有安全网，以及所有市场参与者都是信息对称的，那就应该像市场一样采取更多的行动，"（格林斯潘，1998）②。从放款人的角度来看，资本"要求"提供了资本合同价格所对应的破产概率的资本缓冲。因此，如果一家银行持有充足的资本，在一年内使破产概率减少到 0.1% 以下，那么这种水平大致与标准普尔的"A"类评级相同，这时对银行信贷的定价就如对 A 类债券的定价一样。

根据格林斯潘标准，银行资本的增加可以降低系统性风险，计算增加资本数额所面临的困难是不言而喻的，应该适当增加资本来减少与银行系统性风险相关的、不利外部因素产生的可能性。然而，即使是在理论上，格林斯潘标准并不能像我们所想到的那样能提供设置资本水平的绝对标准。

正如已经指出的，银行的政府信用敞口不同于私人市场参与者的信用敞口。后者为公司提供资金以换取偿还资金的承诺。如前所述，一个私人债权人的"需求"是该公司持有特定的资

---

① 当然，银行倒闭的社会成本（绝不是与系统风险相关的）可能被认为与一些监管机构相关。从本文的原则来看，这些银行倒闭的情况被忽略了。因为在大多数情况下，它们的影响不如系统性风险的影响重大，同时还有其他原因，其中一些费用在解决破产银行的程序中能够进行更好的处理，而不是通过银行的资本要求来处理。

② 为了以下更全面的讨论，格林斯潘标准在理论上不一定就是健全的，也不一定反映官方或监管机构的想法。在 20 世纪 80 年代的储贷机构危机之后，美国财政部对银行系统进行了全面的审查，它表示，系统风险的判断是资本监管中的一个关键部分（美国财政部 1991）。

本数额，实际上是收取较低风险溢价的一个条件，或者说是愿意在任何利率下放款的条件。在寻求经风险调整后的具有竞争力的收益时，私营银行根据该公司的资本状况来规定利率。然而，政府的存款保险信用敞口并不是一项贷款，而是一种保证，它保证了银行将偿还存款者的本金及应计利息，否则银行就会倒闭。因此，政府不能简单地模仿私人放款人的行为，它们在有安全网的地方，或与事实相反的无安全网的地方延伸信用，同时也将银行的资本立场列入考虑范围。在涉及私人担保人或保险公司所做的事情时，格林斯潘的标准——像市场一样采取更多的行动——应该进行适当的替换。

私人保险公司为其服务进行定价，以获得资金，这样，投资产生的收益不仅可以弥补保险事故发生时的损失，还可以使保险公司的自有资本获得有竞争性的回报率。由于政府的存款保险公司——由于技术、政策以及政治三方面的原因——没有以这种方式来定价，这样资本要求至少对风险敏感的保费结构产生部分替代。根据这一推理，依据私人市场行为，将要求银行持有一定水平的资本，以减少保险基金损失的概率。这样，保险基金的收益不仅可以弥补事故发生时的损失，还可以获得合理的收益率。

众所周知，没有一个监管机构以这种方式设置资本①。政府并没有开设保险存款业务以获得有竞争力的投资收益。政府是最适合的保险存款人，主要是因为私人保险公司缺乏对保险进行有效定价的必要信息。一个"极端"事件中的风险，可能会

---

① 另请注意的是，一个政府设立的资本要求完全基于其作为银行存款负债担保人的利益，这需要相同资产组合中的不同的银行资本水平以及总负债中不同比例的存款。虽然担保人的首要偏好是，投保公司绝不会破产——类似的银行风险主张相似的资本水平——其次的偏好是，投保公司要有足够的资产，以便在破产时清偿更多的优先债务，如存款。

以银行危机的形式出现，这将引起存款保险基金的巨大损失，并且这种风险不服从某种量化的概率分布（这种量化基于保险公司预测保险事件损失的经验而定）。面对这种不确定性，保险公司不能计算它可能所需要的资源，因此，就不能进行有效的定价。如果保险公司收取较高的保费，那么这类保险将会很少被使用，且在严重的逆向选择下也很脆弱。但是，如果这种定价正如当前10国集团中存在的对存款保险水平的制定，那么银行业危机很可能会使保险公司破产。当然有一类保险公司除外，即最后贷款人，有时它是一国的政府。如果存款人都意识到保险公司可能无法还清所有的存款损失，他们可能会恢复某种存款人行为，这种行为与无保险的银行恐慌和运营相关。在这两种情况下，其结果将是有疑问的。因此，在政府参与存款保险制度的情况下，道德问题的曲解仍然会随之而来。

因此，随着安全、稳健监管的逐渐普遍，政府在决定资本水平时，一方面，必然会涉及企业和个人之间的资本成本权衡；另一方面，也会涉及降低银行倒闭的可能性。这种权衡可能是隐含的，也可能是明确的。例如，假定一个银行在一年内破产的概率不足0.1%，它得到保护不是因为设定的资本水平相当于标准普尔的"A"级，而是因为它会产生处于银行破产的资本成本和经济风险之间的最优的社会平衡①。与这种计算相关的数

---

① 当然银行可以参与私人存款保险制度，例如，德国的银行。在德国，名义上的存款保险金额要比其他大多数G10国家中的金额低得多。此外，公共当局参与该系统管理。当然，最重要的是，安全网不会仅仅因为存款保险制度在名义上是私有的而消失。最后贷款人和政府当局的自行决定权为对公或对私的存款保险计划都提供了重要的担保。在德国，有许多适用于某些金融机构以及存款的担保。因此，即使一个国家拥有一个完全私有化的存款保险系统，私营保险公司和银行都会知道在一次的危机中，政府将会给它们提供援助。存款保险的定价显然会受到共同预期的影响，也就是该国政府将在一个极端的尾部事件中进行干涉。

据显然包括了银行破产的概率密度函数，但结果并不确定。因为，在理论上，他们确定的信贷利率被人为地延伸到了银行[1]。

这一切对资本监管有如下三个影响：第一，它从概念上定义了在银行缺乏安全网时，作为市场主体的格林斯潘标准。第二，这表明，监管部门在制定资本监管规章时，对于系统性风险、资本成本与银行破产之间的最优权衡，也不能避免采取隐含的立场[2]，因为这些因素是很难衡量的。但是，这实际上是强调了没有哪个金融模型可以为资本要求提供无懈可击的准则，无论该模型有多么的先进。第三，正是因为在作出这种决定时所面临的困难，最低监管资本要求不应与最优资本水平混为一谈[3]。

上述提及的银行破产概率函数给我们提出了第二个问题——本节开始已提到，即银行已经或可能采取的风险度量方法。如果能够知道在一定的资本要求下能获得多少稳定性（即减少银行破产的可能性），那么银行稳定性和金融中介减少之间的关系就能进行评估。当监管部门对他们想获得多少稳定性及其原因进行模糊回答或回避该问题时，他们会关注一定稳定性下，监管措施的精确估计。实际上，巴塞尔新资本协议几乎完全是为了更准确地衡量银行面临的风险。

---

① 如前所述，许多学者对系统性风险的规模以及存在提出了质疑。然而，为了给资本要求设定一个概念上的标准，系统性风险的实际程度远远没有市场参与者想的那么重要，也没有政府官员可能面临一家或多家大型银行破产时面临的风险重要。例如，大型银行普遍的较低资本水平可能会反映市场的信念，即政府会认为这些银行规模过大而不能破产，并且这些银行应该在萧条期间保持市场流动性和偿付能力。

② 在过去，监管部门就已经认识到这一事实。例如，美国财政部（1991，Ⅱ-17）的观察研究报告提到：关于保险存款适当的最低资本比率水平的问题，事实上也是关于社会愿意承受的托存系统风险的最高水平的问题。

③ 见 Estrella（1995）对最优和最低资本水平之间的区别的解释。

银行面临的各种风险，代表它的持续偿付能力所面临的问题。银行风险有着广泛的分类，根据分析师的不同而不同。最明显、最重要的是信用风险，即贷款人不能充分及时地偿付贷款的风险。而市场风险正变得越来越重要，它有可能使资产的市场价值下降，因为无论是在普通的银行业务还是在商业银行金融工具业务中（如金融衍生品），市场风险作为银行资产更适用于交易而不是借贷。操作风险有多种不同的定义，而巴塞尔委员会对其定义是，"由于内部程序、人员和系统的不完备或失效，或由于外部事件造成损失的风险"（巴塞尔委员 2004）。因此，目前操作风险的概念包括：由代理人给银行操作带来的外部破坏以及不利于银行的判断。利率风险是指市场利率变动的不确定性给商业银行造成损失的可能性，即利率的上升会导致银行资本成本的立即上升，而其大部分资产（以之前扩展贷款的形式）将仍执行较低的利率。流动性风险是指，即使银行在资产负债表上是有偿付能力的，但当满足存款者需求或其他短期债务时，银行可能面临现金或其他可用流动性资产的不足。流动性风险是期限不匹配中的内在风险，这体现了银行作为金融中介的经济作用。此外，还有其他风险，如名誉风险、政治风险等。

如果可以量化银行自身面临的风险，监管机构就可以更好地判断需要多少缓冲资本来缓释银行的破产危机。当然，精确量化银行面临的风险是一项艰巨的任务。有些风险，如政治风险，似乎不能通过任何合理的准则进行量化。信用和市场风险，都与银行持有的资产价值有关，并且一直是风险量化的最佳对象。后文可以看出，更多的争议在于巴塞尔新资本协议尝试为操作风险量化资本要求。

下一节会指出，在旧巴塞尔协议制定之前，大多数国家在计算资本要求或制定准则时，都参照银行持有资产数额来进行。

简单的资本比率是粗略的，但这种独特的方式，全面涵盖了所有风险的度量——或者至少是所有风险，很容易通过较高资本水平的维持而大量缓解。这种简便办法存在两个显著问题：第一，它不涉及资产负债表外的项目；第二，它并没有解释不同资产组合中固有的不同风险损失。一家银行若只贷款给刚启动且未建立收益流的公司，它所面临的风险损失要远远高于拥有同样资产数额而只贷款给 AAA 的政府和企业的银行可能面临的风险损失。因此，过去几十年中，持续监管趋势一直朝资产的"风险权重"发展，并且更好地反映了银行损失的几率。在此，技术也产生了巨大影响，首先是监管机构接受了风险价值模型，该模型计算了市场交易资产中的资本要求。随着巴塞尔新资本协议诞生，信贷风险模型随之产生，并以此来计算贷款的资本要求。这种趋势在高级内部评级法中是最鲜明最全面的，因此，对于新标准可靠性的分析将被放到第五章，并且对巴塞尔新资本协议进行详细地分析。

资本监管不断演变的作用

信贷机构的资本水平长期以来一直受到某种形式的监督检查。在一家新的银行获得许可并开始营业之前，许多司法管辖区都有传统的最低资本要求。至少在 20 世纪初，对运营银行中资本水平的监管监督已经存在于美国。此后，监控的相对复杂性演变越来越明显，尤其是在第二次世界大战之后。尽管监管当局长期关注银行资本，但直到 20 世纪 80 年代，明确的最低资本要求还没有在美国银行监管机构中实行。几乎同一时间，正式的资本监管要么不发达，要么在其他巴塞尔委员会的国家中完全不存在。在随后的几十年中，资本的要求不但被正式化，并且已成为审慎监管中的最重要的形式①。监管模式的稳步转变，在很大程度上是因为银行业本身已经发生了巨大的转变。

从 1900 年到 20 世纪 30 年代后期，在美国监管机构中，最经常提到的资本度量方法是存款的资本比率，而不是现在我们所熟悉的资产的资本比率或风险加权资产。许多国家的银行监管机构要求银行的资本/存款比率至少达到 10 个百分点（Orgler 和 Wolkowitz，1976）。美国货币监理署于 1914 年对国民银行采取了同样的最低比率，甚至建议修改国家银行法使之成为法定要求。这看上去似乎是一个特殊的要求，因为银行的损失是由于资产质量恶化而产生的，并不是存款。然而，对于银行的杠杆作用，这个比率确实是一个粗略的想法，直到 1933 年联邦存款保险制度的建立，才大致说明了在银行破产时如何很好保护存款者。到 20 世纪 30 年代后期，新成立的联邦存款保险公司（FDIC）已重点转向了资本与总资产的比率，这项比率作为美国资本要求之一的基础沿用至今（虽然不再在大多数其他巴塞尔委员会国家中使用）。

第二次世界大战期间，鉴于银行购买大量美国政府证券，来为战争筹备大量的资金（Hempel，1976），美国银行机构基本上暂停了对资本比率行政准则的应用。资本/资产要求的应用显然限制了这些购买。战争结束后，在联邦银行机构之间，对资本比率的实际运用存在重大分歧。此时，对资本比率的长期试验便已经开始。在认识到最优银行资本数额随银行资产风险的不同而有所改变时，美国货币监理局和联邦储备委员会将重点转向资本与"风险资产"的比率。"风险资产"的定义是总资产减去现金和政府证券。与此同时，联邦存款保险公司恢复了

---

① 虽然一系列的监督措施和要求无疑与资本要求同等重要，但是很显然，后者是最重要的一套审慎规则。

对资本与总资产比率的使用。

机构做法的差异实际上在随时间的流逝而增加。在 20 世纪 50 年代，美国联邦储备董事会进一步完善了对资本要求的做法。在计算资本比率之前，首先对银行资产负债表中资产方的各类主要项目分配风险权数（Orgler 和 Wolkowitz，1976；Hempel，1976）。然而，美国货币监理局并没有对旧巴塞尔协议中风险加权资本充足率的方法采用这种粗略的形式①。相反，总务处实际上否认了 1971 年之前对资本比率的依赖。整个 20 世纪 70 年代，他们坚持认为对资本比率的使用仅仅是作为国家银行的有用指标。他们还强调了在评估银行资本充足率过程中，多种非金融因素的重要性②。与此同时，联邦存款保险公司仍继续使用总资本与资产比率中的多种变量。

显然，在美国及其他地区，只要在监管机构自身关于资本充足率的使用与资本比率之间存在基本的分歧，资本充足率就不太可能在银行监管中发挥核心作用。然而，三个相互关联的发展相结合使资本水平备受关注，并将会在巴塞尔委员会国家

---

① 在此期间，在银行监管中，美国联邦储备银行所起的作用实际上是非常有限的。这种主要的联邦监管机构只针对作为联邦储备系统成员的国有银行。然而，美联储对所有的银行控股公司也有监管权力。在 20 世纪 60 年代和 70 年代，由于公司制已成为银行所有权的主要模式，美联储对银行监管的影响也增加了。

② Orgler 和 Wolkowitz（1976，70 - 71）对美国货币监理局的实践做了充分的解释，它本身就是一个银行评估的系统前身，也是现在所有美国银行考官所使用的。因此，总务处审查了——在其他因素之间——管理质量，资产的流动性和银行的收益历史。最后，在其作为准则而不是规则的使用背景下计算这种比率之前，总务处开始尝试资产分类。1978 年，国会成立了联邦金融机构考试委员会，该委员会由负责监管存款机构的联邦机构组成，并指示有关机构建立银行考试的统一标准。委员会采取审计人因素清单，并建立 CAMEL 系统，该系统为银行资本水平、资产质量、管理、收益以及流动性提供了评估。随后，委员会在该系统中增加了市场风险的敏感性，因此，目前该系统缩写为 CAMELS。

百分比

图 2.1　1840—1989 年，所有商业保险银行中股票占资产的比例

FDIC = 联邦存款保险公司

注：银行存折股本的美元价值总额与银行存折资产的美元价值总额的比率。

资料来源：美国财政部（1991 年）。

乃至全世界的银行监管中日趋重要：第一，资本比率降低；第二，金融服务行业的动荡；第三，确保银行安全和健全的传统监管措施的修改或彻底放弃。

　　图 2.1 表明，银行的资本水平在一个世纪以来持续下降。19 世纪后期的大幅下降是由于出现了许多有益的发展，如美国金融系统的透明化及其不断提高的效率。1930 年和 1940 年的下降相当一部分原因是由于联邦存款保险制度的设立，但大萧条后的总体经济环境和第二次世界大战无疑对其产生了重大影响。随后其整体资本水平保持了约 25 年的平稳状态。20 世纪 70 年代，资本水平再次下降，这最终挑起了更多的关注，并由此产生了旧巴塞尔协议。

表 2.1　　　1970—1981 年美国银行资本比率

年	总体银行	资产超过 50 亿美元的银行	17 家最大的银行
1970	6.58	5.34	5.15
1971	6.32	5.10	4.91
1972	5.95	4.71	4.43
1973	5.67	4.14	3.82
1974	5.65	3.82	3.49
1975	5.87	4.13	3.94
1976	6.11	4.51	4.00
1977	5.92	4.32	3.86
1978	5.80	4.13	3.76
1979	5.75	4.03	3.61
1980	5.80	4.12	3.69
1981	5.83	4.21	3.83

注：所有数字为股权资本占总资产的百分比。

资料来源：联邦储备系统理事会（1983）。

如表 2.1，美国整体银行的资本水平在 20 世纪 70 年代期间实际仅略有下降——约下降了 11%。确实，小银行（不到 3 亿美元的资产）的资本比率实际上是大大增加了。美国总体资本水平的下降主要是由于其大银行资本水平的大幅下降。表 2.1 表明，17 家最大的跨国银行的资本水平减少了约 25%。作为一个集团，他们已受到银行监督机构的特别关注。所有资产超过 50 亿美元的银行的较大集团的资本水平也减少了几乎同样多，约 21%。资本下降的分布格局从而增加了银行的系统性担忧，因为一个大型银行的破产更容易引发银行危机。

由较低的资本水平造成的银行系统所面临的风险会出现在现实的情况中。在 1974 年短短的几个月中，德国的赫斯塔特银行和美国的富兰克林国民银行相继宣告破产。由于赫斯塔特银行存在巨大的外汇风险敞口，它的破产威胁到其他国家的支付系统。富兰克林银行——20 世纪美国最大的银行，构成的威胁较小，但这仅仅是因为美国联邦储备银行为其提供了最后的贷款援助，包括对其伦敦分行的援助（Dale，1984；Spero，1980）。之后，这些银行的倒闭刺激了银行监管机构的产生，即巴塞尔银行监管委员会，它以各国中央银行官员和银行监管当局为代表，防止出现跨越国界的银行问题。

造成资本水平下降相当一部分原因是商业银行的经营环境发生了变化。他们都面临着宏观经济环境的动荡和其自己行业中竞争结构上的变化。在 20 世纪 70 年代世界经济发生了颠覆性的变化。首先，布雷顿森林体系彻底崩溃，外汇汇率产生的波动是当代银行家从未遇见过的，虽然他们具备必要的专业知识和开发出了金融对冲工具，也可能给外国贷款的盈利能力带来极大的破坏。然后是 1974—1975 年的石油禁运和世界范围的经济衰退，这些造成贷款违约率的增高以及信贷质量的全面下降。20 世纪 70 年代后期的滞胀是这种严酷三重奏发展的第三波。信贷质量持续恶化，两位数的通货膨胀侵蚀了贷款的盈利能力。

商业银行受到了一种商业夹击，它们被更多有竞争性的购买和销售业务挤出了。历史经验表明，在销售方面，公司一直在银行信贷最重要的购买者之间发现另外的廉价的资本来源。最重要的是公共资本市场的蓬勃发展，该市场的发展和随之增加的流动性使他们对越来越多的公司有吸引力，商业票据市场越发成熟。例如，为了得到短期营运资金，可以给大公司的银行贷款提供可替换方法。为满足最大的企业的贷款需求，国内银行还面临着越来越多的竞争，如直接由外国银行和不断扩大的欧洲市场带来的竞争。

在购买方面，净储蓄会找比存入银行账户更有利可图的方式。在 20 世纪 70 年代长期的高通胀期间，这种情况加速了资金从传统的储蓄和检查账户向货币市场基金的流动，这部分货币市场基金是由投资公司所有的部分共同基金组成。货币市场基金能够如此迅速成长，是因为商业票据的快速增加，而商业票据的增加是源于货币市场基金经理的投资，这是因为它们具有信贷质量高和持有期短的特征。由此产生的流动性的增加又进一步扩大了商业票据市场。因此，银行在购买和销售双方的竞争相辅相成。从 1976 年到 1982 年，美国共同基金的资产从不到 30 亿美元增长到约 23 000 亿美元①。大多数美国人的大部分储蓄可以在商业储蓄银行中找到，那段日子正在迅速成为历史。因此，银行达到一个庞大的资本规模并且由联邦存款保险制度压缩其费用的行为也正在接近尾声。

面对日益激烈的竞争，以及在其既定的客户群中利润率的降低，许多银行开始寻找新的收入来源。在某种程度上，他们只是试图提供更多的贷款，并将在资本比率上下调其压力。他们还要求允许从事新的业务，如数据处理和租赁业务。他们还向美国联邦储备银行要求从格拉斯——斯蒂格尔法案限制条例中放宽对附属于商业银行的投资银行的政策。甚至在其信贷扩张这种传统业务中，他们寻求更多新的贷款人。新的最有吸引力的贷款人是那些不用通过公共资本市场且应该很愿意为贷款支付高溢价的客户。当然，一般不通过公共资本市场的贷款人具有较低的信誉。因此，银行为了搜寻更高的回报而承担了更

---

① 后来，中等和中上阶层的美国人通过广泛的多样化的共同基金开始投资于股票。因此，即使在存款机构账户的利率上限被取消之后，对重获资金的预期也是有限的，这些资金已经逃往货币市场基金中。

多的风险。20 世纪 80 年代最大的跨国银行许多新的业务来源是主权借贷，但是这也给债务人和债权人带来了灾难性的后果。总之，银行向具有风险的贷款人扩张信贷，以提高其竞争力，但这一趋势会使资本比率立即降低并且使银行面临更多的损失，由此资本比率也将进一步下降。

银行面临的竞争压力还与一些传统审慎的规则有关，因为这些规则限制了他们的活动。自第二次世界大战结束以来，美国银行监管模式大大限制了银行业务之间的竞争。美国联邦储备委员会 Q 条例限制了银行支付存款的利率，同时也限制了银行之间的价格竞争。禁止跨州设立分行防止了国外大型的非国有银行的侵入，保护了本国的银行。格拉斯—斯蒂格尔法还禁止了投资银行从事"银行业务"。几十年来，对于那些没有显著利润收获的行业来说，这种结果相当平稳而且还可预见。始于20 世纪 60 年代，并且在 70 年代尤为显著的技术、竞争、对于非银行业的监管政策放宽，以及日益递增的公共财政复杂性快速地侵蚀了对商业银行的保护措施。现在许多保护银行的监管规定似乎同时删除了许多对竞争反应的选择。在通货膨胀的环境下，Q 条例规定利率上限为 5%，这使得银行容易受到货币市场基金的影响。对分支银行的限制条例排除了通过更有效率的银行来实现经济规模的情况。对商业银行和投资银行之间附属关系的限制条例禁止了一个潜在且重要的收入多样化来源。储备要求使国内银行处于相对于境外银行来说不利的竞争环境。

以这些发展为例，商业银行呼吁放松①限制其进入新市场和新行业的政策条款。监管机构认为，如果银行不能对新形式的

---

① 例如，在对银行机构持续性问题的回复上，当时纽约的杰拉尔德科里根——联邦储备银行的行长，即大通曼哈顿银行执行官提出在 1980 年代初期，商业银行在主张放宽政策方面，将会严重依赖于新的竞争形式（Aspinwall，1983）。

竞争作出任何回应，那么银行系统本身就很有可能被削弱，因此他们接受了一些要求改变的呼吁。从而开始了为期 20 年的，对许多传统银行监管措施的放宽或废除①。1980 年，美国国会通过了逐步取消利率管制的立法。两年之后，Garn – St. Germain 法案授权存款机构设立货币市场存款账户的等价物。对银行活动和投资的限制都以一种重要的方式进行了放宽，如 1980 年通过的行政规定，银行可以在出售商业票据方面同证券公司进行直接的竞争。为了改革格拉斯—斯蒂格尔法案，商业银行在国会中的活动使投资银行的政治分量抵消了商业银行的政治分量，并产生了直到 1999 年才打破的僵局。然而，美国联邦储备委员会通过监管规定授权一些商业银行和公司之间的从属关系从事投资银行业务——开始以一种相当有限制的方式，之后会逐步放宽。储备要求适用于范围较窄的存款，但之后会减少。

在美国，大萧条时代以来的改革中，银行法是基于对银行活动、投资和业务的限制而制定的。对于旧监管方法的清除，使银行之间，或与其他决定进入传统银行市场的非银行机构开始进行自由竞争，同时，在这些新的尝试下，它也使银行易于破产。一些由此产生的银行倒闭也是相当壮观，这就引起了相关部门对系统稳定性，以及花费纳税人上万亿美元这些情况的关注。然而由放宽政策带来的有效收益的确是巨大的，在审慎监管中的潜在差距，令一些监管机构和国会议员深深担忧。资本监管是弥补这一差距的最显著方式。资本监管是进行安全和稳健控制的一种更灵活方式，并且对于银行在新竞争环境中遇到的任何困难，资本监管是一种强有力的减震器。自从在旧巴塞尔协议之后的对银行传统限制条件的修改和废除以来——例如，通过美国银行对地域限制条款的废除——银行监管中资本

① 一个全面的账户，请参阅 Wilmarth（2002）。

监管的核心地位正在逐步提高。

1980 年，上述的因素导致许多巴塞尔委员会国家更加重视资本监管。在美国和其他一些国家，银行监管机构使用的各种资本比率对于监督检查来说并未像指导方针那样独立。即使在美国，联邦储备委员会或美国联邦存款保险公司（FDIC）可以非正式的交流这种机制，并且银行普遍已经接受或了解这一具体的、可以触发更详细审查的资本水平，但他们没有出版明文要求的资本比率监管法规。1981 年，银行机构在旧巴塞尔协议产生之前的几年，首次采取一些措施来正式确定风险权重资本要求。

据说，他们"越来越多地担心全美最大的银行组织资本比率的长期下降，特别是鉴于国内和国际上日益增加的风险"，美国货币监督管理局和联邦储备委员会联合公布了适用于除最大型银行以外的所有银行的资本比率（联邦储备系统理事会，1982）。那个机构只用于主要资本及总资本与总额资产的比率，而不是某种形式的风险加权比率。虽然具体的比率仍定性为行政行为准则而不是独立的要求，但是该机构明确表示，若银行资本低于指定水平，则可以得出一个很有力的推论即该银行资金不足。实际上，这些机构已经采用了一项主要资本/资产的最低比率，即 5%（小银行是 6%）。尽管资产超过 150 亿美元的17 家银行并没有被这种方针所覆盖，但理事会和美国货币监督管理局表示，针对这些机构，可以将其政策进行修改，以确保随时间的推移，采取适当的措施来改善这一银行组织中的资本立场（联邦储备系统理事会，1982）。

联邦存款保险公司发表了一份独立的声明，为作为主要联邦监督机构的银行建立一个主要资本的"可接受的最低水平"，即为资产的 5%（联邦存款保险公司，1981）。联邦存款保险公司没有包括对总资本与资产比率的要求。观察员还指出，虽然在不同规模的银行是否应有不同的最低资本比率的问题上，联邦存款保险公司与理事会和美国货币监理局意见不一致，但更重要的一点是，商业银行的三大联邦监管机构已经围绕一个假定的最低资本要求而融合在一起。

拉丁美洲债务危机加速了美国银行监管中资本充足率起核心作用的趋势（Kapstein，1994；Reinicke，1995）。美国一些大银行对于那些拖欠还款的主权债务人，如巴西和墨西哥，提出了质疑，即他们是否有足够的资本水平来吸收其资产损失。贷款本身就是银行面临如前所述竞争压力时的反应。发展中国家贷款比其他贷款类别具有更高的溢价，并在 20 世纪 70 年代，如果有任何发展中国家已进入公共资本市场，那么这种溢价会更少。1978 年至 1982 年 8 月期间（当时墨西哥违约），最大的货币中心银行持有的发展中国家总债务已从 360 亿美元上升至 550 亿美元。这个投资组合的资产是最大银行的资本和贷款的总共损失的两倍多（FDIC，1997）。关键的问题是通过结构重新调整和销账（Write - Downs）来快速解决危机有可能使一个或更多的银行出现技术性破产。

1984 年 5 月，美国银行业的问题在大陆伊利诺伊国民银行（当时的美国第七大商业银行）面临危机时进入了一个新的阶段。当银行业的安全与稳健受到威胁时，该银行对风险的抵御的能力还不算高。尽管在 20 世纪 70 年代，商业银行面临的具有挑战性的环境快速扩大，但部分是由于这些银行大量从事高风险贷款造成的（FDIC，1997）。墨西哥的主权债务已经暴露了大量的风险，并且还有 10 亿美元是因为参与了宾夕法尼亚广场银行产生的债务，而该银行本身就是一个现在已经臭名昭著的例子，它常以低利率进行贷款，其部分方法是利用利率管制撤销来购买高成本存款。在大陆伊利诺伊银行，人们关注其财务状况，该银行作为大型国内和国外的账户持有人将存款转移到别处。考虑到许多银行因规模太大或无法找到良好的合并伙伴而倒闭，FDIC 通过使银行国有化而幸存下来。

1981 年，这些不幸的事态发展促使监管机构重新考虑是否使这些最大的货币中心银行从适用于所有银行的最低资本比率中豁免出来。1983 年 6 月，理事会和美国货币监理局联合宣布，对那些 17 家跨国银行实行资本要求①。然而，这个迟来的行动还不足以缓和国会的影响力。因为国会议员认为，对于大型银行实行更严格的资本监管可以减轻经济危机对美国经济的影响（FDIC，1997）。事实上，对于"大 17（Big 17）"的资本规则在 6 月的延长被认为是避开国会行为②。当大型银行都直言反对美国国会追加资本监管的要求和银行机构加强国际贷款监管的五点计划时，实际上他们的抵抗增加了美国国会对这一专题立法的可能性（Reinicke，1995）。

与此同时，在 1983 年，更为普遍适用和有约束力的资本比率突然被人们质疑，当时的联邦法院推翻了 1980 年货币监督管理局要求的国家银行将其资本充足率增加到 7% 的命令。法院本身并不是完全清楚用监管机构决定权的限制来要求银行保持一种特定资本水平。然而，它意味着全行业资本要求的颁布，从某个个体银行的案例出发并推广开来，可能并不在银行监管机

---

① 部分是基于美国联邦储备委员会的一个内部备忘录，Reinicke（1995）假设银行业机构采取这一步骤不仅是因为美国国会的压力，而且还因为这 17 家大型银行中的 12 家已经提高了它们的资本比率，至少是指导方针所确定的最低水平。

② 事实上，对于这 17 家银行中的大多数来说，遵守并不是很困难的。至 1983 年年底，只有花旗集团和制造商汉诺威的资本比率在 5% 的最低水平之下。跨国公司提高主要资本比率：只有花旗银行，汉诺威尔在 5% 的最低限度之下 [N]．美国银行家，1983 - 12 - 1（3）．

构的权力范围内①。

银行机构未能成功的执行更严格的资本管制，因此国会现在必须进行额外的激励来进行立法，其自身已经采取了行动。里根政府已要求增加美国在国际货币基金组织（IMF）中的国际配额，其中部分作为在面对拉丁美洲危机，并普遍扩大机构配额以此来支撑目前银行资本比率状况。由于在 10 年后的墨西哥和亚洲的危机中可能出现这种情况，即双方立法者消极的反对美国政府，可见：额外资源的请求——至少在某部分中——旨在保释大型银行。参议院银行委员会的主席 Jake Garn（R－UT）指出，"在国际货币基金组织授权的国会中增加的 84 亿美元的价格将被立法，这样以便议员可以回家并报告说，'我们还没有保释银行'"（引自 Reinicke，1995）。因此，各种因素将会激励国会于 1983 年后期通过立法，明确认可并要求联邦银行机构为各级银行和银行控股公司建立最低资本②。

继 1983 年立法之后，三个银行机构迅速采取行动，不仅对美国各银行采用强制性资本水平，而且还弥合它们之间在以往的监管实践中存在显著差异的资本比率领域。在 1985 年初，美国联邦储备委员会，美国货币监督管理局和联邦存款保险公司发表了最后的统一规章。虽然这些规章类似美联储或监督管理局在 1981 年颁布的对其资本和资本计算的其他组成部分定义的指导方针，他们将最低的主要资本/资产的比率提高到 5%，把最低资本总额/资产的比率提高到 6%（在 1981 年的指导方针

---

① 问题中的司法决定是关于第一国民银行的主诉货币，决定由美国上诉法院第五巡回于 1983 年作出。讽刺的是，会计办公室似乎存在问题，部分原因是它明确依靠数量和质量来评估是否有足够的银行资本。会计长办公室高度关注质量措施，如质量管理。

② 同年，美国国会新的权力包括了国际贷款的监督法 §908 中的资本管制。这些规定现在可以在美国法典标题 12 §3907（a）中找到。

下，非共有银行为5%和5.5%）①。

当这些机构公布了这些规则，他们的注意力转向开发基于风险的资本要求。美国联邦储备委员会在其初步建议中指出，各机构正在回应一系列令人担忧的事态：资产负债表外资产的增长并没有包含简单的资本比率②，一些银行在面对简单的资本充足率转向高风险资产的要求时所表现出明显的监管套利，已经暴露的银行风险不断增加并发生了改变（理事会联邦储备系统，1986）。美联储首次推出一项提案，对已有的两个资本充足率的要求增加了一项"调整资本的措施"。这项措施根据资本计算要求，结合资产中的风险及其分配权重的不同，将银行资产分为四类。由于这是美国的首次监管实践，美联储提议还应包括某些资产负债表外的项目，如信用证。这种监管的建议从来没有实行过，因为它是归入旧巴塞尔协议中行使的，但在以风险加权资本要求作为银行监管的一个核心组成部分的引导下，它反映了美国监管机构间监管观点的融合和演化。

日益强调的资本比率与由美联储提出的基于风险的比率是行业结构和监管的组合，它们并不是只存在于美国。然而银行资本比率已经在巴塞尔委员会的其他国家有所下降。虽然其他国家没有将高度发达的资本市场和对银行活动的限制相结合，从而对美国的商业银行的业务产生了严重挤压现象，但是不利的宏观经济条件，日益增加的竞争强度，以及金融创新所带来

---

① 并行条例的其中一个版本可以在美国财政部货币监理局找到（1985年）。

② 这方面越来越多的风险例子包括：①10家最大的银行增加了备用信用证贷款发放，从1981年底总资产的7.6%，增加到1985年中期的占总资产的11.6%；②在1981年推出的利率互换，但在1985年中期，这已增加到总资产的14%（Bardos，1987）。后一例子夸大了真实风险，因为14%的数据是根据互换的名义总额，而不是真实的风险数额。

的影响在银行业内处处存在（Pecchioli，1987）。由于美国 20 世纪 70 年代和 20 世纪 80 年代初的经济动荡导致了银行资产质量的恶化。尽管大多数国家的储户可能比美国的储户拥有较少的替代品，但是世界各地大的借款人可以从国外的银行寻求资金，或者说，逐渐从欧洲市场或其他地方的公共债务问题来融资。再次，如在美国，许多银行通过提供新的金融工具来缓解竞争的压力，同时这些金融工具也给风险管理带来了新的挑战。

其他巴塞尔委员会国家对这些事态发展的监管力度明显低于美国。但他们的趋势是一致的——消除制约因素，这些因素原来是用于保护银行免受竞争的立场，但现在市场的发展导致它们并没有什么实际作用。例如基于资产和负债持续期间的对银行业的合法分离，如在法国，意大利和日本，它们对银行无论是在短期或长期部分都进行分离①。在 20 世纪 60 年代末和 80 年代初之间，法国基本上消除了这些限制，意大利和日本也明显减少了这些限制（Pecchioli，1987）。商业银行和投资银行的分离处处面临压力。分离是法律障碍的结果，如加拿大和日本，他们都面临着改变的压力。一些国家允许银行承销证券——如法国，德国和英国——他们的银行业务在针对那些行为时有明显的转变②。而结果则是面临另一个监督管理的挑战，因为对于非贷款活动的增加产生了对不同风险的混合管理。

从历史上看，巴塞尔委员会的其他国家比美国对银行资本的强调更少。诺顿（1995）认为美国联邦储备局和货币监理局较早重视资本充足比率，显示了资本比率在美国广泛的实践效

---

① 实际上，分离计划在许多情况下是相当复杂的，特别是在日本，传统银行的活动不仅是资产和负债的特殊持续期限，而且还是特殊的贷款者。

② Lascelles. 世界银行业调查：为什么跨协议必须延长 [N]．金融时报，1987 - 5 - 7.

用，并可用于对所有银行现场审查。不论出于什么原因，巴塞尔委员会的其他监督机构并不重视作为监督措施的资本比率。然而，由于竞争压力，世界其他地方的发展与美国银行的影响力相当，在 20 世纪 70 年代末和 80 年代初期间，其余巴塞尔委员会国家的监督机构也将资本充足率水平作为银行监管的核心。事实上，作为一个群体，在转向基于风险标准的资本比率方面，欧洲监督机构已跃居于美国，加拿大和日本之前。

1979 年，法国推出了一项与风险相关的资本标准。1980 年，瑞士和英国都对它们的资本比率进行了彻底审查。瑞士银行当局实施的这些改变尤为引人注目，在单一转向的瑞士，它从过时的资本/负债的方式转向资本/基于风险的资产的比率要求，并划分出 15 种不同的风险类别。德国资本规则在银行法下（修订于 1985 年）用不同于计算整体资本/资产比率的方法计算某些风险的权重。事实上，作为 1985 年巴塞尔委员会代表的 9 个欧洲国家，有 7 个国家已经在资本比率中采用风险加权的形式，并公布将其作为监管的指导方针①。

从某种意义上来说，欧洲监管演变相似是因为他们处于相同的环境并对银行业变化的影响有着相同的分析结果。此外，欧洲经济共同体（EEC）从事的活动也加速了这种融合的趋势。从 1973 年开始，欧洲安理会通过了一系列指示，要求各会员国协调对银行监督的各种因素。1977 年提出银行协调指令的目的是为了建立资本比率②。虽然只是出于"观察的目的"，该指令开始了这项进程，并最终导致欧盟在旧巴塞尔协议后对所有的

---

① 卢森堡仍在使用的资本/负债比率，这是几十年前美国已经放弃了的。如下文所述，意大利监督机构没有使用任何特定的比率——一般的或基于风险的——无论是作为监管指引还是作为规定要求。

② 该指令可以在欧共体的官方公报中找到，1997 年 12 月 17 号，NO. L322，文件编号 77/780/EEC。

信贷机构和投资银行设置资本要求。正如我们将看到的，由于巴塞尔委员会和欧洲共同体/联盟的共同努力，使他们到现在仍然在相互影响和相互促进。

到 1985 年，巴塞尔委员会代表国家中有 9 个国家已正式确定了适当的资本充足比率①。1986 年，日本为了抵制英国和美国对它的强制措施公布了该比率，并将其作为监督指导方针（但它并没有起到抵制压力的作用）。因此，只有意大利没有为资本水平制定精确的比率，这时巴塞尔委员会就开始认真的讨论设立一个统一的资本要求。日本和美国的监管当局此后不久便发表了基于风险资产的资本要求某种形式的提案②。虽然加拿大没有使用风险加权制度，但为了总体资本比率，它将资产负债表外的项目列入其指导方针内，从而涵盖第二主要目的，即从简单的资本比率转向风险加权资本比率。在以下 6 个国家里，资本比率是一项硬性监管要求，它们分别是：比利时、法国、卢森堡、荷兰、瑞典和瑞士③。在德国，如果银行的资本充足率低于公布的准则的要求，则该银行的资本水平应该提高。在英国和加拿大，公布的资本比率并没有技术上的约束，但可以作为监督者在其管辖范围内进行银行评估的标准。

过多的讨论资本比率是否具有强制性并没有多大意义。虽然英国央行的准则不是强制性的，但是监督机构对资本水平审查是相当挑剔的，并在许多情况下，它们会要求比已公布的指定比率更高的资本水平。相反，对于名义上有强制性准则的国

---

① 20 世纪 80 年代，只有 12 个巴塞尔委员会成员国。西班牙于 2001 年应邀加入。

② 1986 年日本的政策创新涉及一个简单的资本/资产比率，其价值从无海外分行的银行的 4% 变化到有跨国分行的银行的 6%（Pecchioli 1987）。

③ 在 20 世纪 80 年代，巴塞尔委员会国家和其他一些国家对资本充足率的要求的说明可以在 Dale（1984）和 Pecchioli（1987）中找到。

家，它们实际上对这些准则的解释和执行有多严格，仍然不是很清楚。由于所需比率是在不断变化的，因此"风险桶"的数量——对资产进行加权分类来提出假定的不同程度的风险水平——从德国的4类发展到瑞士的15类。同时，为了计算比率中的分子，资本的执行定义也有许多重要的不同之处，特别是对于次级债券和银行资产未实现的资本收益是否合格的问题。除了这些不同点，这样的资本充足率要求还揭示了一种共同趋势，各监管机构会更加重视资本监管和风险加权比率方法的不断融合。这一概念上的趋同对旧巴塞尔协议中统一资本要求的制定阶段是相当重要的。

结论

最近变得更为清楚的是，主要依赖于资本要求来实行审慎监管的趋势至少有一部分是被误导了。这一问题的产生，部分是由于监管模型在获得精确的风险敏感度时存在缺陷，还有部分是源于流动性、信誉，以及其他通过资本监管而未捕获的重要风险。不过，对于作为国家审慎监管重要部分的银行资本要求，这种情况已广泛地被监管机构和大多数学者所接受。即使在理论水平上，资本要求的最优水平也取决于对有效资本分配的社会福利和银行倒闭或金融危机的社会成本之间的权衡。而制定最低资本要求的实践任务取决于类似的一套判断。

在考虑到资本要求的最优水平时，那些认为真实的系统性风险很小的人必须考虑到市场参与者的信念，因为他们总会认为当某一银行濒临破产时，政府当局可能伸出援助之手。也就是说，有种普遍的假设是，监管机构认为某些银行因规模太大而不能倒闭，这种影响会延伸至其他银行私人信贷的定价①。这方面考虑的重要性在于，最优资本要求不能只通过最先进的机构所特有的公式来进行设定，同时，还认为为银行设定更高的资本要求也很有可能使银行规模过大而不能破产。传统推定认为在大型银行中，投资组合更高程度的多样化要求对更大型银行实施较低的资本需求②，而目前上述因素抵消这项传统推定的程度仍不清楚。当然，上述意见，并不排除一种可能性，即作为一个实际的问题，最低资本要求最好是通过基于公式的方法来进行设定。他们只是提醒我们，即使从概念水平上看，资本管制不仅是科学也是艺术。巴塞尔委员会第一届主席W. P. Cooke 曾经写道："对于资本水平的声明没有客观的依据，也没有关于资本充足率的确定性教条③"。

20 世纪 70 年代末和 80 年代初，在巴塞尔委员会国家中，资本充足率监管在不断的演变，并且在作为国际协约中一种实质性的监管范式设定到巴塞尔新资本协议中，这种演变还揭示了两点重要的意义。第一，巴塞尔委员会国家转向于基于风险的资本/资产比率，并在美国和英国开始采用基于这种方法的国际协约时就已经普及了。事实上，尽管美国联邦储备局在 1950 年暂时转移到这个方向，但是在 20 世纪 70 年代和 80 年代初期间，在基于风险的方法上，美国是一个落后的国家，而不是一个领导者。在某种意义上，达成国际统一协约的时机已经成

---

① 政府监管机构认为银行规模由于过大而不能倒闭的理由并不仅限于对整个银行系统像多米诺骨牌一样崩溃的担忧。例如，事实上只有两家银行可以对美国财政部证券提供全方位的清算服务，在财政部看来，这就可能使一些银行显得过于重要而不能破产（Stern 和 Feldman，2004）。

② 还值得注意的是，包括巴塞尔委员会在内的银行监管机构，都对银行稳定和增加金融中介（这是在任何资本要求中必然存在的）之间的权衡并不明确。

③ Cooke. 银行业监管，利润和资本产生［J］. 银行家，1981（8）.

熟了。

第二，在所需资金水平、资本定义和资本/ 基于风险的资产的比率的其他功能上有很大的变化。这种差异的产生部分是由于国家银行当局为自己的银行寻求竞争优势，这在下一章我们可以看到。然而，对于这种差异我们可以通过银行业性质的变化，银行监管存在的监管和会计背景，以及每个国家所特有的其他因素来进行解释。如果当前任何这样的差异仍然很重要，那么他们可能会对高度统一的资本充足率的适宜度提出质疑。相反，如果非常详尽的方法仍然使国家在执行中存在许多的差异，那么面临的问题就是如此高度的统一到底是出于什么目的。

第三章 巴塞尔协议 I

到 1985 年，几乎所有的巴塞尔委员会成员国都把监管建立在具体的资本比率计算方法基础之上，并且这些计算方法也越来越多地建立在风险加权资产的基础上。然而，12 个国家之间在资本监管的模式和细节上有相当大的差异，并且大多数的监督机构对统一资本监管方法反应冷淡。不过在短短几年内，类似的国家监管方案在推进统一的资本充足度量方法的国际协议中紧密联系起来。本章简要叙述了巴塞尔协议 I 的起源，为后文与巴塞尔协议 II 进行比较提供了有价值的政治经济基础。本章还讨论了巴塞尔协议 I 的结构、效益以及缺点，这些因素确定了巴塞尔新资本协议的修订过程的出发点。出于巴塞尔委员会本身的连续性，两个协议进程开始的政治环境有相当大的不同，并且两个框架的资本规则的相对复杂性也有很大的差异。这些差异有助于解释巴塞尔协议 II 在执行过程中产生的问题。

巴塞尔协议 I 的起源

巴塞尔协议 I 是基于以下两种考虑而产生的——跨国银行的低资本水平给国际金融系统稳定带来的风险和低资本水平的

竞争优势促使银行选择较低的资本要求①。他们使巴塞尔协议Ⅰ的进程成为国际贸易谈判和监管执行的混合体。随着时间的推移，尽管对国家竞争力的关注占据主导地位，但是巴塞尔协议Ⅰ从未违背一个前提，即跨国银行的资本比率应该提高。从巴塞尔协议Ⅰ的执行情况上看，它基本上实现了这一目的。

美国国会1983年立法——为美国的银行设定资本要求——也促使了美国联邦储备委员会和财政部在资本标准方面寻求一项国际协约②。国会对资本要求进行审查而且迅速执行，以至于银行没有时间阻止国会对资本充足率进行立法。正值拉美债务危机和美国及其他工业化国家对国际货币基金组织进行必要的资源补充，大部分国会成员不会接受提高资本水平——对于大型跨国银行来说成本高昂且不必要的这种说法。相对来说，他们更容易接受一些投诉，即美国国会提出严格的资本监管计划将严重削弱这些银行的竞争力。一些银行声称，根据一些理由，其他国家政府中明确或隐含的允许这些国家的银行相对于美国的银行保持较低的资本水平。

特别要关注的是日本的银行，在过去的十年中日本银行快速发展，并且在巴塞尔协议Ⅰ的协商过程中，它们很可能仍然保持这样的发展速度，其资产积累的进程是相当惊人的。巴塞尔委员会在1974年成立，当时日本只有一家银行跻身于世界前10大银行（根据总资产）中（见表3.1），到1981年仍然如此。然而，到1988年，世界前10大银行中有9家是日本的银行。同样惊人是世界最大银行的资产比例增长也是日本银行机构带来

---

① 叙述巴塞尔协议Ⅰ的起源和协商过程，详见 Kapstein（1994），Norton（1995），和 Reinicke（1995）。

② 具体来说，国际贷款监督法§908（b）项（3）（C）："联邦储备系统理事会和财政部长应鼓励各国政府、中央银行和其他主要银行业国家的监管当局共同致力于维护并酌情加强参与国际银行业务的银行业机构的资本基础。"

的。1981年，日本银行只持有世界前20个大银行总资产的四分之一多一点；到1988年，日本所占的份额已经突破了70％①。

日本银行业的崛起，反映了美国银行业地位的下降。在1974年，美洲银行、花旗银行和大通曼哈顿银行是世界上最大的三家银行。尽管花旗银行和美洲银行在1981年仍居于前两位，但是大通曼哈顿银行却已下降到第15位。到1988年，这三家美国最大的银行——花旗银行、大通曼哈顿银行和美洲银行——在世界大银行排名中，分别只排到第11、第39和第41位。世界前20大银行中，美国的资产份额从1981年的18.2%下降到1988年的4.45%。

表 3.1　　1974 年、1981 年、1988 年世界前十大银行

年份/排名	银行	资产 （以十亿美元计）
1974 年		
1	美洲银行（美国）	56.7
2	花旗银行（美国）	55.5
3	大通曼哈顿银行（美国）	41.1
4	巴黎银行（法国）	34.7
5	巴克莱银行（英国）	33.3
6	里昂信贷银行（法国）	32.8
7	德意志银行（德国）	32.4
8	国民西斯敏斯特银行（英国）	31.9

---

① 世界前 20 家大银行资产的国家份额如下：日本，1981 年为 26.6%（1988 年为 71%）；法国，1981 年为 23.2%（1988 年为 12.8%）；美国，1981 年为 18.2%（1988 年为 4.4%）；英国 1981 年为 15.3%（1988 年为 8%）；德意志联邦共和国，1981 年为 8.6%（1988 年为 3.7%）；加拿大 1981 年为 4.2%（1988 年为 0%）；巴西 1981 年为 3.9%（1988 年为 0%）。

表3.1(续)

年份/排名	银行	资产（以十亿美元计）
9	第一劝业银行（日本）	28.9
10	兴业银行（法国）	27.7
1981 年		
1	美洲银行（美国）	115.6
2	花旗银行（美国）	112.7
3	巴黎银行（法国）	106.7
4	农业信贷银行（法国）	97.8
5	里昂信贷银行（法国）	93.7
6	巴克莱银行（英国）	93.0
7	兴业银行（法国）	87.0
8	第一劝业银行（日本）	85.5
9	德意志银行（德国）	84.5
10	国民西斯敏斯特银行（英国）	82.6
1988 年		
1	第一劝业银行（日本）	352.5
2	住友商事银行（日本）	334.7
3	富士银行（日本）	327.8
4	三菱银行（日本）	317.8
5	三和银行（日本）	307.4
6	日本工业银行（日本）	261.5
7	农业储金银行（日本）	231.7
8	农业信贷银行（法国）	214.4
9	东海银行（日本）	213.5
10	三菱托拉斯银行（日本）	206.0

资料来源：银行家。

事实上，这是一个所有的国际银行资产都增长的重要时期，且大型银行的资产增长尤为迅速。从 1974 年到 1988 年，世界上前 300 家银行的资产增长了近七倍，从 22 000 亿美元增长到 151 000 亿美元①。在这 15 年期间，其中日本银行的资产增长超过了 13 倍，而跻身前 300 的美国的银行资产增长不足三倍。美国的银行家和部分决策者们十分关注这种相对增长率的差异和随之出现的市场份额变化。值得注意的是，日本和美国的银行资本比率与它们的市场份额呈反向变化。如表 3.2 所示，尽管前五家日本的银行的市场排名从 1981 年的第 17 名到第 8 名之间上升到 1988 年的第 5 名到第 1 名，但是它们的资本比率全部从 3% 以上下降到 2.5% 左右。同时，在此期间，美国、法国、英国和德国最大银行的资本比率都有所上升，但是它们的市场份额却全都下降了②。

表 3.2　所选大银行分别在 1981 年和 1988 年的资本比率

银行	1981 年排名	资本比率（%）	1988 年排名	资本比率（%）
第一劝业银行（日本）	8	3.26	1	2.14
住友商事银行（日本）	11	3.13	2	2.55

---

①　鉴于美元贬值，全球数字不如名义上的美元数字真实。然而，经济增长仍然是巨大的。

②　至于下文的更详细地讨论，日本监督机构允许银行包括大部分资产的计算，这些大部分资产是从他们持有的股票和房地产获得的未实现的收益，这种做法将成为巴塞尔协商中关键的争论焦点。如果将这些未实现收益纳入考虑，日本的银行的资本水平大概在 5% 左右，当美国的资本特质要素也包含在内时（IMF，1986），日本的银行资本水平也与美国的银行资本水平没有太大的区别。当然，德国以及其他国家的监管机构对日本的做法的关注，被证明了当出现资产泡沫破裂时，日本的银行所持有的资产价值会急剧下降。

表3.2(续)

银行	1981 年排名	资本比率（%）	1988 年排名	资本比率（%）
富士银行（日本）	13	3.51	3	2.75
三菱银行（日本）	14	3.25	4	2.58
三和银行（日本）	17	3.36	5	2.46
花旗银行（美国）	2	3.54	11	4.84
巴黎银行（法国）	3	1.28	12	2.83
巴克莱银行（英国）	6	4.66	14	5.57
里昂信贷银行（法国）	5	0.95	16	3.02
国民西斯敏斯特银行（英国）	10	5.10	17	6.11
德意志银行（德国）	9	3.10	19	3.78
大通曼哈顿银行（美国）	15	4.77	39	4.34
美洲银行（美国）	1	3.54	41	4.45

注：资本比率是资本与总资产的简单杠杆比率。

资料来源：银行家。

事实上，美国对日本银行的担忧与同时代对日本钢铁、汽车和半导体工业的担忧一样多。增加市场份额往往归因于不公平的优势，而这种优势只有日本公司享有。如银行业，其最重要的优势是，日本央行提供严密的安全网来支持国内的银行。但是，还有其他关于日本银行业竞争优势的抱怨与其他的行业的回应产生的共鸣。在日本，银行和企业之间的良好关系确保了大部分融资业务的顺利进行，从而有利于它们向国外迅速扩张①。国家的高储蓄率——有人认为是故意抑制国内需求的结果——使资本在日本比在其他地方更廉价。美国的银行指控，它们进入日本市场的途径受损，并要求对国内银行提供保护（美国会计总署，1988）。甚至还有抱怨，日本的银行为追求市场份额，曾通过提供其欧洲和美国竞争者不能盈利的利率为其客户提供信贷，从而跳入欧元市场。

类似的贸易争端延伸至美国的国内政治，最终导致巴塞尔协议 I 的产生。国会回应银行家们的抱怨——较高的资本要求将使他们处于不利的竞争地位——意味着即使监管机构开始在国内执行严格的资本标准法令，他们仍在相辅相成的压力下来延长国外的类似标准（Reinicke，1995）。另外，至少从听证会、信件和其他公共表达来看，1983—1988 年期间，美国国会对美国银行业的安全性和稳健性的关注较少（因而影响到纳税人的责任），而更多的却是关注美国银行业和国外银行业之间竞争的平等性问题。只有在 20 世纪 90 年代初，在充分解决储蓄—贷款危机后，国会的注意力才又转向审慎考虑和监管效率上。

由美国监管机构发起的国际倡议以一种研究过贸易政策问题的专家熟悉的方式开展。首先，这个国际倡议要做的是要求美国机构解决自己的分歧，以便能够与来自其他国家的监督机构站在统一的立场上。随后的进程也不同于一般的贸易协商前的机构间会议，银行业机构正在改变国内监管实践，以反映它们趋同的意见，而不是简单地表明一种协商立场。但是，从概念上看，这两个进程是很相似的。

---

① 经历过美日贸易冲突这一时期的读者可能还记得，据说工业公司在其获得融资时有不公平的优势。也就是说，借方和贷方都被认为在交易中获得不当收益。

其次，即使是在该过程的初级阶段，监管机构也会对国外的监管者们进行查探，以便开展可能的国际趋同磋商。当面临一个与贸易有关的问题时，便会引起来自企业和国会的压力，而贸易官员则会定期进行磋商，以便能够相对低调地解决问题。1984 年 3 月，美国联邦储备委员会主席在巴塞尔委员会上对寻求一致的国际资本标准做了介绍。尽管其他国家也存在对资本充足的关注，但有关报道称这一提案仍引起了巨大反响（Kapstein，1994）。由于国内政治的消极反应，以及大量的技术困难，这些潜在的因素使得其他国家的监督机构不愿再承诺比它们现在承诺研究共同的资本比率框架更多的事情①。

动态交易问题中还有第三处相似点，当面临着低迷的国际进程时，美国官员试图采用单方面的胁迫措施来打击那些不够配合的谈判对手。在贸易舞台上，这个众所周知的行动方针是通过 1974 年贸易法案 301 条款及其各分支来进行的，如 "Super 301" 和 "Special 301"。银行业机构发挥了类似的作用，特别是针对日本——如此众多的措施是在 20 世纪 80 年代产生的。

1986 年年底，美国和英国推迟了更详细的资本充足率标准的制定，以便于发展一种共同的标准。过去的几个月里，这一举措使得双边都取得了一定成果，双方监管机构对关于资本充足率的国际协议以及加强双边合作具有强烈的兴趣（Reinicke，

---

① 银行监管和监督实践委员会中对这项研究进行了描述（1984 年）。

1995）。一旦这一协议达成①，这两个国家就会对其他国家施加压力，它们可能要求在本国进行银行收购或经营银行业务的外资银行执行这一资本标准②。在操作方面，美国联邦储备理事会公开表示，它将使用彼此允许对方银行在本国开设分支机构的美—日协议，要求在美国开展业务的日本银行，提供与美—英协议中要求的资本分类及定义相符合的资本充足率数据。在之后的几个月里，尽管许多日本银行表示反对，但日本财政部已对该协议表示赞同。然而，正如我们将看到的一样，日本政府以他们沉默的代价换取了巴塞尔委员会其他国家的重要让步。

对日目标达到后，美国和英国又把注意力转回到巴塞尔协议上。随后的进程反映了其与贸易谈判的第四个相似点，即谈判者和国内选民都对这些标准对其银行的竞争影响有持续的关注。巴塞尔委员会在 1987 年所作的讨论可能会通过谈判的形式描述出来。但是在资本定义属于哪个条款这一关键问题产生了分歧。在某种程度上，这个问题是国家银行监管者对定义的使用缺乏一致性。例如，贷款损失储备（或"预备"）的定义在

---

① 美国联邦储备委员会公布了美英协议并作为提议规则的一部分，使其成为双边协议的重要组成部分（联邦储备系统理事会，1987）。然而，它从来没有生效，虽然它对促使巴塞尔委员会谈判取得圆满成功有一定的影响。其他巴塞尔委员会成员都担心这可能成为"国际谈判妥协的替代品"（Reinicke, 1995）。再换句话说，它提出了一个前景，即美英两国将在他们之间确定国际银行监管的合适标准，然后在世界各地进行有效地强制实行，这可能是美国和欧洲共同体在早期贸易谈判时所做的。在某种程度上，这也预示了美国在 20 世纪 90 年代初的贸易战略，当时乌拉圭回合多边贸易谈判有了转机，部分原因是通过对北美自由贸易协定的再次磋商，以及亚太经济合作组织论坛形象的加强。这些措施预示了欧洲，特别是美国，它们认为还会有其他多种扩大贸易的选择——如果乌拉圭回合失败，那么这些选择就会使欧洲落后。

② Reinicke（1995）引用了 Volcker 主席 1987 年 4 月的国会证词，暗示美国可以"转向授权互惠的方向"，正如英国央行的评论一样，它包含了特别针对日本的一些微妙的威胁。

巴塞尔委员会国家中是不同的。特别是法国的银行使用的是"国际风险"预备这一概念，即这种预备可能是为某个特定贷款国家的潜在风险所准备的，甚至根本没有确定专项贷款风险①。巴塞尔委员会不得不整理出这类预备是否应算作资本，以及在何种程度上算。这并不奇怪，但这些分歧一般会使一个国家相对于其他国家有一定的缺陷，因为这个国家的银行持有大量的可疑资本组成部分，而其他国家的银行却没有②。因此，日本继续争辩说，大多数银行资产的未实现资本收益应当作为资本，而美国则认为，某种优先股才应有这种资格。

当然，除了巴塞尔委员会的审议工作，这类问题应在国家监管的背景下解决。因此，对于这些问题的考虑，并不会给巴塞尔委员会的商讨提供比监管过程还长的"贸易"协商。政治经济的问题在于，在任何情况下前后都是相互联系的。然而，巴塞尔委员会的程序确实有一些与贸易谈判有关的特性。尽管贸易谈判的结果在某种意义上是进行合作，如国家联合起来抵制贸易壁垒，但是谈判进程本身并不是一种"合作。"国内的关注倾向于"我们 VS 他们"的评估，这是由受影响银行的国籍而定的，而不是由所有受影响的参与者的立场而定。这就是说，这种问题更多的是日本的银行能否比美国的银行获得更多优势（反之亦然），而不是美国的纳税人和一般的金融体系是否能得

---

① 乔治格拉汉姆. 法国赢得国家风险论证：走向银行资本充足率标准 [N]. 金融时报，1988 - 3 - 30（30）.

② 一个明显的例外是德国，该国的监督机构认为，只有未分配利润和有偿股东资金才能算作监管资本。因此，如果不是，德国人则会反对他人对监管资本定义所作的补充。对于哪类资产应放入相应的风险桶这方面，德国持保留意见。Simonian. 德国央行库克报告：共同资本定义的反应 [N]. 金融时报，1988 - 3 - 15（35）.

到充分的保护①。

国会对资本充足率问题的关注很好地说明了这一重点的转移。正如第二章所说，由于对银行不充足的资本所带来风险的关注，以及对使美国银行业的竞争力避免遭受较大破坏的补救措施的关注，推动了1983年国际贷款监督法（ILSA）的诞生②。1988年4月，众议院银行委员会主持了关于巴塞尔协议的听证会，在会上，委员会的成员没有一个询问这项提案是否可以提供足够的措施来保护金融系统的安全和稳定。几乎每一个问题都聚焦于美国的银行（或如由银行持有资产的政府资助企业）是否处于竞争的不利地位③。

对公平竞争重要性的关注，促使美国和英国的官员寻求国际资本充足率协议，因此与贸易谈判动态存在某些相似之处。然而，谨慎的考虑因素也起到了推动的作用。此外，在谈判过程中，无论这两个因素的相对重要性如何，不管出发点是什么，银行的安全和稳定就变得很重要。因此，尽管在国家监管机构之间，巴塞尔协议也不能单独作为一合作协议来准确理解，但是也不能把它确认为一个单独的贸易协议。

20世纪70年代，跨国银行的倒闭以及1984年大陆银行的

---

① 在传统的贸易协商中，在每个国家的消费者和所有国家出口商之间，都存在一个假定的共同利益：降低关税对这两个群体都有利。因此，协商的动态结果，可能直接反映重大出口利益的集中性影响；同时，敏感性产品的进口间接地反映消费者的利益。当贸易谈判延伸至包括国内监管措施时，如健康或安全的监管，出口商与消费者之间的共同利益就不存在了。在这种情况下，消费者分散的权益将有效服从于出口和敏感性进口行业的集中利益。

② 因为ILSA或多或少要求美国监管机构立即采取行动来推进资本标准和美国银行业的监管，同时敦促国际协议的进一步发展。

③ 唯一的例外是代表保罗 Kanjorski 的（名 D－PA）的质疑，即美联储是否有足够的权力，使持有银行股份的公司由于存在证券子公司而被要求持有更多的资本。这个问题并没有太多的涉及巴塞尔协议本身，而更多的是关于国内规则在管理银行附属机构和非银行金融机构中的一些变化。

倒闭为我们提供了充分的理由关注外资银行的稳定性。银行间拆借市场或支付系统的联系，意味着外资银行的倒闭可能也会给国内银行带来问题。早在1980年，10国集团的央行行长发表的一份公报，确定了资本充足率的重要性（Reinicke，1995）。可以确定的是有人提到了竞争力的问题，但人们同样担心恶化的资本缓冲带来金融危机。在20世纪80年代初期，巴塞尔委员会的年度报告总是提到监督机构关注世界范围内银行资本水平的下降（银行监管委员会和监督实践，1981、1982、1983）。此外，有两个问题在委员会对资本充足率的声明中是紧密联系在一起的。监督机构显然可以预期各种背景下"向下竞争"的风险，即一个国家采用较低的监管标准，将会使其他维持严格的监管标准但又必然会产生较高成本的国家遇到重重困难（Reinicke，1995）。因此，公平竞争可以以一种更细微的方式来理解，这涉及监督机构执行他们认为对其银行系统安全和稳健起重要作用的政策的能力①。

当然，所有这一切，在美国国会将重点放在资本充足率上之前，就已经发生了，更不用说促使美国监管机构对国际协约进行磋商。在1982年年底，巴塞尔委员会开始制定一个共同的"一般框架"来衡量资本水平（银行监管和监督实践委员会，1984）。虽然委员会明确否认有意协调实质性标准，但是一套共同的分类和定义可以比较明显地促进银行相对地位的比较，因此，监督机构对所有银行资本地位评估的能力会对其国内的金融系统产生潜在的影响。当测量框架完成并公布后，可以明显看出委员会将这两个激励动机联系在一起以消除分歧。

这一框架的意义在于，它不仅可以让委员会成员监控资本

---

① 第六章中彻底涵盖了这一点，并讨论了国际协约制定资本充足率的目的。

比率的时间趋势，还可以协调目标并努力减少资本标准中的不平等现象。在日益全球化的市场中，审慎和竞争力的考虑要求在资本标准和政策上进行更紧密的合作（银行监管和监督性实践委员会，1987）。在协议的最终版本中，委员会确定了协议的"两个基本目标"，即加强"国际银行系统的健全性和稳定性"并"减少国际银行之间的不公平竞争"（巴塞尔委员会，1988）。

美国和英国官员寻求国际资本充足率协议的确切动机仍然存在争议。一种合理的解释是（但称不上无懈可击），公平竞争是一种更重要的推动力。即使如此，国际倡议活动仍然是在提高国内银行资本水平的强有力推动下产生的，同时证明，审慎的关注在谈判过程中十分重要。我们很清楚，一套合理详细的统一资本充足率标准可能会在谈判中产生，而国家银行监管者也不能避免从公平竞争和审慎观点中来评价这些新生的标准。巴塞尔委员会花费十几年的努力以改善跨国银行的监管系统。对于那些忘记了其在资本充足协议的谈判中同样持有审慎观点的监管者来说，这可能是种突然的转变。参与巴塞尔委员会的各国家监管者显然认为，对于发展和完善他们自己的监管资本方法，这是很重要的一点（在巴塞尔新资本协议的过程中，这也是最重要的一点）。如果巴塞尔永远只是美国和英国监管者仅仅用于将其首选标准强加于其他金融中心的场所，那么这将很快的结束。事实上，20世纪80年代聚焦于日本银行业所谓的竞争优势是具有讽刺意味的。鉴于短短几年之后的日本金融体系的崩溃，以及由此而来的对日本（接着便是全球）宏观经济绩效的影响，1980年年末，日本银行业表示在这次事件以后会更多地关注风险，而不是优势。

协议的组成

一旦谈判正式开始，巴塞尔委员会达成巴塞尔协议 I 的速度也相对较快（另一个角度差异是源自大多数多方贸易谈判）。在 1987 年 12 月，委员会发布了国际资本充足率标准的"咨询文件"（银行监管委员会和监督惯例，1987）。意料之中的是，该文件在各国引起了不满，因为各国银行业的具体利益并没有被充分地考虑到。然而，就像一个贸易谈判者在捍卫一项协约一样，它承认没有满足国家谈判的所有目标，但是巴塞尔委员会国家的银行监督者为这一提议辩护，并告诫说，若寻求变化，则会在谈判过程中受到冲击。在 1988 年 7 月，委员会发布了最终版本的协议（巴塞尔委员会，1988），其中只对 12 月的建议做了细微的变化①。

巴塞尔协议 I 的结构是继承了 1987 年早期的美—英协议，而这一协议又基于 20 世纪 80 年代初期若干国家建立的资本充足率措施，并且反映了委员会在 20 世纪 80 年代中期制定的资本计量框架。通过其自身的条款，这一协议只处理信贷风险，同时也承认银行必须防止其他风险②。其基本方法是将银行持有的资产或资产负债表外项目分为五个风险类别，然后基于风险权

---

① 两个最重要的变化，包括核心或第一支柱资本定义下的永久性非累积优先股，并且对银行信贷分配的相同风险权重扩大到经济组织合作与发展组织（经合组织）的所有成员国中，而不只是对自己国家的银行。这些算是分别对美国和法国做出了让步。在风险加权类别中，也做了些没有联系的改变，如允许对某些住宅物业的贷款在风险加权方面同等的类似于业主自用住房。从咨询文件到资本协议中的变化在银行监管委员会和监督惯例中已做出描述（1988）。

② 委员会指出，通过政府和银行将其分配到不同的风险类别，它已将国家转移风险作为信用风险事件来处理了（巴塞尔委员会，1988）。

重来计算每类资产或项目的资本要求，最后将各项资产的资本要求加总起来得出银行持有的最低资本总额。那个协议建立了两个最低资本比率：一个是银行的核心资本，即委员会规定的"第一支柱"资本，要求至少不低于风险加权资产的 4%，另一个是银行的资本总额，其中包括所谓的第二支柱的组成部分，并至少不低于风险加权资产的 8%①。

因此，该协议的关键要素是这两类资本措施的定义，风险类别中的资产分配，以及转换因素，即出于风险加权的目的将资产负债表外的项目转化为资产项目。其中，在谈判过程中，资本的定义是最具争议的。该方法使用的是第一支柱资本和第二支柱资本的双定义，并且已经在共同测量框架中得到了发展，这些在 1986 年 9 月已经完成。当时，该委员会已同意股东权益，留存收益以及其他披露储备满足了监管资本的基本条件的——这些已经支付、自由和永久存在、能够消化正在进行的业务中的损失，在银行收益上不代表固定费用，以及在发生清算时次于所有债权人的索取权（银行监管委员会和监督惯例，1987）。委员会接着指出，一些成员国在他们的监管资本定义中还包括其他项目。

国家资本定义中的多样性反映了会计做法以及在监管政策中的许多不同之处。虽然委员会成员承认这些额外的要素（如果有的话）可能给银行带来潜在的优势，但他们对每个要素的

---

① 虽然许多读者非常熟悉巴塞尔协议 I 的方法，但一个简单的例子可能更有用。假设一家银行的资产负债表上只有三类资产，对一家公司 100 万美元的贷款，持有 200 万美元的美国政府证券，以及对借款人的主要居住地 50 万美元的抵押贷款。企业贷款将是风险加权百分之百，政府证券在 0 个百分点，而按揭贷款在百分之五十。因此，风险加权资本为 100 万美元 +0 美元 + 25 万美元，共计 125 万美元。银行将至少持有 5 万美元（125 万美元的 4%）的核心资本，以及至少 10 万美元（125 万美元的 8%）的资本总额。

相对重要性可能有不同的看法。也不是每一个资本的额外要素都会在每个国家的制度中被发现。其结果是不可能提出统一的,普遍被接受的资本定义（银行监管委员会和监督惯例,1987）。

因此,委员会采用了一个分层的办法来对资本进行度量。核心资本,或一级资本主要包括股东权益的公认要素,留存收益。在美国游说后,该协议又在这项资本中补充了非累积永久优先股。其他要素,如重估储备、次级债券、一般贷款损失准备金以及某些混合资本手段,被指定为二级资本。过去一年中,对各种国家利益最重要的调节是,允许银行将持有证券的未实现收益的45%列入二级资本。这一规定对于日本的银行来说是至关重要的,它们持有的大量证券,从券面上看,其价格远远超出它们当时的购买价格。这种升值是大量资产泡沫的结果,而这一事实在框架公布的短期内非常明显[①]。这些泡沫的因素,包括已被巴塞尔委员会成员国接受的二级资本要素（尤其是德国当局,他们主张采取最严格的资本定义）已经从对它们的限制条例中反映出来（见表3.3）。两个不同的资本比率使用仍然坚持把重点放在核心资本上,同时还容纳许多资本的其他特质,这些是由一个国家的资本结构特征产生的,或源自银行的政治压力产生的,或两者兼而有之。尽管最初只是出于为共同计量框架建立一个灵活而简便的计量方法,但是双资本定义因此而成为实质性的监管的基础。

[①]　虽然日本政府官员最初提议将证券增值的70%划入二级资本,但是甚至45%的结果被认为是一项谈判的重大胜利。

表3.3　　　　　　　巴塞尔协议 I　资本含义

资本要素

第一支柱
■实收资本/普通股
■公开储备

第二支柱
■未公开储备
■资产重估储备
■一般准备金/一般贷款损失准备
■混合（债务/股权）资本工具
■次级债务

限制与约束
■二级资本要素总额最高限额为一级资本要素总额的100%
■长期次级债务最高限额为一级资本要素总额的50%
■贷款损失准备最高限额为1.25个百分点
■资产重估储备以未实现证券的潜在收益为形式按55%进行
　贴现

资料来源：巴塞尔委员会（1988）。

　　该协议认可并巩固了风险加权资产的发展方向，并且一直
大步向前发展。通过审查巴塞尔协议 I 的风险类别（见表
3.4），我们可以看出资产的分配主要是基于借款人自身的特性，
而不是借款人的具体财务特征或信用记录。因此，所有对非银
行机构贷款的风险权重都为100%，无论借款人是通用电气公司
还是没有现金流证明的新成立公司。即使在1988年，虽然它已
经嵌入世界范围内的银行监管实践中，但是资本充足率取决于
银行投资组合的风险这一概念仍然不是很灵活。少数几个谨慎
国家允许根据风险分类分配资产，特别是在公共部门机构而不

是中央政府的索取权案例中尤为显著。

表 3.4　　　　巴塞尔协议 I 中风险权重分类

0%
■现金
■向中央政府和中央银行索取的以国家货币计价的货币资金
■其他向经济合作与发展组织国家、中央政府以及中央银行的索取
■由经合组织国家中央政府债券的现金抵押的索取权或由经合组织国家中央政府担保的索取权
0%、10%、20%或50%（国家主权裁量）
■向国内公共部门实体的索取权，中央政府除外，以及由发行证券的这些实体所担保的贷款
20%
■多边发展银行的索取权和发行证券的这些银行的担保或抵押的索取权
■纳入经合组织的银行的索取权或担保
■经合组织以外且剩余期限最长为一年的国家的银行的索取权或担保
■非国内经合组织公共部门实体的索取权，中央政府除外，以及由发行证券的这些实体所担保的索取权
■收款过程中的现金项目
50%
■住房抵押贷款，借款者已经入住或即将入住或将其住房出租
100%
■私人部门的索取权
■在经合组织以外的且剩余期限在一年以上的银行的索取权
■经合组织以外的中央政府的索取权（除非以本国货币计价或融资）
■归属于公共部门的商业公司的索取权
■建筑、厂房及设备，以及其他固定资产
■房地产及其他投资
■其他银行发行的资本工具（除非从资本中扣除）
■所有其他资产

---

①1994 年经修正后，包括公共部门实体而不是中央政府抵押证券的索取权。

②1998 年的修正文件中在 20%的风险权重类别中增加了并入经合组织的证券公司的索取权，且具有类似的监督和监管安排。

资料来源：巴塞尔委员会（1988）。

将一家银行总资产中的资产负债表外项目纳入资本计算，这是该协议中一个有贡献且持久的方法。如前所述，增长的信贷额度、信用证、承销设施以及其他可能产生的债务给予简单的资本/资产比率成为一个衡量银行资本状况的误导。由于银行签下了众多的或有债务合约，这种误导可能性大大增加了或可能引起银行资本比率的突变。该协议通过两个步骤来处理这些资产负债表外的项目。首先，转换因子可以将这些项目"改造"成表内项目的等价物。基本上，折现因子反映了这些表外项目成为银行资产或产生信贷风险的可能性。因此，履约保证金为50%（见表3.5），也就是说，债券的面额会减少50%（见表3.5）。然后，这些"资产等价物"会被分配到基于一般类型的客户/借款者的风险类别上，就像资产负债表一样。举例来说，一个私人企业发行的与贸易有关的100万美元的信用证中，第一步中将被转换成20万美元（20%的转换因子），第二步，将被分配到100%的风险类别（私人借款人）中去。

表3.5 巴塞尔协议 I 资产负债表外项目的信用转换因子

工具	信用转换因子（百分比）
1. 直接信用替代品，例如，一般保障债务（包括作为贷款和债券财政担保的备用信用证服务）和承兑（包括背书）	100
2. 某些相关交易的可能项目（例如，履约保证金，投标的债券，担保及与特殊交易相关的备用信用证）	50
3. 短期，能自行清偿，与贸易有关的突发事件（如信用证抵押）	20
4. 买卖和回购协议和资产出售与追索权，但银行仍然存在信用风险	100

表3.5(续)

工具	信用转换因子（百分比）
5. 远期资产购买的，远期存款以及部分支付的股票和证券，对这些承诺都有所减少	100
6. 债券发行的承销设施和循环设施	50
7. 初始期限中 1 年以上的其他承诺（如正式备用设施和信贷额度）	50
8. 初始期限不超过一年或随时可以无条件取消的类似承诺	0

注：巴塞尔委员会提供的特殊和广泛的指导方针，以处理利率和外汇合同和衍生工具，在此不再转载。

资料来源：巴塞尔委员会（1988）。

协议的修正

该协议规定了一个过渡期，截至 1992 年年底，监管当局要全面执行最低资本要求。在过渡时期的运行之前，委员会对该协议提出了适度的修改，明确了一般规定的特征和二级资本项目的贷款损失准备的必要性（巴塞尔委员会，1991）[①]。之后，

---

① 在拉丁美洲债务危机的后果中，损失条款的状况已成为一个相当重要和有争议的问题。在 1993 年过渡期结束后，1991 年修正协议中的一个组成部分试图用于排除专项条款以控制二级资本计算出的国家风险。

委员会还对风险权重的分类作了适度的修改①。此外，该协议还进行了其他两次修改，拓宽了对计算某些资产负债表外项目风险敞口的认识（巴塞尔委员会，1994c、1995a）。作为商业问题，这些后来所作的改变对大量参与衍生品交易的大型银行非常重要。然而，正如这些风险分类的离散性一样，它们并没有代表委员会在资本监管的概念上有任何改变。

与此相反，在1996年的修正案中，将市场风险纳入资本监管中，反映了委员会在资本监管方法上的实质性改变；另外，与初始协议的不同点体现在监管过程上。在这两方面，市场风险修正协议的实施预示巴塞尔新资本协议的产生。在处理市场风险时，实质上是委员会首次将触及到信贷风险之外的问题。此外，该修正案还规定了金融机构采用内部风险价值模型计算市场风险资本费用的方法，尽管该模型中只有特定参数由监督者设定。在这一过程中，委员会进行了多年的工作，并涉及与国际银行之间的积极互动。

巴塞尔委员会在市场风险上作出的努力很大程度上已经在欧盟所作的关于资本充足指引（CAD）的工作中得到了提高，并且CAD中早在1993年就发行了最终版本。因为一些会员国允许商业银行活动和其他金融活动由同一家公司兼营，所以委员会将CAD适当应用到所有的金融机构，并同时涵盖信用风险和市场风险。然而市场风险对于全能型或准全能型银行来说很明

---

① 这包含了另外一种风险，即对国内公共部门的索赔是对公共机构的抵押证券索赔而不是中央政府。住宅抵押债券包括供应机构以外的其他证券（巴塞尔委员会，1994），还包括一项修正，即任何政府在之前五年内重新安排其外部主权债务的都不属于零风险类别（巴塞尔委员会，1994），以及另外的20%的风险类别，即纳入经合组织，在协议下受监督和管理的公司证券的索取权（巴塞尔委员会，1998）。尽管没有明显提及任何国家，但这些变化的第二点是针对墨西哥，该国在1994—1995年比索危机之前已经加入了经合组织。

显是高度相关的，且对美国的大型银行来说也变得日益重要，因为衍生品交易在它们的业务中所占比例越来越大。持续动荡的外汇市场是国际银行要面对的更为重要的市场风险形式。在不同的司法管辖区建立市场风险资本要求和潜在的不同资本要求依据的是金融机构持有证券的自身特点，对于监管委员会处理国际银行的一致性目标来说，这很明显是一个挑战①。因此，1993 年 4 月，巴塞尔委员会公布了一个涵盖市场风险的协商性建议书。

根据这一提案，银行在其"交易书"上持有证券，而不是在它们的"银行本书"上持有，它们用最初巴塞尔资本协议中信贷风险计算的资本费用替代用市场风险计算的资本费用。其替代的理由是，那些交易书中的项目很可能在到期日之前就被出售②。在标准化措施中委员会为了量化风险而遵照 CAD 的指引。这些量化的风险源于交易债务工具、股票以及外汇汇率的价格变化③。例如，在计算具体风险时，债务证券将被分为三类：政府、"合格"、"其他"。定性证券——是较高的投资信誉的私人发行——在剩余期限工具的基础上进一步细分。每个类别将被分配一个资本费用（见表 3.6）。同样，一般市场风险资本费用的计算方法是基于时间——从不到一个月到超过 20 年，将净头寸（多头或空头）分配到 13 个不同时间带。每个时间带分配风险权重。同时，债务和股权交易的市场风险收费可以代

---

① 事实上，该委员会最初试图与国际组织的证券专员一起建立一个度量市场风险的共同方法，以确保证券资本不会因该证券是否由商业银行或投资银行所持有而改变。但美国证券交易委员会对此表示反对，其认为新的建议过于松懈，因此这项努力以失败告终。

② 此外，一些证券根本没有期限。另外一些证券，如普通股，只有在有广泛意义上时才产生信用风险。

③ 因此，市场风险资本的费用只适用于银行"交易书"中所持有的工具，而不是记载了银行贷款的"银行本书"。

替信贷风险费用①。

表 3.6　1993 年巴塞尔议案关于债务工具市场风险的资本费用

发行者	资本费用（百分比）
政府	0.00
定性	0.25（剩余期限为 6 个月或更少）
	1.00（剩余期限为 6～24 个月）
	1.6（剩余期限超过 24 个月）
其他	8.00

资料来源：巴塞尔委员会（1993 年）。

　　该委员会于 1993 年 4 月设计了"协商建议"文件。该文件的第四条阐述了协商的主要目的是"寻求具体方法的市场反应"（巴塞尔委员会，1993）②。作为评论建议，至少可以说，我们是可以接受的。用美国的银行机构的话来说，美国的银行对 1993 年的提案表示"强烈谴责"③。他们将在稍后的巴塞尔新资本协议谈判过程中会进行争辩，许多银行抱怨该方法没有考虑到投资组合的相关性和金融市场与金融工具的相互影响，与它们自己的风险度量系统不一致，没有为银行提供激励机制以通过风

---

　　①　外汇风险的资本费用适用于银行本书，以及贸易书中的资产。

　　②　1993 年的文件表明，那项评论将征求巴塞尔委员会国家当局的同意，然后由委员会来进行协调（巴塞尔委员会，1993）。在委员会进程与各种国家监管系统中形式上区别没有遵循巴塞尔新资本协议。作为执行中一部分的每一个协商文件，委员会直接征求并接受意见，以及以对第二次磋商文件的回应作为开始，在国际清算银行的网站上公布它受到的所有评论。这种做法类似于通知和评论的行政程序，这些是在美国和其他国家制定的机构准则中所要求的。

　　③　委员会的建议并没有使银行得到安抚，该文件也仍然在做最后的修正，以便创造了三级资本这一新的类别，这样就可只用于市场风险修正目的。Gapper. 银行对新巴塞尔委员会计划的评判［N］. 金融时报，1993－12－13（23）.

险度量创新来改善这些系统（巴塞尔委员会，1995）。在敦促该委员会允许使用所谓的 VaR 模型上，大型银行基本上是保持一致的，VaR 模型是专有风险管理模型，根据以往的市场走势，在一个特定的统计水平下，计算交易工具的风险金额。委员会推迟该项提案，以便制定一项内部模型来替代标准方法。在两年的时间里，最初的建议和 1995 年 4 月纳入的备选办法的协商建议得到了充分的传递（巴塞尔委员会，1995）。

虽然委员会接受了在交易工具中计算 VaR 时使用内部模型，但它坚持采用一系列定量的参数，以及定性的标准以确保模型的完整性和适当风险管理办法（巴塞尔委员会，1995）。最值得注意的是，该委员会建议对 VaR 模型采用三次"乘数因子"。该委员会在最优模型局限性的基础上调整了这一要求：过去的市场经验，并不一定预测未来的市场格局。此外，他们通过自有条件下的 VaR 模型，确定了在某一统计置信度下，一段具体时间期内所遭受的损失的金额。那么，根据定义，更大的损失将发生在少数情况下，其可以被描述为压力期，而在此期间可能危及银行的流动性或偿债能力。银行批评对其灵活性的限制，尤其是乘数因子①。在 1996 年的最终版本中，委员会对计算中使用的定量参数提供了一些额外的灵活性，但没有对乘数因子作出让步（巴塞尔委员会，1996）。由于对市场风险的风险价值的计算是基于仅仅只有 10 天期限的预期损失交易，委员会显然认为其谨慎办法是至关重要的。

因此，市场风险修正案的执行预示巴塞尔新资本协议不仅实质性的集中于银行的内部风险管理制度和风险模型，而且还关注于该委员会达成最后行动的过程。尽管最初的资本协议已在

---

① Lapper. 银行建议修改拟议中的规则［N］. 金融时报，1995－9－7（4）.

协商文件和从银行业受到的评论中得到核实，但是咨询文件和最终框架之间的改变是非常详尽的，主要是最后的细节，并且该协议在 7 个月之内将会最终完成。该框架是 1988 年 7 月公认的进程展示，它始于 1987 年美英双边协议基础上的美英联合提案。相反，市场风险的重新修正是在 1993 年 4 月的提议之后，并在下一个咨询建议提出之前的两年时间内进行。此外，1996 年 1 月的修正案在发行之前，还花了 9 个月来进行修改。正如巴塞尔新资本协议中的情况，这种观念上的改变是随着国际银行的持续不断的抱怨提出的。此外，尽管欧洲联盟的资本充足指导对衡量离散市场风险提供了一个先例，但 1995 年开创性的建议却仍是由委员会自身发展起来的。

巴塞尔协议 Ⅰ 的评估

同任何国际经济协约一样，巴塞尔协议可以用两种方法进行评判。评价的一个基础是，协约是否能够根据国家的条款来执行和观察。另一个评价的基础是，作为执行的协约是否已经有效地实现其既定目标。尽管巴塞尔协议 Ⅰ 看起来实施得非常成功，但彻底评估所需的数据不容易得到。至于协议实现其既定目标效力——加强国际金融体系的安全性和稳定性并且减少不公平竞争，对这一点是更为复杂的。事实上，对巴塞尔协议 Ⅰ 的广泛批评导致了委员会对其进行修改，最终在巴塞尔新资本协议中产生了新的高级内部评级法（A－IRB）。当前很难对巴塞尔协议 Ⅰ 进行充分评估，因为次债危机还尚未过去。这场危机揭露了巴塞尔协议 Ⅰ 的许多缺点，因为以前更多的是假设而不是实际观察。与此同时，2007 年和 2008 年的金融危机事件进一步提出了关于巴塞尔新协议体制的效力问题。

执行与遵守

　　巴塞尔协议Ⅰ在四年的过渡期结束时，国际银行应该达到最低资本充足比率。在评估协约时，如巴塞尔协议，许多国家就经济活动的某些监管规则或政策达成一致，但关键问题是这些国家是否已采取必要的步骤，在其国内法律制度范围内制定规则或政策来对参与者进行约束。在1990年初，加拿大、法国、德国、日本、瑞典、瑞士、英国和美国已经颁布了相关的法律法规以及指导方针（巴塞尔委员会，1990a）。10国集团中的其他四国也已经全面实施巴塞尔协议的规则，并于1990年完成了这一进程，同时他们也采纳了欧共体的相关指令。协议实施的重要性不仅在于确定了具体的资本充足率，还促使了将表外资产纳入资本比率计算中。

　　国际协约的及时执行就其本身而言是值得关注的。10国以外的国家也已广泛采用了巴塞尔协议，这一进程不仅得到巴塞尔委员会的极大鼓励，并且通过委员会与其他银行业监管国际组织提供的网络关系，使得这一进程更快捷地实施并展开。委员会在1992年的报告中指出："实际上，所有会员国以外的国家……规模较大的国际银行已经引进，或者正在引进这项基于资本协议国际协约"（巴塞尔委员会，1992）。正如美国以及其他许多巴塞尔委员会成员国，许多非巴塞尔会员国也已对其所有银行采用了巴塞尔协议的资本要求。由于资本市场和其他银行都看好满足巴塞尔最低资本充足率的银行，这便成了非会员国自愿执行该协议的动机。在十几个国家之间达成的国际协约详尽地阐明了国内监管标准。目前，已有100多个未参与这些标准的制定的国家采用该标准。

面临的问题是，一旦这些监管标准颁布后，是否能得到有效执行。换而言之，在1992年年底前的这段过渡期，巴塞尔委员会国家银行的风险加权资本比率是否能分别达到第一支柱的4%和合并资本的8%。基于不同的国家监管者所提供的报告，巴塞尔委员会的回答是肯定的。1991年11月，在过渡期结束前的整整一年里，据说该8%的标准基本全部达到，"除了少数例外"（巴塞尔委员会，1992b）。由于其中一个例外是花旗集团，以及许多日本的银行状况正变得愈发不稳定，委员会对其本身工作的评价基调一直处于"愉快的边缘"①。然而，10国集团经济的普遍改进，尤其是房地产市场，使得在随后的几年内资本水平有所上升②。巴塞尔委员会（1994d）在报告中指出，所有国际银行在过渡期结束时都达到了要求比率。过渡时期开始时的报告（具有相当的特殊性）揭示出，巴塞尔委员会国家的银行所作出的努力是为了改善其比率③。资本充足率的改善主要归因于委员会，他们增加了资本，尽管风险资产的增长率随之下降。在随后的几年内，大多数国家的大部分银行报告中的资本比率在持续攀升（Jackson等，1999）。对IBCA银行分析报告（以及自1997年以来的FitchIBCA）的审查结果表明，除了极少

----

　　① 1991年花旗银行产生了重大损失，因此其核心资本减少到3.64%。Friedman. 花旗银行的自行补救措施失效［N］. 金融时报，1991-10-17. 由于二级资本可以不在总资本大于一级资本数量的计算内，根据定义花旗银行仍然低于8%的门槛。

　　② 例如，1993年，花旗银行已经将其一级资本提升到6.6%（IBCA银行分析，1994）。

　　③ Lascelles. 无国界银行业：全球资本充足率新规则［N］. 金融时报，1988-7-19.

的例外，这些银行都维持着要求的资本水平①。

资本比率的上升和委员会国家（日本除外）严重的银行问题减少是协议所期望的，但是要消除产生这些结果的其他因素，巴塞尔协议仍然需要努力②。在一定程度上，这一协议导致了更高的资本比率，但问题仍然存在于两者之间——银行体系的稳定性和最优水平上的生产性资本配置——的社会平衡。同样，在一定程度上，银行体系稳定性的存在并没有告诉我们，在一种不同的监管方式下产生同样的稳定性，是否产生更高的成本。但是对这些问题的实证研究非常少，一方面是因为相关数据通常不对外公开；另一方面，即使银行记录完全可用，分析过程也相当复杂。因此，之后对协议的评估必然在很大程度上是通过估计来进行的。当然，也可以说，评估的基础是政策制定者已经决定取代巴塞尔协议Ⅰ。

但是，在委员会成员国采用巴塞尔协议Ⅰ之后，各国银行风险因子调整后的资本比率上的问题随之产生。委员会开始行使巴塞尔新资本协议，平均资本水平已从1988年的9.3%上升至1996年11.2%。此外，1988年资本比率最低的国家，其银行的资本比率上升幅度反而是最大的（Jackson，1999）。在中间几年，这些相对高的资本水平已大致保持下来，世界最大的银行所报告的比率可以证明这一事实。那么，一般来说，这一协议的资本标准在巴塞尔委员会国家的监督者的监管下已得到实施。

---

① 在全球资产排名前50位的银行中，只有三家银行的一级资本比率低于了指定的4%的水平——1995年Shokochukin银行，1999年农林中央金库，以及2003年和2004年的Resona控股公司（原大和银行控股公司）。然而，日本的银行和监管者在这一时期就报告的准确性而言，存在严重的问题。

② 从对资本监管影响的经验研究来看，Wall和Peterson（1996）总结到，自1981年以来在美国的强制性监管规则（包括巴塞尔协议Ⅰ实行初期）与银行的资本水平增加是相关的，并且这实际上是增加了对银行倒闭的缓冲，而不仅限于"装点门面"。巴塞尔协议Ⅰ的影响不再做具体讨论。

然而，这一结论必须具备三个方面的条件。

第一个条件是，监管部门的报告构成了这一结论的基础，而监管者在多数情况下又依赖于银行的自我报告。尽管独立审计师保证了对银行的审查，但审查的具体细节和严格性在巴塞尔委员会的各成员国中却大不相同。委员会也从未真正监控其成员国的监管措施。相反，监管者对外界的建议保持抵制态度。例如，当美国审计总局（1994）提出了一个包括巴塞尔委员会在内的同行审查程序时，美联储则表示不愿意与其他国家监管机构共享银行具体的敏感性信息。如果没有这些信息，对一个机构执行资本标准行为的重要审查则不可能进行。美国联邦储备委员会和美国联邦存款保险公司同时表示，同行审查程序可能会破坏监管机构之间建立起的"和谐关系"。由于没有对每个监督者执行资本标准的严格性进行直接的评价，因此，报告中的资本水平的有效性是备受质疑的。

这并不是说，巴塞尔委员会的审查进程仅仅是形式上的。在讨论监管过程中出现的执行和解释的问题上，参与者有机会评估这种方法和对方的理解①。此外，该进程本身可以在委员会内部培养出信任，对此参与巴塞尔委员会的监督者们没有异议，因为该进程可以在危机时刻促进双方合作，也可以保证对方共守承诺使资本标准得以实施。毫无疑问，在采用该协议后，资本比率随之上升了，这就是委员会的总体结论。但是，人们总想知道，在特殊时刻和特定的银行背景下，一个国家的监督机

---

① 在巴塞尔协议Ⅰ出版后不久，该委员提出了处理机制以解决从协议本身或新的金融工具的产生所带来的问题。这一机制设立的明确目的是为了避免显著的不平等竞争（巴塞尔委员会，1990a）。然而，在一份商定的解释文书出版之前的讨论，也同样给予监管者对实践的更多洞察以及对同行的思考。

构是否能够给公众提供全部信息①。

在巴塞尔协议 I 框架下，监管进程的可靠性相对来说不存在多大问题。在巴塞尔协议 I 生效的 15 年内，没有迹象表明监管者发现巴塞尔委员会成员国的其他监管者对资本标准的歪曲或系统性颠覆。即使在日本（之后会作详细的讨论），巴塞尔委员会的其他成员也清楚知道日本的银行监管机构维持虚假的资本充足率，通过长期以及有根本误导性的努力来对抗银行危机，而不是采取积极纠正行为②。然而，巴塞尔进程中的这种体制缺陷对巴塞尔新资本协议有着更加深远的影响，这将在第六章进行阐述。

这一结论具备的第二个重要的条件是，各国当局已经有效地执行该协定，并结合他们自己的实际情况对巴塞尔协议 I 的规则进行延伸。值得注意的是，20 世纪 90 年代许多国家已授权它们的银行将一级资本作为一系列委员会描述的"资本创新工具"，其中一些工具是混合性的，发行者可以免税，同时还可以维持足够的权益特征使其符合资本的条件。如果"资本"的含义充分扩大，则给定的资本比率所提供的保障将大大下降。1998 年，一些巴塞尔委员会成员国对此进行了一场讨论，经过

---

① 这不能归咎于恶意或狭隘民族主义。一个国家的监管者担心，是否会向对手国家泄露它的其中一家大银行的资本充足率已经降至危险水平，而对方的监管者却悄悄提醒他们的银行，以避免对问题机构的大额风险暴露。那么，其结果将会使在银行间拆借市场中的机构产生不必要的危机。当然，这种不愿透露的理性也意味着，通过任何一家银行对问题机构的过度风险暴露实行限制而避免银行业危机的产生。

② 支持这一主张的证据是，在巴塞尔协议 I 生效之前，美国联邦储备委员会不会批准日本的银行要求在美国进行显著扩张且长达一年多的申请。许多人认为这一行为都旨在迫使日本的银行在美国注册具有独立资本的银行子公司，而不是让日本的银行分行或办事处依赖于母国银行的资本。相反，这种策略，被认为是与日本的银行资本状况的独立性有关。Shaw. 日本的松懈监管导致逆火 [N]. 美国银行家，1992 - 12 - 22（4）.

一段时间的争论，最终对这种工具的准则达成了共识①。

一方面，这个结果显示了，从确定有偏差或有问题的国家行为产生一个商定的解释结果这两点来说，巴塞尔进程是具有潜力的。另一方面，这类经验既强调了不同的国家采用不同做法的可能性，又暗示了委员会仍然没有全面解决资本定义这一关键问题。在委员会发表关于资本可接受形式的声明中，强调了对前者的关注，德国将继续允许其银行将一级资本作为混合工具，这与该委员会的指导方针是相反的，因此它并不是永久的②。

第三个具备条件重点在于日本。旷日持久的金融危机和日本经济十多年的相对停滞，成为这个国家潜在危害的警示教训，而这些潜在的危害源于国家不充分的银行监管、监管松懈和政府支持银行所产生的道德风险。消除危机的费用则超过该国GDP 的 20%，这个数字大大地超过了过去 30 年中成熟经济体应对银行业危机时所产生的费用（巴塞尔委员会，2004d）③。评估巴塞尔协议 I 经验的相关性看起来是有限的，因为危机是在1992 年开始的，而要求协议在国家监管系统中充分执行是在1992 年之后。此外，危机的根源——在巴塞尔协议 I 协商之前就已经形成——涉及日本的宏观经济和监管政策的基本特征，如扩张性的监管政策以及随后的权益和房地产资产泡沫的膨胀和破裂，传统的"护航式"的银行监管，银行偿付能力的公共

---

① 详见国际清算银行"包含一级资本的可用性工具"，新闻稿，1998 年10 月 27 日。

② Graham. 德国银行获得让步：巴塞尔委员会允许德国继续提高资本稀释表［N］. 金融时报，1998 - 11 - 9（4）. 德国早先在委员会里保持狭隘资本定义的努力失败了，然而最终还是遵循了一句古老的格言："如果你不能打败他们，加入他们。"

③ 人们希望，在次贷危机之后情况会有所改变。

担保，以及采取松懈的监管步骤而产生的不稳定状态①。事实上，从日本的经历中我们可以得到的一点经验教训是要确保银行维持充足的资本水平。

虽然最近的两项研究认为，巴塞尔协议 I 没有对日本的银行行为产生效力②，但是它合理地澄清了资本标准从来没有在日本全面地执行。在某种程度上，这是可以理解的。严重金融危机的存在假定相当多的银行处于脆弱或破产的状况。在该状况下迫使资本比率提高可能进一步收缩信贷，从而可能给整体经济带来适得其反的作用③。此外，解决危机的延迟，以及给日本经济带来相应的高昂成本，更多的归因于大的政治和政策失败，而不是巴塞尔标准的执行不力等。

然而，在危机期间日本银行所报告的资本状况，从未准确地反映出资本实际上是对银行损失提供缓冲。当然，协议规定允许银行将 45% 的未实现收益纳入二级资本，因此，这一规定也要付部分责任。日经指数在 1989 年的峰值之后急剧下降，以及由此带来的日本银行名义资本的下降，这种现象加深了德国当局的担忧，他们反对允许银行将未实现的资产收益和其他软

---

① 关于危机起源和恶化的解释可以查阅 Hoshi 和 Kashyap（2004）；巴塞尔银行监管委员（2004d）；Calomiris 和 Mason（2003）；Fukao（2003）；Shimizu（2000）以及 Cargill、Hutchison 和 Ito（1997）。

② 然而，Peek 和 Rosengren（2005）在他们的实证研究中发现一种已证实的普遍持有的现象是，日本银行继续贷款给问题最重大的借款人，以至于他们没有对同样的客户更早期的贷款进行减值。他们的研究结果发现，倾向于要求最低资本比率的银行更有可能从事这种行为，这也说明这些要求或多或少对银行的行为有一定的影响。Montgomery 通过日本银行 1982 年至 1999 年期间资产负债表的面板数据研究，发现资产组合对一级资本要求是极为敏感的，在企业贷款零风险资产的替代中可以体现这一行为。

③ 不幸的是，正如前面注释中提到的 Peek 和 Rosengren（2005）所述，日本银行继续贷款给问题最重大的借款人，而不是将他们可用的放贷提供给健全的企业。

措施纳入资本的计算。但是，这一观点更多的是在协议标准的适用性（在下一部分进行讨论），而不是它是否已执行和实施。当前，更多的关注是日本银行资本数字上偏，这是由于巴塞尔协议Ⅰ未批准的会计和监管做法所造成的。研究者们已经确定了以下三种做法。

第一是巨大的呆账问题。日本银行坚决反对承认它们的呆账问题（Fukao，2003）。更重要的是，在整个危机中，日本银行严重少报它们持有的呆账数量（Hoshi 和 Kashyap 2004）。呆账数量的精确估计和对这些贷款提供充分的准备金将明显降低银行的资本水平。

第二是对所谓的递延税资产进行放松的会计处理。这些递延税资产是针对可用于抵消未来利润的损失的税收信贷。日本并没有限制将这些信贷资产记入资产负债表，甚至在递延税资产到期前的五年内也几乎没有利润用于抵消这些信贷资产——这是既成事实（Hoshi 和 Kashyap，2004）[1]。Fukao（2003）试图衡量这些实际资本水平偏差的影响，而不仅仅是数字的公布。他计算出，到1999年日本银行的递延税资产超过其银行总资本账面价值的15%，而到2003年这一数字超过了40%（Fukao，2003）。在计算中，Fukao使用经调整资本作为计算资本比率的分子，将日本银行的所有经风险因子调整后的资产作为分母，从而计算出日本银行得的一级资本水平仅有2%[2]。

在Fukao的计算中并没有考虑到资本偏差的第三个来源，他的重点是针对一级资本。在巴塞尔协议Ⅰ的终稿日与生效日——1992年12月31日之间的过渡期内，10国集团内所有不合

---

① Hoshi 和 Kashyap（2004）合理地提出质疑，即有限制的递延税资产是否可以作为资本来计算，因为它们对未预期的损失并没有起到缓冲的作用，用他们的话说就是，"当缓冲作用必需时，它们则是完全无用的。"

② Fukao运用的经风险调整资产的数据是依赖于日本央行的报告。

格的银行要强制提高其资本比率。如果可能，他们可以发行新的权益资本，尽管这种做法在全球经济陷入衰退期内变得越来越困难。因此，大多数国家不得不采取多项措施，可以通过将高风险资产转换成政府的零风险债券以减少风险权重资产的比重，也可以增加二级资本。而发行次级债务则是达到增加二级资本的一种可取方法。日本的银行则希望同时采用这两种方法（Ito 和 Sasaki，2002）。然而，他们发行的次级债务由保险公司持有，同时，这些公司的大部分债务又由银行持有（Hoshi 和 Kashyap，2004）。从本质上讲，银行对保险公司进行放贷，保险公司又利用这部分贷款来购买银行的次级债务。这种做法是一种变异的"双重杠杆"，即同样的资本同时作为两个或两个以上法律实体的风险缓冲区。巴塞尔委员会和其他国际金融监管组织一致作出警告，必须防止双重杠杆①。

　　如前所述，世界各地的监管者是难以欺骗的，他们不会相信日本银行是充分资本化的。随着日本金融系统 10 年的衰退，现在的问题是眼下的状况有多坏，而不是是否存在问题。不过，一个前日本银行监管官员坚持称其是"日本银行的模糊资本比率"（Nakaso，2001），这一说法留下了值得深思的疑问——即使在更好的时代，资本充足率是否是可靠的，巴塞尔资本标准又是否能被很好地执行。

---

　　① 双重杠杆问题尤其可能出现在金融集团，它们具有两个实体的共同所有权，从而将决定联合资本的问题复杂化（1999 年金融集团联合论坛）。但监管者关注的是这些实体是否通过共同拥有或与相互简单合作来满足他们自己的监管标准。

有效性

即使完全遵守国际协议规则也可能无法达到协议期望的目标。相反，根据情况，要通过相当大的进展来实现这些目标，而完全遵循这些规则是没有必要的。那么，怎样合理适当地遵循巴塞尔协议 I 的规则才能促进国际银行的健全和不同国家银行间的公平竞争呢？

国际银行的安全性和的健全性

在增加的资本比率和巴塞尔协议 I 的要求之间建立一种因果关系要比展示这些比率的提高难得多。巴塞尔工作小组将经验研究与有资本要求和无资本要求的银行行为相互比较，并得出结论，没有结论表明要求银行持有更高的资本比率（Jackson 等，1999）[1]，很难将资本要求的影响从其他变量中隔离开来，如市场纪律，变化的经济条件，或增加的监管审议。然而，资本要求与市场纪律和加强的监察监督是正相关的，这是可信的。而后者具有相当明显的相关性：如果有最低定量要求，监管者的关注可能更多的集中在资本水平上。资本要求与市场纪律的关系则更耐人寻味。正如第五章讨论的，银行基于现有的监管要求为他们的借贷寻找最低风险溢价的市场需求。这就是说，市场也需要高于监管要求设置的缓冲。在某种程度上这种解释

---

[1]　随后的研究对更高的资本要求和真实资本水平增加之间的关系提出质疑。包括阿什克拉夫特（2001）以及 Kleff 和韦伯（2005）。

是有效的，资本比率的增加至少可以间接说是归因于巴塞尔协议Ⅰ的要求。至少，巴塞尔协议Ⅰ为促成一致监管框架和市场改变起了重要作用，这些改变增加了人们对资本水平和水平自身的更多关注。

同样，在1992—2007年期间，巴塞尔委员会成员国没有产生任何银行危机——日本的特殊状况除外——这与协议的有效主张是一致的，但却很难证明这一点。从两个重要新兴市场中产生的金融危机和其他已波及一个或更多国家银行系统的事件看来，银行的稳定性是尤为重要。这与20世纪80年代拉丁美洲债务危机的余波相比是不言自明的。当然，次贷危机的严重性使巴塞尔协议Ⅰ呈现更多的缺陷。尽管，在撰写本文时，银行的彻底破产是有限的，但是美国和欧洲银行面对恶化的资产和信贷市场求助于央行的是"特别贷款"。因此，人们对银行的稳定性提出了严重的质疑。从未来数年的发展来看，这一危机可能在事后作为巴塞尔协议Ⅰ或更普遍的作为资本监管的缺点来引用。

然而，至于前15年银行的稳定性，资金要求以外的因素会做出贡献；更好的风险管理方法，包括对公、零售贷款基于风险的定价，明显发挥了重要作用。例如，Shuermann（2004）发现，在1990—2001年的经济低迷期，银团贷款和公司债券利差缩小了三分之一，证明了定价中具有更高的风险敏感度。银行还加强了防止风险扩散的措施，如在此期间利用信用衍生工具。另一个因素则是一个相对温和的利率环境，十多年内在很大程度上控制了通货膨胀，且面对新兴市场的金融动荡和资产泡沫破裂，央行采取积极的措施以维持市场的流动性。在协议生效后的15年内，巴塞尔委员会国家（日本除外）在20世纪70年代中期和80年代初没有出现严重衰退。因此，无论是资本要求还是风险管理的改进，都没有经受过如25年前那样的压力条件的考验。

正如已经有人指出，日本银行危机的起因在巴塞尔协议 I 执行之前就已产生。一旦权益和房地产泡沫破裂，日本银行会同时遭受资产价值的贬值和对一级资本筹集不利的市场条件。此外，日本经济随之而来的衰退以及银行宏观环境在不明智的货币政策下会进一步恶化。尽管如此，日本的银行危机及其后果并没有很好地反映在巴塞尔协议 I 中。最重要的是，这些事件揭露了准则中的缺陷，它允许将银行持有的权益资产中未实现收益的 45% 列入二级资本中。日经 225 股指从 1989 年的峰值平均下滑超过了 60%，并且在 1992 年持续下降，稳定几年后，于 1997 再次下滑了四分之一。因此，日本银行所谓资本缓冲的重要组成部分就在它最需要的时候消失了。即使在 1989 年，日本银行也有可能筹集更多的核心资本。但是，政治妥协允许这些可识别的"潜在储备"，排除了在日子还算好时扩充抵减损失的资本缓冲区的机会①。

在一个国家危机中，让国际协议成为危机的核心并强迫该国执行银行资本标准，这是不切实际的。根据定义，一旦发生危机，一套从本质上可以完全预防风险的标准并不是最佳的。相反，我们应该期望其他巴塞尔委员会成员国能很好地监控和了解日本银行的真实状况。至于之前详述的，日本银行和监管者使用大量有问题的措施来掩盖银行的真实状况，日本当局正试图对其他监管机构和市场隐瞒其银行的真实状况。然而如前

---

① 当时有报告（霍洛威，1987）称，美国监管者不允许将未实现收益的一部分列入资本规则，但是日本银行通过向有问题的美国银行购买次级债务而使得这一规定变得"昏污"。这份报告似乎并没有被其他工作者和学者核实。如果情况属实，那将在短期内对交易国际规则特许权造成危害。即使报告夸大了美国监管者的影响，对 45% 的规则妥协（原来日本的立场是 70% 的未实现收益应算作资本）但仍关注国内立法和国际谈判中普遍存在的潜在的次优规则。

所述，其他监管者深知日本银行的资产负债表没有真实地反映他们的实际情况，除了让市场参与者来决定这个条件外，他们没有更好的办法了。

对于巴塞尔协议Ⅰ有效性的最后一点看法则是其盈利性。在1992年巴塞尔协议Ⅰ开始执行期间，以历史的标准来看，大型银行的盈利能力一直很强，最近几年尤为出色①。很明显，没有人知道缺乏资本要求是否是维持高利润的原因。同样明显的是，在近几年宏观经济的环境中，没有人能知道那些要求对盈利的影响会有多大。此外，如果以社会理想的安全性和健全性为代价，那么银行获取更高的利润未必可取——这种合理的解释在次贷危机的背景下似乎进一步增强了。Jackson 等人（1999）在实证研究中发现了关于最低资本要求是否会给银行盈利性产生负面效应的混合证据②。可以肯定的是，巴塞尔协议Ⅰ对银行盈利性没有明显的负面影响，也没有发现银行人员因协议对其盈利性产生负面效应的投诉。

公平竞争

公平竞争是推动巴塞尔协议Ⅰ的动力，然而对这一问题的

---

① 基于税前利润与一级资本的比率，在银行家杂志的一篇文章中，计算了前5年内，全球排名前1000家银行中盈利收入最高的三年——2001年（资本回报率为17.9%）、2003年（资本回报率为17.56%）和2004年（资本回报率惊人地达到19.86%）。Baker - Self, Ghavinmi, Dickie. 世界排名前1000家银行银行家 ［N］.2005 - 7 - 4（208）.

② 没有一篇论文尝试直接度量资本标准对盈利能力的影响。相反，学者通常观察到银行面临资本要求而发行股份时，监管者作出适用于银行资本要求的公告。Jackson 等人（1999）指出，至少在理论上，资本水平监管要求可以被视为对市场有积极作用，从而降低了融资成本。

学术和实证分析的匮乏令人吃惊。如果其他的显著因素不变，统一的资本要求肯定会缩小先前存在的竞争力差距。也就是说，如果要求一家银行今天持有比昨天更多的资本，但其他条件无变化，那么它发放盈利性的贷款或进行投资的能力会有所降低。因此，这产生了两个问题。第一，其他因素是否保持不变？例如，如果其本国政府同时以这样的方式扩大其安全网以至于有效地对银行债务作出担保，则增加资本要求不会增加银行的资本成本。第二，即使其他因素大致不变，相对于其他可能的资源优势，一国银行的竞争优势有多少来自不同的资本要求？也就是说，如果使用相同的资本要求可以在多大程度上缩小差距呢？

我们针对日本的情况来回答这些问题。在巴塞尔协议Ⅰ执行的数年里，全球的关注已经从日本银行的竞争优势转移到日本银行体系的潜在危机。不过，在巴塞尔协议Ⅰ协商之后一段期间的研究表明，在统一的水平下取得资本竞争优势的可能性很小。现有的研究一般不能区分上一段提出的两个问题。因此，他们并不是针对日本的监管者是否应该根据巴塞尔协议Ⅰ来加强安全保护网，或当前使用安全保护网的收益是否有足够继续抵消增加资本要求的成本。不管怎样，日本的安全网，宽松和"护航式"的政策都被认为限制了巴塞尔协议Ⅰ对日本银行的影响①。

正如对竞争将优势问题提出的建议，商业背景和监管环境的其他要素可能对一个国家的银行的竞争地位——相对于其他

---

① Scott 和 Iwahara（1994）对这种关系的解释最令人信服。Acharya（2003）详尽阐述了资本要求和他认为"宽松"政策的理论关系，而这里的"宽松"政策是指政府对破产银行现有的经营管理提供帮助政策，而不是关闭银行或进行重大管理改组。基于对银行股东可观察的财富效应，Wagster（1996）则表示巴塞尔协议Ⅰ本身并没有对日本银行的资金成本优势产生显著影响。

国家的银行——有着重大的影响。Scott 和 Iwahara（1994）把重点放在可促进日本银行发展的税收和会计政策优势上，以及可以促进美国银行发展的可能优势上，尤其当次级债务成为资产负债表中重要组成部分的时候。Zimmer 和 Mc－Cauley（1991）指出，与它们的美国对手相比，日本银行的资本成本优势与日本企业的资本成本优势相一致。同时，Kane（1991）指出这些争论中常常低估一点，即日本银行最重要的竞争优势来源不在于股权资本成本，而在于其融资成本。日本通过对监管存款市场的高度监管来排除外资银行，这是其主要的竞争优势来源。

Jackson 等人（1999）对 Kane 的结论做了简要的回应，"不成比例的权重不可能成为资本成本国际竞争形式的重点，因为所有的融资成本更为重要"。他们还指出，尽管如此，如果某些国家的银行需要达到比别国银行更高的股权收益率，那么这些银行将不会从事某些低利润的业务活动，除非这些业务活动的资本成本较低。一个令人惊讶的情况是，在巴塞尔协议 I 生效后的 15 年里，其各条款所要达到的目标在一定程度上都实现了，但是却无法精确地计量，他们对于这一点的调查不了了之。

缺陷

审查缺陷——这是对巴塞尔协议 I 评估的最后一步。一些缺陷很显然与前面的问题相关，即该协议如何成功实现其既定目的。不过，还有其他实际或可能的问题影响巴塞尔协议 I 实现其既定目标的可能性。

对宏观经济的影响

银行贷款的模式呈现自然周期性。在经济扩张时期，更多的借款人有很高的现金流，因此更多的借款项目具有更多的可行性。事实上，银行监管者常常担心银行在经济扩张高峰期不明智地降低其贷款标准，因为银行与客户都低估了商业周期低迷期时的风险。由于在经济良好时期，潜在损失贷款的违约率和准备金供应都有所下降，经济和监管资本要求减少了对贷款的限制；相反，在经济低迷期，现金流量缩小，项目的可行性降低。同时，银行面临着现有贷款的更高违约率，因此必须为恶化的资产提供额外的准备金。

最低资本要求会进一步收缩放贷，因为，当贷款违约后资本急速下降，这就要求要么增加额外资本，要么减少资产。由于增加额外的资本是最困难且最昂贵的，当银行已经遭受资本损失，其资本快接近监管最低水平时，减少总资产（以及相应减少存款）将是最可行的方法。实际情况很可能正是如此，通过减少新贷款而使总资产大幅减少。那么依赖于银行融资的公司或其他借款人可能受到不利影响。对于那些无法获得其他金融资源的借款者，如小企业，则可能无法获得信贷，尽管它们仍然拥有信誉。如果这种现象非常的普遍，经济主体无法获得融资可能会对其生产经营活动产生显著的负面影响，从而深化或延长经济衰退。因此，监管资本要求其本身应该具有周期性。

如果资本要求是基于风险加权资产，银行就有第三个选择：它可以重新分配其资产组合，将更多的低风险资产如政府证券等囊括在内。同样，银行还可以出售现有的具有高风险评级的资产，然后再用其所得购买低风险资产，或可以改变今后的贷款对象，从高风险评级的借款人转向低风险评级借款人。一些评论者认为，1990—1991 年的经济衰退因为"信贷紧缩"而进一步恶化，因为根据刚生效的巴塞尔协议 I 要求，银行将其资产组合从 100% 风险评级的借款公司移出，转向了 0% 风险评级的政府债券①。

那么，就理论问题而言，如果不考虑经济或监管资本的报酬以及资本报酬本身，贷款决策将会出现周期性偏差②。要隔离资本要求的边际影响幅度并不容易。虽然在这个问题上已有相当一部分实证研究，但仍然没有得出明确的答案。现在有很好的证据表明，严重依赖银行贷款的部门会受到银行资本贷款减少的影响，这会对它们产生不利的影响。Peek 和 Rosengren（1997，2000）表明，1990 年美国商业房地产行业由于日本银行的美国分行对其进行贷款限制，使得该行业遭受了不利的影响。该分行的贷款对其母国银行的资本条件极为敏感。美国的商业房地产市场在此期间没有遭受普遍的衰退，因此可以很容易得出一个结论，资本水平——而不是盈利性贷款机会的减少——造成了这一收缩③。

这种情况在宏观经济层面上还不太明显。最近的一个文件发现了证据，表明 Peek 和 Rosengren 提出的部门影响是广义的（Van 和 Heuvel，2002）。不过，Jackson 等人（1999）总结到，虽然有些研究已经表明，资本要求压力与产出之间有一定的联系——特别是在 20 世纪 90 年代日本的劫难中——但并没有令

---

① 相关说法的文献可查阅 Wagster（1999）。

② 一些相关模型可查阅 Pennacchi（2005）。

③ Peek 和 Rosengren（1995）早期的工作是通过研究新英格兰银行在 1990—1991 年衰退期中的行为，试图隔离较低资本水平的影响。假设这些银行基本上都受到同样的外部冲击，并且因此而面临类似情况的借款人，研究发现，银行资本下降得越多，缩减贷款也就越多

人信服的证据表明在总体经济水平上，资本要求会产生影响①。
因此，虽然产生了一种直观印象——由部门证据和大量理论工
作作为支撑——一般化的资本要求和特殊化的巴塞尔协议Ⅰ都
具有周期性影响，不过这种影响似乎并不是足够大到构成巴塞
尔协议Ⅰ的重大缺陷。随着资本市场的扩大，银行贷款继续下
降，这一事实强化了我们的初步结论。此外，银行稳定性所带
来的积极的宏观经济影响可能超过资本要求所产生的负面影响。
不过，我们将在第五章中看到，巴塞尔新资本协议重新提出了
周期性问题。

监管套利

　　早期，巴塞尔协议Ⅰ因为允许甚至鼓励监管套利而经常受
到批评。各式各样的监管套利机会是巴塞尔协议Ⅰ——有限数
量"风险桶"方法中所固有的，在"风险桶"的基础上将银行
资产分类并确定相应的资本要求。这个结构很简单，以至于许
多真实风险或"经济"风险不相同的资产被赋予相同风险权重。
并且，它允许在资产或交易形式的改变时赋予不同的资本要求，
虽然其风险水平并没有发生变化。协议的这些特征明显引起了
广泛关注，因为某种资产的实际风险可能与加权风险有很大的
差异，导致最低资本要求不能达到安全性和健全性的理想水平。
他们同样鼓励银行通过调整他们的业务活动来降低他们的最低

---

　　① Jackson 等人（1999）通过查阅文献，研究银行贷款总量和国民生产总
值之间的关系，找到了混合的证据。毫不奇怪，分歧中关键的一点是，削减银
行贷款是在减少产出之前还是之后。后来的研究发现，在拉丁美洲采用了巴塞
尔协议Ⅰ资本要求的国家在信贷增长上没有显著的影响（Barajas, Chami 和 Cosi-
mano, 2005）。

资本水平，同时维持他们的资产收益率，或在保持资本水平不变的情况下增加收益。

监管套利的最基本形式源于巴塞尔协议 I 规则的完全套利性质。因此，如前所述，对于一个单一的风险桶，涉及对特定类型交易对手所有风险敞口分配时，这意味着 100% 的风险权重会分配给大型高盈利性公司的贷款，或新兴公司的贷款①。所有其他条件一致，银行就会有动力，精心挑选回报率高同时资本要求与低收益资产类似的资产（由于借款人的高信誉，其低收益是资本市场所认可的）。这样的精心挑选可能会受到两方面的影响，要么是对某种类型的公司或国家贷款人的歧视，要么是事先出售对相对较高信用等级借款人的贷款。其结果是，银行资产的平均质量下降了。

与此类似的是一些规则的双重性。最常引用的例子是，资本要求只针对一年或更长期限的贷款。有个行业"传说"——至少是监管者认为是比较有趣的现象——是 364 天的贷款已是一个普遍的事实（Saidenberg 和 Schuermann，2004）。这个套利产生的不利影响可以超越其对银行安全性和健全性的即时影响。例如，英格兰银行的工作人员发现贷款数据是具有典型特征的，这一监管特征，扭曲了非经合组织国家较高评级银行的贷款期限分配（Drage 和 Mann，1999）。因此，在 1997—1998 年的新兴市场金融危机中巴塞尔协议 I 很可能起到了推波助澜的作用②。

产生监管套利的其他机会是由巴塞尔协议 I 的覆盖缺口产生的，这些缺口激励了银行从事新的业务类型，而不是简单的

---

① 巴塞尔协议没有明确的将企业的风险暴露指定为风险桶之一，因此，他们属于"其他"类别的具有 100% 风险权重的违约桶（反过来，这种要求是指将这些风险暴露的 8% 预留作为监管资本）。

② 金融危机的一个原因是一些亚洲的银行对资产负债表严重的期限错配。

重新分配现有的业务类型。其中一个尤为典型的例子便是证券化——银行要么向与它有持续合作关系的实体出售证券化资产，要么与另一实体（其证券化资产由第三方创造）建立新的联系。当然，除了监管套利，产生资产证券化的动机还包括，如扩大和多样化债务融资来源，或通过增加贷款服务的数量来增加基本费用收入。当然还有很多产生监管套利的途径。在没有追索权或没有其他由银行担保的情况下，直接出售证券化资产就是一种精心挑选的形式，因为一般来说，银行会出售更高质量的证券化资产而保留较低质量的贷款。更有趣的情况是，银行以保留证券化资产或其他资产利益的方式来提高他们的信用质量。

尽管在巴塞尔协议 I 的范围内，该协议为资产负债表外项目的完善做出了贡献，但它仍然不完善。因此，尽管协议要求对有追索权的资产出售或直接的财务担保支付资本费用，但这样做并没有解决证券化的问题。例如，一家银行为了证券化，通过保留追索权而降低其资本要求，因为即使银行会为这种权利支付资本费用，与银行在资产负债表中持有这些贷款的成本相比，这些资本费用是较低的。然而，事实上，担保期内银行将承担一切与最初的一揽子贷款相关的信用损失。正如 Jones（2000）所表明的，即使美国的银行监管者在巴塞尔协议 I 规则中专门为证券化设计补充了资本要求，这个结果也有可能产生。事实上，证券化的产生表明，不断创新的套利措施快速地突破了填补监管缺口所作出的努力。因此，举例来说，即使通过改变巴塞尔协议 I 的规则来防范刚才所述的结果是可行的，银行也可以通过提前摊销或快速偿还的规定来间接增强投资者的信用，而不是提供一个标准化的保证（Jackson 等，1999）①。这些给银行带来风险的措施，并不包括在巴塞尔协议 I 内，因此也不会产生资本费用。正如在下一章所讨论的，资产证券化所导致的次贷危机暴露了巴塞尔协议 I 的缺陷，其更大程度上暴露了监管质量的缺陷。

在巴塞尔协议 I 框架下的第三类套利监管是源于协议本身的不一致。最值得注意的是，1996 年市场风险修正案允许银行通过在交易书（而不是银行账册）上创造并持有自己的条款，这便为银行减少其监管要求敞开了大门。Jackson 等人（1999）发现，对高度信誉公司的 3 个月贷款可以达到 8% 的资本要求，但是由同一个公司发行的 3 个月期的商业票据在市场风险修正框架下却会大大降低特定的风险要求。

尽管监管者、学者和政策分析家一再强调套利是巴塞尔协议 I 的主要问题，但很少有实证工作对这一做法进行量化研究，而且它们不能评估在何种程度上可以达到银行的安全性和稳健性。这种不幸的状况在很大程度上是由于无法获取研究这一现象所必需的数据。在某种程度上，这是因为数据是银行私有的，它们既不会公开，甚至也不会上报给监管者。而替代措施也尚未成形。例如，Jones（2000）在报告中指出，联邦储备委员会的工作人员估计，美国最大银行中非抵押证券化金额几乎是风险加权贷款金额的一半。很显然，美联储的工作人员认为，这些证券化形式产生的最大诱因是监管套利因素（Jackson 等人，

① 这些间接的信用增强形式在循环信贷安排（如信用卡贷款）之间特别重要，在这些信贷安排中，证券化工具的期限通常超过了已被证券化的特定贷款的期限。起始银行继续创造足够新贷款以补充已发行证券的抵押品。为了向投资者确保，即使银行不能履行这一义务，他们也不会处于不利地位，银行可能会提供某些或有条款。提早摊销条款强制规定了银行加速偿还投资者的本金；快速支付规定银行可以以证券化资产偿还投资者本金份额的附属部分。

1999）。许多在巴塞尔协议Ⅰ中属于高风险类的实体，外部债券评级机构对它们的评级却与巴塞尔协议Ⅰ中属于低风险类的实体的评级相同，这些高风险实体会为借款支付溢价，而对于巴塞尔协议Ⅰ歪曲信贷市场这一说法的证据，也在这一事实中得以发现（国际掉期及衍生工具协会，1998）。

尽管，证券化的产生也是出于商业目的，但有多少活动是源于银行管理者的套利意图，我们对此需审慎地作出结论。在对银行的证券化做法作出评估时，对于将商业因素从监管套利诱因中分离出来的难度，Ambrose、Lacour - Little 和 Sanders（2005）已作出了阐述，他们发现了与资本套利或声誉忧虑相一致的证据，因此得出了一个经验性的结果①。就算是与给定风险暴露组合中资本水平证券化影响相关，这些总的数量也并不能计算出资本水平下降了多少。此外，Jones（2000）表明，证券化和其他一些监管套利措施实际上是可取的，因为巴塞尔协议Ⅰ规则本身就存在争议，为了这些交易将许多专项资产分配到高风险权重的资产桶中。② 这项建议强调了，当前的资本要求可能在风险权重之上，且偏离银行运营所产生的必然的真实风险。下一章节我们将展开讨论巴塞尔协议Ⅰ的缺陷。

---

① 在风险加权资本要求制度下，当前关于监管套利的重要性问题回应了早期提出的询问，即银行是否为了对资本要求进行套利（如杠杆率，其中资产负债表中的资产作为资本比率的分母）而从事使表外资产增加的业务。Jagtiani、Saunders 和 Udell（1995）回顾文献，并在新的实证研究报告中指出，基于他们以上得出的结论，资本监管的改变对银行使用资产负债表外的产品并没有一致的影响。

② Mingo（2000）认为，监管套利是一个双输的主张，因为交易成本要求银行建立可以减少资本要求的交易。

风险和资本监管的分歧

对巴塞尔协议Ⅰ最尖锐的批评不是它允许暴露了真实风险的银行持有过低的资本水平，而是其衡量标准间接地与这一风险相联系。巴塞尔协议Ⅰ要求资本水平都高于或低于银行面临的信用风险授权的水平，至少相当一部分银行的业务涉及证券化、担保债务凭证、信用风险衍生工具以及其他金融创新工具。在概述了巴塞尔协议Ⅰ框架下监管套利的做法后，美国联邦储备委员会前任副主席 Roger Ferguson 评论说，它"在大银行中已大大降低了监管资本比率的效用，并对公众或监管者提供了非常少的有用信息①"。美国监管者越来越多地强调作为监管工具的巴塞尔协议Ⅰ的不利因素，尤其是对巴塞尔新资本协议的批评逐渐增加②。正如巴塞尔协议Ⅰ的其他许多特征，次贷危机使这个问题更加突出。

一个对巴塞尔协议Ⅰ的相关批评是，由于没有监管收益，它阻止了银行采用精密而昂贵的风险管理系统（Saidenberg and Schuermann，2004）。这个概念也许反映了银行的信念（在将在第五章进行讨论），通过进行相对必要的投资使之遵从巴塞尔新资本协议的高级内部评级法，它们将会以减少最低资本要求的形式来获得收益。虽然遵循风险管理制度的成本总是与监管要

---

① Roger W，Ferguson Jr. 在金融机构小组委员会和金融服务消费信贷委员会前的证词，美国众议院委员会，2003 年 6 月 19 日。

② 例如，对于 2005 年 11 月在参议院银行委员会关于巴塞尔新资本协议听证会上所提出的问题，货币监理 John Dugan 给予了回答，他反复强调，"未来我们最大最复杂的银行遭受风险时，我们应该共同对抗风险，这是非常重要的。"在 Mingo（2000）的研究中同样阐述了这一主题。

求相关，但在对于银行的真实风险下结论之前，一个隐含的降低资本要求的监管承诺似乎为时过早。

　　毫无疑问，最理想的资本监管制度要促使银行采用先进的风险管理技术，且达到采用这些技术的增量成本等于提高银行稳定性带来预期利益的水平。然而，对于需要多少必要的监管激励才能带来银行在风险管理技术上的投资，我们完全不清楚。在维持银行的价值上（至少是目前稳健的银行），管理层和股东的利益是一个重要诱因。最近的一项研究总结到，2001 年经济衰退期间与 1990—1991 年经济衰退期相比，美国银行业业绩大大提高，很大一部分来自于改善风险管理工具和银行业务决策①。

结论

　　就体制层面而言，巴塞尔协议 I 是一个了不起的成就。至少十几个主要金融国家的银行监管者在 1988 年达成了一致的看法——一套看上去相当详细的关于资本充足率的和谐规则。除了日本——它的银行业和宏观经济问题的来源在该资本协议出现之前就早已存在——这些规则不仅在巴塞尔委员会国家中忠实地执行，而且在其他的近 100 个国家中也很好地执行着。巴

---

　　①　Schuermann（2004）找到了为银行提高风险定价能力的证据，这包括在银团贷款市场中对公司债券贷款相对利差的缩小，以及对零售和小企业更为陡峭的定价表。而具有讽刺意味的是，对于之前引用的一篇文章——银行缺乏监管激励而没有采用精密的风险管理体制（Saidenberg 和 Schuermann 2004）——Schuermann 是合著者。尽管这两个文件不相冲突——因为不同的资本监管体制可以在风险监管中提出更多的投资——但是前者认为存在重要的商业动机使银行作出这样的投资。

塞尔委员会成员国（除日本）的银行在中间几年都大致保持着稳定性和盈利性，尽管仍有一些全球性金融动乱。虽然这良好的境况不能完全归因于巴塞尔协议Ⅰ，但是在过去的15年里普遍强调的资本充足率监管确实已经发挥了部分作用。不过，当次贷危机完全结束时，一定会或多或少的减损巴塞尔协议Ⅰ的成就。

由于这次成功，巴塞尔协议Ⅰ已被一些国际法律和国际关系学者追捧为传统监管合作的范例。然而，本章中重新讲述的这段历史表明，应该将一些警告注入这些学者踊跃讲述的巴塞尔协议Ⅰ的历史中。历史背后奠定了推高资本水平的政治基础——由于较大的国内监管首先产生在美国和英国，随后才是10国集团的其他国家，这也是美国和英国对平等竞争关注的结果。即使在相对短暂的协商期间，国家竞争的因素起了推动作用，而在许多情况下是以牺牲银行监管政策的健全性为代价的，从最开始的推动到最终仍保留足够的动力提高了资本充足率。正如我们所见，巴塞尔新资本协议，并非始于这种背后的动力。

在推断从巴塞尔协议Ⅰ的成功到巴塞尔新资本协议的实施时，需要关注的第二个原因是，巴塞尔协议Ⅰ的成功很大一部分应该归因于1988年资本规则的相对简单性。原协议的缺点（过去的和现在的）是真实的，从某种意义上说，反对巴塞尔协议Ⅰ最强烈的一点是，其为银行的营运和健全性提供了越来越少的有用的监管窗口——既是对监管者又是对银行本身而言。然而，巴塞尔协议Ⅰ作为国内资本监管全面计划是有缺陷的，一个高度复杂的国际协约不一定是改善每个国家国内监管模式的最好途径。在下一章会揭示巴塞尔协议Ⅰ和巴塞尔新资本协议的进程，导致在政治经济和机构权限上的差异引起的人们对巴塞尔新资本协议的良性发展的严重质疑。

第四章　巴塞尔新资本协议的磋商

　　虽然最初是由美国国会和其他国家政府的干预推动了巴塞尔协议Ⅰ，但是银行监管者们普遍选择利用已有的监管机构来执行。巴塞尔新资本协议的进程是一个完全不同的过程。与巴塞尔协议Ⅰ相比，巴塞尔新资本协议更像是贸易磋商，它具有广泛的政治基础并有大批支持者的参与，而且涵盖了巴塞尔委员会的传统核心精神——监管合作。但是没有一个国家的监管者在开始时就明白他们想要的结果。因此，对于巴塞尔新资本协议的实施，更多时候像是一个特别的实验，它类似于一种创新，但却使国内监管改革的努力暂时停了下来。在本章我们将介绍磋商的历史，并阐明一个难以回避的结论，即关键参与者在巴塞尔新资本协议的进程中做出了一系列技术上和政治上的错误估计，使协议进程复杂化，并最终损害了巴塞尔新资本协议的实施计划。

审议进程的启动

　　从一开始，银行监管者就意识到巴塞尔协议有许多缺陷。正如前面的章节所提到的，有些缺陷是为了确保达成国际协议而做出的必要妥协。另一个问题是，根据 1996 年的市场风险修正案，一些重要的银行风险仍然没有受到资本监管①。同时，还有其他缺陷，如风险分类中风险数量和权重的套利特性，这些被认为是可行行政规则的必要特征。由此产生的潜在监管套利是可以预先估计的，即使我们还无法准确预知这种套利的严重后果。因此，对巴塞尔协议的进一步完善并不令人感到惊讶，但是原始协议生效不足 10 年，没有人能想象到一个彻底改革的资本协议即将产生。不过，下面提到的两种发展趋势使得彻底改革巴塞尔协议对于巴塞尔委员会这个整体以及美联储来说是合情合理。

第一个发展是抵押贷款证券化和美国其他贷款的迅猛增加；同时，在较小的程度上，其他发达国家的银行业在过去的 10 年内也紧紧跟随巴塞尔协议的进程发展。正如第三章中提到的，很多证券化是出于风险对冲的目的而产生的，如降低利率风险。然而，如果银行通过持有贷款证券化组合承受更高的风险，那么证券化会产生监管套利的效果（这是常有的情况）。一旦巴塞尔协议规则开始实施，银行会认识到，最初源于商业因素而设计的证券化创新技术同样会提供一个重要的套利机会。监督者越来越关心对真实信用风险的监管资本要求。20 世纪 90 年代中期，由于使用非传统的金融工具进行监管套利成为巴塞尔协议中的一个严重问题，其中证券化也被认为是监管套利的最突出

---

① 作为巴塞尔新资本协议前兆，操作风险是经常提到的，尽管在管理操作风险资金的使用上一直是存在争议的。

形式①。

第二个发展是大型银行内部风险管理技术不断进步。其中最重要的是在风险评估中对信用风险评估模型的使用增加了。更多新工具的涌现，使得银行的信用风险轮廓更为复杂，银行业正在制定新的方法来管理这种风险。新方法的使用强调了在巴塞尔协议框架下，分配给一种资产或资产等价物的风险权重应考虑银行对真实风险最优估计的偏离程度。其效果既方便监管套利，又削弱了巴塞尔协议作为有效监管工具的信心。

在20世纪90年代中期，来自瑞典金融监管当局的克拉斯主持了巴塞尔委员会资本小组会议，研究了这些问题所暗示的内容和协议相关事态的结果。委员会大多数成员似乎满足于让工作继续以低调、审慎的方式开展。不过，美联储官员对资本监管进行重大改变的要求越来越明显。早在1996年5月，美国联邦储备委员会主席格林斯潘公开表示，巴塞尔协议的弱点"越来越明显"，并暗示了信用风险模型对资本监管会产生影响②。同年12月，美国银行家出版了一篇来自美联储官员的匿名文章，该文章指出美联储正在考虑对巴塞尔协议规则做意义深远

---

① 美国联邦储备委员会成员 Meyer 与银行监管有密切联系，他明确表示监管套利是资本标准的"坏消息"，这使资本标准"越来越没有意义，并在逐步削弱"。他表示信用衍生品的证券化，是他最为关注的。详见 Meyer，"加强全球金融诚信：市场纪律，监管和监督的作用"，第16届年度货币会议，新世纪的货币：全球金融架构，卡托研究所，华盛顿，10月22日，1998。Greenspan 和 McDonough 同样指出，证券化是巴塞尔协议规则的重大挑战。这些官员指出，套利过程本身限定了成本，更重要的是，套利突出了作为监管工具的巴塞尔协议的缺陷。详见 Alan Greenspan（1998年）和 William McDonough，"巴塞尔协议的问题"，评论于信用风险建模和监管影响会议，伦敦，1998年9月22。

② Seiberg. 格林斯潘在信贷风险资本规则修订中提示 [N]. 美国银行家，1996 - 5 - 3 (1).

的变化①。

1998年2月，由纽约联邦储备银行主办，英国央行、日本央行和联邦储备委员会理事会共同发起了一场会议，本次会议要求对巴塞尔协议作出更进一步的修改②。虽然许多来自监督机构的经济学家和学者在发表的论文中提出了资本监管的替代方法，包括将银行信用风险模型作为资本监管的基础③，但是在会议上，政府官员和银行家仍发表了关于巴塞尔协议局限性的言论。来自纽约联邦储备银行官员的评论更多的是尝试性的，但是美联储主席格林斯潘强烈要求对巴塞尔协议作出改变。因此，在整个1998年，要求对巴塞尔协议作出改变这一话题，就成为美国联邦储备官员在公开声明中提出的关于银行监管的常规性主题④。

同时银行业的重要部门也呼吁改变旧协议。个别银行的高管和贸易协会的官员，如美国银行家协会和国际金融协会（IIF）强调将效用减弱的巴塞尔协议与日益复杂的信用风险评估模型和其他大银行使用的内部风险管理技术进行对比。美联

_____

① Seiberg. 美联储关于清除基于风险的资本要求的看法［N］．美国银行家，1996－12－13（1）．

② 会议上提出题为"金融服务的抉择：二十一世纪的资本监管"的文件及演讲稿，载于1998年10月发行的纽约联邦储备银行经济政策评论。

③ 一些官员就资本监管还提出了一种可能替代的所谓的"预先承诺"的方法。然而这种方法最终被内部评级法取代，我们将在第七章进行评价。

④ 详见格林斯潘（1998）；Harris. 重新修订银行资本充足比率规则的建议［N］．金融时报，1998－9－22（4）．Meyer，"加强全球金融诚信：市场纪律，监管和监督的作用，"第16届年度货币会议，新世纪的货币：全球金融架构，卡托研究所，华盛顿，1998年10月22日；Phillips，评论于第13届国际互换和衍生产品协会大会，罗马，1998年3月26日。美国联邦储备工作人员通常就政策问题作出公开的评论时非常谨慎，而在本次会议上，他们的评论都相当的坦率。新闻报道引用了一个经济学家的观点，认为巴塞尔I具有的特点是"双输命题"，并且"我们之前就应该开始重建该协议。"

储会议结束后不久，国际金融协会发表报告称旧的巴塞尔协议是"有缺陷的巴塞尔协议"，并呼吁主管部门在资本监管的基础上使用银行的内部评级模型（国际金融协会，1998年）。

尽管对银行的转变呼声仍然在提高，但是只有美国联邦储备委员会在积极并公开地建议对巴塞尔协议作出小范围的修改（可能只是基础的修改）。在1998年2月的美联储会议上，荷兰巴塞尔委员会主席Swaan，就关于对巴塞尔协议作出重大修改的原因发表了讲话，他的观点与美联储官员的看法是一致的，都很谨慎（Swaan，1998）。事实上，Swaan重点强调了不论作出什么样的修改，维持现有资本水平是非常必要的，并且他暗示可能要求更高的资本水平。同时，在一定程度上他还提出了监管可依靠市场资本水平的警惕。

即使在美国，其他银行监督机构尚未就美联储的公开呼吁作出响映。在1997年12月举行的会议中，货币审计长Eugene Ludwig就资本监管问题发表了讲话，他对银行业性质的不断变化作了观察，询问了银行监管的正确方法，并且提供了资本要求的简史，但他也并没有呼吁对巴塞尔协议作出重大的改变。①美国联邦存款保险公司（FDIC）、储蓄机构监理局以及其他两个联邦银行机构的官员们，也没有公开地谈及这一问题。

在1998年初，对巴塞尔协议的改变看上去几乎是不可避免的，但改变的速度和方向却相当不明确。与以前主要巴塞尔委员会的倡议所不同的是，这次的改进不是由各成员国银行特定

---

① 详见Ludwig，美国联邦金融机构检查委员会上的发言，1997年12月12日。

的危机所推动的①。1998 年 6 月，纽约联邦储备银行主席 Mc-Donough 先生接任了巴塞尔委员会主席 Swaan 之位后，变革的势头更加强劲了。同年 7 月，在 McDonough 上任后主持的第一次会议上，委员会同意彻底重新审查巴塞尔协议。9 月，McDonough 为修改协议作出了"重大努力"——提出了合理的理由和改进程序②。

这个过程是很清晰的：尽管 McDonough 在 9 月的讲话里没有确定时间表，但他在报告中指出，委员会认识到"在未来一到两年，需要迅速采取行动，并要取得重大进展"。在两个月后的另外一次演说中，他透露，Norgrens 集团（现改名为未来资本指导小组），将在 12 月会议上向委员会全体成员作出报告。此外，该委员会"承诺在 1999 年担任一项重大的工作，以便在 1999 年底能够发表一份关于其方案的咨询文件③。"在修订的过程中，委员会与非巴塞尔委员成员国的银行监督者和非银行金融机构的监督者以及他们自己的金融机构进行了磋商讨论。

---

① 巴塞尔委员会的成立，本身就是 1974 年 10 国集团银行危机的结果。同样，巴塞尔协议的产生，是由于 20 世纪 80 年代拉丁美洲债务危机一系列活动的推动，并且对巴塞尔协议协的修订也是在 1990 年国际商业信贷银行倒闭后开始的。尽管 1997 年 7 月到 1999 年 3 月期间的全球性金融动荡成为巴塞尔新资本协议进程开端的一个深刻背景同时强调了巴塞尔协议规则的一些缺陷，不过 10 国集团国家的银行还没有普遍受到严重的影响。虽然如此，本次危机突出了在经济发达国家，资本监管的重要性。日本银行对其他东南亚国家裁减贷款，这也使那些国家遭受了金融危机的冲击。此外，一些大银行的风险暴露与高杠杆的长期资本管理公司（LTCM）密切相关，而该公司在 1998 年秋季倒闭了。由于纽约联邦储备委员会巧妙地策划一个债务等价物——为了偿还银行以避免长期资本管理公司的资产倾销。然而，银行暴露于高杠杆对冲基金的风险作为另一警示，它提醒我们在过去 10 年中银行的风险改变了多少。

② 详见 McDonough，"巴塞尔协议的问题，"评论于信用风险建模和监管影响会议，伦敦，1998 年 9 月 22 日。

③ 详见 McDonough，"信用风险和公平竞争的会议"，评论于信用风险挑战的会议，法兰克福，德国，1998 年 11 月 24 日。

到目前为止，彻底修订巴塞尔协议的理由叙述清楚了。McDonough 开始观察到，由于巴塞尔协议的实施，银行行业中的竞争已愈发激烈并越来越具有全球性。就像其他的监督者一样，McDonough 指出"复杂的套利策略"，尤其是证券化和信用衍生产品，都使银行风险头寸复杂化了，并且削弱了巴塞尔协议的效用。他对仅依靠量化的资本监管得出的判断表示质疑，他认为持续的监管和市场纪律在保证银行充足的风险管理方面起了非常重要作用。最后，他指出要关注操作风险和"潜在的压力损失"的需求（"潜在的压力损失"，即指低概率、高危险性的事件，可能威胁到银行的生存）。

至于巴塞尔委员会到底修订什么，McDonough 虽然并不清楚但实际上已经提出来了。他指出预计将调整资本框架中的两个要素：第一，资本要求的方法要适用于不同的国家和金融机构类型；第二，将定量的资本要求与银行风险管理和资本需求评估的"一套定性期望"相结合。但目前 McDonough 还没有提供如何实现这些目标的蓝图，尽管他多次提到信用风险模型，但他并不建议修订后的协议将这一模型作为建立资本监管要求的基础。

McDonough 也没有表明新的监管要求——尽管已经决定——是否会导致银行资本升高、降低或保持现有水平①。事实上，与巴塞尔协议 I 明确提出提高资本水平形成鲜明对比的是，几乎所有的参与者在巴塞尔新资本协议磋商之前的公开讨论中，都故意回避这个问题。一般来说，呼吁改变的提倡者建议，根

---

① McDonough 暗示"最近才观察到的"一种贷款利差的趋势，指出这将使资本水平削弱到一个令人担忧的水平，并且随之而来产生对某些国家的银行资本充足率的再度关注。但事实上，他用过去时态建议，这些担忧已经缓解了。此外，他在演说的最后建议资本要求对某种类型的贷款可能太高了，如信誉度高的公司。

据资本监管应更好的结合经济风险这一观点，资本要求可能对某些类型的贷款会上升，对另外一些会下降。虽然大银行可以假设，任何这样的调整会减少个别机构总资本要求，但没有监管者可以预计这样的结果，更不用说对其作出承诺——至少是非公开。无论银行监管者的个人看法是什么，亚洲金融危机引发的金融不确定性，俄罗斯对于某些主权债券的违约以及长期资本管理公司 1998 年秋季不适当时机的破产，这些事实都充分说明持有较低的资本水平的银行可以保持安全与稳定。① 实际上，就资本水平这一问题，监督者最直接的评论——来自于 Claes Norgren and Tom de Swaan——认为目前资本水平太低了②。

首次协商文稿的公布

与 1998 年提出的具有深远意义的变革预期相比，1999 年 6 月发表的委员会咨询文件（巴塞尔委员会，1999b）有点让人失望。事实上，虽然听起来似乎自相矛盾，但文件确实显得既虎头蛇尾又颇具争议。随后的咨询文件（CP-1），使得那些主张以内部信用评级或信用风险模型作为资本监管基础的银行有点失望。它没有对资本监管的新模式提出方案；相反，它建立在

---

① 由于类似的原因，在巴塞尔新资本协议早期阶段有关人士从来没有认真想过改变巴塞尔协议 8% 的资本充足率。当然，通过改变风险权重，该委员会可以达到与通过改变作为资本的风险加权资产的百分比相同的结果。但是，这种改变的效果并不会太引人注意。

② 在 1998 年 9 月同一会议上，McDonough 阐述了修订巴塞尔协议的议程，并引用了 Norgren 的话："我们已经知道当遇到困难时，最低资本要求往往往是不够的。"Harris. 修改银行资本充足率的呼吁［N］. 金融时报，1998-9-22 (4).

巴塞尔协议基本方法的基础上。

虽然只是对信用风险的资本计划作出了修订而不是彻底改善，但该委员会表示，它打算提高操作风险和利率风险高于平均水平银行的资本费用。该委员会把所有定量的资本要求放在"第三支柱"方法的背景下。资本准则是第一支柱，严格的监督检查程序是第二支柱，市场纪律是第三支柱。该委员会指出，在第二个支柱下，监督者应该有能力要求银行持有高于最低资本监管水平的资本。在第三个支柱下，要求银行公开更多的信息，以便市场参与者更好地评估银行的风险状况。该委员会的工作主要集中在支柱一，因此，虽然这"三大支柱"解释了巴塞尔新资本协议，但它们仍不完善。

在委员会的风险详估方案中，最突出最富有争议的是巴塞尔协议中把"外部信用评级机构"（如穆迪或标准普尔）的评级，作为核定借款人风险级别的基础（见专栏 4.1 CP－1 方案的总结）。只增加了一个风险级别（150%的风险权重），使用外部信用评级会使企业、主权和银行借款者之间的风险权重产生差异。（表 4.2 列出了特定机构信用评级和监管资本要求之间的关系）当然，这一目标使资本要求的给定风险与真实的信用风险联系得更紧密。CP－1 还提出特别规则来处理证券化的留存收益，调整银行对某些信用风险缓释的资本要求，合并要求旨在降低"双重杠杆"，以及作出一些零散的修改以解决巴塞尔协议的其他缺陷。

表 4.1　　　第一份咨询文件中巴塞尔委员会方案

范围
■母国银行扩大资本要求成为控股公司
支柱一：最低资本要求
■利用外部机构的信用评级对主权国家、银行和公司的风险进行风险权重的测定（表 4.2）
■利用外部机构的信用评级区分证券化等级的风险权重
■对不足一年的表外资产负债承诺加上 20% 的换算系数

表4.1(续)

■声明大银行拟开发内部评级法
■不完全的对冲作为部分信用风险缓释，以防风险和对冲工具在期限上的不匹配
支柱二：资本充足率的监管审查
■希望银行资本水平高于最低资本要求，并且监督者有能力要求更高的资本水平
■希望银行具有评估资本需求的内部进程
■监管者应审查银行的内部资本评估和策略
■当银行资本水平相对于风险来说下降时，监督者应当具备识别和干预的方法
支柱三：市场纪律
■一般表明对银行资本结构，风险披露和资本充足率的期望

资料来源：巴塞尔委员会（1999 年）。

表 4.2 第一咨询文件外部机构评级和风险权数（百分比）

分类	AAA 至 AA −	A + 至 A −	BBB + 至 BBB −	BB + 至 B −	B − 以下	未评级
主权国家	0	20	50	100	150	100
银行选择 1	20	50	100	100	150	100
银行选择 2	20	50	50	100	150	50
公司	20	100	100	100	150	100

注：风险权重以标准普尔评级类别表示。银行选择 1 是基于银行所在主权国的风险权重。银行选择 2 是基于个别银行评级机构的评估。

资料来源：巴塞尔委员会（1999b）。

内部信用评级问题是不容忽视的[1]。该文件表明委员会旨在

---

[1] 对于其工作人员的研究结论，委员会给出了回应。完整信贷模型的使用可能某一天会认可，但数据可靠性的"重大障碍"和模型校正排除了在资本监管中他们可利用的任何近期方案。委员会只认定唯有它自身才能够监控信用风险模型领域的发展以及保持与行业的对话。（巴塞尔委员会，1999b，第 52 − 53 段）

发出关于银行计算监管资本时使用内部信用评级的方案（巴塞尔委员会，1999b）。虽然在这一点上有点含糊不清，该委员会暗示会在 2000 年完成这一方案——也就是说，在同一时间框架内，最终确定的改变比 CP－1 提出的方法更加传统。委员会详细阐述了内部评级法存在的缺点和挑战。虽然它本质上认可了内部评级法，但它并没有表示这种方法可以成功克服挑战以实现收益。

CP－1 的发布令人费解。从巴塞尔协议的正式修订开始，委员会不能在 12 个月之内建立内部评级法，这并不令人惊奇。与此相反，尽管一些决策者和美国联邦储备工作人员满腔热情地向前迈进，但是监管机构仍然不认为有必要这样做。在 1998 年 9 月的会议上，McDonough 已经设定好了修改巴塞尔协议的进程，在对该会议的总结中，英国银行的工作人员指出，在对银行系统设定监管资本要求之前，还有很多"重大障碍需要克服"（Jackson，Nickel 和 Perraudin，1999）。

巴塞尔委员会模型工作小组正在进行的一项工作（其中包括在伦敦会议上的许多与会者）得出了同样的结论，并作为 CP－1 发布之前的最终研究报告（巴塞尔委员会，1999a）。严格来说，虽然这一判断是关于完全信用模型而不是关于有限步骤的内部信用风险评级的使用做出的，但分析暗示着后者更好。应用内部信用风险评级的可靠数据的缺乏和模型校正一直被认为是需要克服的关键障碍。当时，美联储的两名经济学家对美国大银行的风险评级作出了研究，发现了他们的评级系统落后于普遍的假设条件（Treacy 和 Carey，1998）。

前文中引用论文的作者对出于监管目的使用银行内部系统的潜力并不悲观。然而，他们确实表明了在确定内部系统监管可行之前，还需要一段时间来进一步研究和校正。那么，巴塞尔委员会如何承诺在一年内推进这类应用程序的方案呢？而且为什么它又急着提出一项方案来修正即将公开的资本要求的"标准化"方法？McDonough 曾在 1998 年秋天指出，该委员会的建议将在 1999 年年底公布。然而，该委员会打破了自己的最后期限，延迟了 6 个月公布。是不是需要更多的时间才能更充分地判断内部评级方法的可行性？①

与参加过 1999 年委员会工作参与者进行的讨论，并没有在这些问题上产生一个明确且一致的答案。看来，委员会在压力之下（有些是自身产生的）使资本监管比银行实际承担的信用风险更为敏感，他们正试图改善方法，使其继续适用于绝大多数银行，并且向大银行保证，他们不会遗弃出于监管目的而使用内部风险系统这一目标。一个相关因素可以合理地为新兴市场的监管者提供适用于银行系统的准则，因为它们的银行系统早被亚洲金融危机之前不恰当的监管方法严重地破坏了（尽管新兴市场的借贷依赖外部评级是非常不适合的）。一位银行业内观察家甚至提出，CP - 1 是赶在科隆 7 国财长首脑会议前完成的，这样是为了财长们能够注意在 1997—1998 新兴市场金融危机苏醒时刻，金融系统的改革过程。②

无论委员会确定 CP - 1 的时间框架和内容的理由是什么，该文件并不受欢迎。公众的批评在 CP - 1 发布后一个月内稍微有所减轻，但在秋季又增加了。截止到 2000 年 3 月 31 日（巴塞尔委员会接收书面意见的截止期），已收到近 200 份意见稿。虽然委员会不会发表这些评论，但已经有很多评论人将其发表，

---

① 实际上，该委员会早在数月前就已完成了 CP - 1 的大部分工作。记者招待会上发布这篇文件定在 1999 年 4 月 9 日，但德国与其他委员会成员国就分配给商业抵押贷款风险权重这一问题上的分歧，使得方案的发布延迟了两个月。

② 在 CP - 1 一周之后，财政部长向领导人公布了这份报告，该报告包括了在改进全球金融架构措施中巴塞尔委员会关于资本监管的方案。

并很好地展现了他们的观点。① 他们的抱怨都是直接针对委员会包括和省略的内容。

尽管对同一类型的借款人采取有区别的风险评级具有明显的优势，但对委员会提出利用外部机构评级的建议却呈现负面反应。甚至一些美国监管者对此也持怀疑态度。就在 CP-1 发布后几天里，新任命的货币监理 John D. Hawke 说，他"不相信单靠外部评级方法可以长久地解决当前协议存在的问题。"② 其中一个问题是，大部分借款人没有信用评级机构，大概是因为他们没有在公共资本市场发行很大数额的负债。因此，小额借款人就处于不利的地位。甚至大多数金融机构的借款人（至少在美国以外的国家）没有通过外部评级机构评级。③ 由于没有进行外部评级的借款人更多的是放在巴塞尔协议下来看待，因此 CP-1 对大量小规模借款人的风险敏感度几乎没有考虑。第二个问题是，评级机构是对借款人进行评级，而不是对具体的贷款项目评级。特定借款人的信用风险可能随着特别项目而改变。

第三个问题是，对主权借款人的外部机构评级随着亚洲金融危机的升温，变得越来越不可靠。由此可知，评级机构本质上是遵循市场情绪的，而不是自发建立的。在危机发生之前，泰国和韩国的评级都非常高。然而一旦危机爆发，各机构迅速大幅下调了它们的信用评级。在 1999 年 9 月发布的国际资本市场报告中，国际货币基金组织指出，CP-1 的建议早在 1997 年

---

① 稍后咨询文件中回应的评论已发布在国际清算银行网站上。

② 详见 D. Hawke，评论于国际货币会议，美国费城，1999 年 6 月 8 日。

③ "外部信用评估机构"一词表示，使用合格机构并不受限于熟悉的评级机构，如穆迪。随后还确定了这些机构同样包括政府出口信贷机构。虽然这一方案可能会成为主权借款人以及一国政府出口信贷机构的评级的主要目标，但所有的小型企业和大多数非美大公司没有通过合格的信用评级。此外，合格的信用评估机构越大，"评级购物"的机会就越高。

年初就开始执行，但饱受金融危机折磨的国家并没有要求其银行持有更多的资本来对抗主权国家违约的风险（国际货币基金组织，1999）。

同时，来自新兴市场国家的金融官员和银行一起共同抱怨CP-1的变化将会造成过度的不利因素来阻止向新兴市场的贷款。当然，在某种程度上这是委员会（未说明的）的意图，它认为关于对新兴市场的贷款在1997年金融危机袭击之前遇到的问题，没有充分反映其遭受的风险。不过，许多国家缺乏评级机构，导致外部信用评级方法困扰着新兴市场。由于缺乏评级，新兴市场的银行没有任何方法获取良好的风险加权，不论其实际的信用记录和能力如何。[①]

可以说对委员会的方案最严重的打击是来自评级机构本身。四个被认可的评级机构中的三大机构对CP-1计划表示出不同程度的保留态度，主要是因为担心机构的独立性以及可靠性可能受到不利的影响。[②] 巴塞尔建议在成立的机构中对一定程度的"评级购物"创建激励机制。

该委员会的声明旨在制定一种方法以增加操作风险的资本费用，这也引发了来自银行的批评。由于CP-1并没有包括具体方案，因此就没有什么批评可言。但是，在第二次关于操作风险建议分歧的咨询文件预览中（CP-2），许多银行认为，操作风险——不可否认是非常重要的——不同于信用风险或市场风险，它很难以任何有意义的方式进行量化。

银行对该方案的其他部分也提出了质疑。但基本围绕在委员

---

① 另一方面，新兴市场主权与投资级的评估，如智利，将受益于依赖外部机构评级。

② Garver. 巴塞尔一致反对的评级机构 [N] . 美国银行家，2000-4-4 (2) .

会没能更加坚定地实施 IRB 方法方面。银行家们对使用外部信用评级机构这一建议的批评拉开了提倡 IRB 法的序幕。通过转向后者，前者的缺陷可以被弥补。CP-1 只增加了一个风险桶，许多借款人都未经过评级，因此仍然会被任意分配到各风险桶，评级机构的历史业绩也并不令人满意。该银行认为只有在他们自己的评估基础上建立的资本监管要求才能反映真实的风险。

在 1999 年 10 月的银行会晤上，巴塞尔进程的主要官员早已声明了 CP-1 的开放性。巴塞尔委员会秘书长 Danielle Nouy 强调，CP-1 是"非常开放的文件"，同时承诺委员会下一份起草的文件将会"非常不同。"① 包括 McDonough 和 Greenspan 在内的其他官员强调，监督者和银行在开发内部评级法上的合作努力是非常重要的。格林斯潘明确提示银行密切关注巴塞尔委员会的工作，以"对讨论的最终结果作出有利的影响"。②

在巴塞尔委员会发布关于信用风险建模的文件之后，国际金融研究所（IIF）已要求其会员银行对这份文件进行评估。IIF 资本充足率工作小组曾在 1998 年发表了一份提倡将内部风险管理系统作为资本监管基础的报告，又在 1999 年 10 月发表了一份报告，认为巴塞尔委员会文件对使用信用模型作为其资本监管基础设定了太高的门槛（国际金融研究所，1999）。1999 年 11 月 IIF 组织了 32 名来自世界各大银行的高级管理人员以共同讨论巴塞尔委员会的工作。③ 该小组由荷兰银行的 Jan Kalff 主持。很明显，他认为资本监管应该根据银行的风险管理系统来进行。

---

① Rehm. 监管者为遏制银行支撑市场上更大角色 [N]. 美国银行家，1999-10 (7).

② 详见格林斯潘，"银行监管的演变"，评论于美国银行家协会，美国菲尼克斯，1999 年 10 月 11 日。

③ 作为该小组代表的美国银行包括花旗集团、美国银行、大通曼哈顿银行和第一银行。

同时，另一个类似团队在国际互换和衍生品协会的赞助下成立。

这种跨国银行机构凸显了 1988 年巴塞尔协议磋商以来巴塞尔进程中的改变。回想一下，巴塞尔协议进程是由美国和英国发起的，它们共同努力促使巴塞尔委员会采纳它们前两年刚刚达成的双边资本协议。美英两国行使可用的杠杆资源来促使其他国家赞同它们的方案的基本框架；对国家利益的某些妥协也沿用了这种方式以及在或多或少的程度上，银行的利益是通过它们本国的巴塞尔委员会监管者来进行调节的。

相反，巴塞尔新资本协议进程开始时并没有任何国家提出任何明确方案。尽管美国联邦储备委员会官员致力于修正巴塞尔协议，但他们在开始时就缺乏具体方案。因此，委员会开始集体努力以确定巴塞尔协议资本标准的替代办法。最终该委员会发表了一系列方案意见，并征求来自银行的意见。同时，也征求任何关心该进程的回应。因此，在国家法律系统中，对试行条例的这类通知和评论程序出现了一种国际化的倾向。① 反过来，大型跨国银行自行组织安排，在这个国际规则制定工作中为追求共同利益最大限度地发挥自己的影响。

巴塞尔委员会一再呼吁通力合作，这将随着 IRB 方法的发展而得到答案。1999 年春天，就在 CP－1 推出不久之前，有报告说，德国银行当局将草案的详细内容泄漏给它们的银行，这引起了巴塞尔委员会其他国家的批评和不满，它们倾向于在讨论过程中排除银行的参与，直到这一草案的完全完成。② 然而，现在银行被邀请加入这一进程。因而，巴塞尔新资本协议的运

① Barr 和 Miller（2006）讨论了这一过程的演变和影响。正如在第六章讨论的，巴塞尔新资本协议的进程实际上是国内管理法律程序和国际交易协商演变的不同寻常的混合。

② George Graham. 银行资本规则改革新驱动 [N]. 金融时报，1999－5－14（5）.

行已演变成一种国家监督者和大银行的集体努力，并创建了资本监管的全新模式。当然，具体的国家利益并没有消失。不同的兴趣和偏好会以内部评级方法的心态出现。但这一巴塞尔新资本协议进程的本质在委员会各成员国内产生了许多分歧。特别是对于那些没有资格使用这两种 IRB 方法的小银行来说，他们担心会处于不利地位。在美国——其特有的将联邦银行监管权力分配给四个不同的机构——国家监督者之间就巴塞尔新资本协议运行的范围和本质至今还有摩擦。①

这一新方法对国际协约的影响将在随后的章节进行深入探讨。不过，在讨论这一方法的结果之前，主要参与者的激励和动机是值得讨论的。大型银行的动机是相当清楚的，他们的目标是要使巴塞尔委员会的监督者相信 IRB 方法是资本监管的可行方法。他们偏爱内部评级方法的原因几乎可以肯定地说是出于资本水平降低的期望。② 诚然，银行希望内部评级法与它们内部的风险度量方法趋同。但是，事实证明，尽管大银行接受了最后的修订框架，该框架增强了银行自身的要求和规则，但只要能够降低资本要求，它们更愿意接受不同的方法。③

巴塞尔委员会成员的激励机制和动机更加难以确定，他们希望纠正巴塞尔协议的重大缺陷，一些成员也相信使用银行自身的风险评估系统是实现这一目标的唯一可行途径。美联储的官员们非常推崇 IRB 方法，他们显然也相信，巴塞尔新资本协议的进程

---

① 通过巴塞尔新资本协议的早期阶段，其他联邦金融机构的监督者要么缺乏热情，或者至少在一个情况下完全抗拒使用更详细的量化工具来设定资本要求。

② 大型非美国银行具有额外的激励机制，因为许多企业客户没有进行外部信贷评级。

③ 第五章将试图解释为什么银行寻求减少监管资本要求，即使他们在现有的要求维持着较好的资本水平。

可以用来督促大型银行改善其内部风险系统。尽管美联储主席格林斯潘对银行的信用风险建模表示出极大的兴趣,[①] 但美联储的工作人员担心,特大型银行实际上不能很好地把握非贷款业务的风险控制,而这些业务占银行总体业务的很大一部分。虽然这种情况会带来一部分风险度量技术上的挑战,但它仍立足于大银行创建的激励机制。不同银行的各个部门对于开发良好的风险控制框架并没有多大兴趣,因为这意味着会给某些业务活动带来更多的限制——至少在短期内——这些业务可能会产生最大的利润。仅在 CP-1 发布后的几星期里,美国联邦储备委员会发布了一份监管函,指导监督者评估内部资本管理过程,以判断金融机构的资本需求过程及其资本充足率(联邦储备系统委员会,银行监督和监管部门,1999 年)。联邦储备委员会工作人员经过审查后发布的这份监管函指出,这一进程还有很大改进余地。

当时,一些美联储官员暗示激励银行最有效的方式是适当改进与银行监管资本要求相联系的内部程序。此外,他们认为不论存在多少技术和政策上悬而未决的问题,监管者和银行都应该将注意力充分集中在实现资本监管可行的内部评级法上,因为这是唯一可行的办法。只有银行认为,资本要求的内部评级法是终点时,它们才会投资必要的资源来完善 IRB 方法,其困难也才能被更好地克服。最后,只有通过这样一个进程才能使银行风险管理官员同时获得资源和地位,采用监督者熟悉且精确的风险管理技术。从这个角度看,银行密切参与内部评级方法的研发是不可避免的,因为这符合其自身的目标。

目前还不清楚作为一个团体的监管者——或至少说是巴塞

---

① 早在1996年,格林斯潘对使用内部信用风险模型的银行表示赞扬,并期望各银行能够广泛采用。详见格林斯潘,"全球市场银行业",评论于东京协会联合会,日本东京,1996 年 11 月 18 日。

尔新资本协议进程的领导者——是否打算要求采用 IRB 方法的银行大量削减其资本。委员会在 CP-1 中表明的意图是，新的框架至少应该维持当前银行系统的总体资本水平（巴塞尔委员会，1999b）。一旦它向内部评级法作出承诺，那么巴塞尔委员会显然有意降低银行使用 IRB 方法条件。在 CP-2（下一节进行描述）中，委员会明确表示了其 IRB 资本要求的目标，即"在适当的置信水平上覆盖基本风险，并对采用更精确的风险管理系统提供适度的激励机制"（巴塞尔委员会，2001a）。同时，委员会建议将资本要求降低 2% 到 3%，这一幅度应该足以给银行带来激励（巴塞尔委员会，2001a）。

在随后发布的文件中，该委员会改变或舍弃了这一目标。加上某些美联储官员和美国大银行根据自己的解读，又提出了新的疑问：即监督者打算大幅削减资本要求是否是由于 IRB 方法的应用。① 巴塞尔新资本协议进程的部分参与者认为可以削减 20% 之多。这一数字可能源于该委员会在 CP-2 中的建议，即操作风险的资本费用大约为信用风险资本费用的 20%。由于委员会已表示，整体资本要保持大致相同，有人可能会得出适当的结论，信用风险资本费用削减的数额可以同操作风险费用增

①　政府官员 Bies 认为，在巴塞尔新资本协议全面实施得到支持后，美国银行的杠杆率要求应转向对高级内部评级银行大幅削减资本，如果当前风险权重资本水平有明显的降低，那么对于杠杆率而言，它在一开始就作为资本监管的基础。Heller，Davenport. 达成巴塞尔新资本协议共识的国会压力 [N]. 美国银行家，2005-3-15（4）. 银行无意间也可以看到这样的信号。例如，在 2001 年 3 月的演说中，美国联邦储备理事会理事 Meyer 认为，"许多机构可能希望直接向先进的方法转移，以实现对监管资本的最大可能的削减。"尽管 Meyer 在强调高门槛标准的背景下预言那将适用于希望选择高级内部评级法的银行，但是银行也可能得出这样的推论，资本的大幅削减对与高级内部评级法的银行来说是可能的。Meyer，评论于华盛顿国际金融研究所年度会议，华盛顿，2001年 3 月 5 日。

加的数额大致相同①。当巴塞尔委员会显著降低操作风险的预期资本费用水平时，有些银行显然期望继续大幅降低信用风险资本要求。

美联储官员的目的也可能随着时间的推移而改变。官员可能低估了银行潜在的抵制，而且为了完成巴塞尔新资本协议过程，他们可能勉强同意大幅降低资本要求。另一种可能性是，在达成一致的前提条件下，巴塞尔新资本协议进程中董事会组成的变化使个别权威当局倾向于允许银行持有较低的资本水平。巴塞尔新资本协议运行的核心——整体资本水平，在以下两个方面仍然存在争议——高级内部评级法的技术意义和资本要求水平的普遍大幅降低。

到1999年年底，许多大型甚至并不是很大的银行都下定决心，要求实施资本监管的IRB方法。巴塞尔委员会的美国成员，特别是美国联邦储备委员会，更是强烈倡导进行具有深远意义的转变——采用IRB方法。虽然一些欧洲成员国，特别是德国的监管机构，对此仍抱有疑虑，但巴塞尔委员在2000年年初的会议上赞成加速推进此方法的实施。2000年6月，在委员会的第一份IRB方案的发展进程中，麦克多诺公开表示，"我们是以比以往更加坚信内部评级方法"，并且委员会现在能够"根据银行规模的不同，来设想内部评级方法的适用性，包括小型和中型金融机构。"②

自1999年6月以来，风险评估的定量技术没有多少改变。那么，到底什么发生了变化？第一，外部评级方法的广泛批评透露出该方法的稳定性问题。第二，美联储官员——特别是委

---

① 详见"资本缓冲的斗争，"经济学家，2001年6月9日。
② 详见麦克多诺，"关于修正后的1998年资本协定重大举措更新"，评论在第四届英国银行家协会监督会议，2000年6月19日。

员会成员——对 IRB 方法的拥护已变得更加坚定而且自信。第三，大型国际银行从之前的监管模式转变到 IRB 方法，潜在的获利最大，它们在国家和国际的水平上，尽自己最大的努力来影响最终的巴塞尔新资本协议准则。

向内部评级法的转移

2001 年 1 月，巴塞尔委员会发布 CP - 2，并提出了内部评级法（巴塞尔委员会，2001a、2001b）。事实上，它提出的两套 IRB 方法反映了该委员会的新观点，即如果小型和中型机构愿意并能够投入必要的资源，它们应该有权选择这样一种方法。该委员会还表示，在 2001 年年底将"最终确定"新协议，并在 2004 年开始实施。事实表明，对于委员会在其成员国实施 IRB 监管模式的目标来说，CP - 2 的发布仅只是迈出了艰辛历程的第一步。

CP - 2 改变了巴塞尔新资本协议的性质。该提案不仅长而详尽，并且在技术上复杂，其中部分技术已经运用到巴塞尔新资本协议的最终版本中。尽管 CP - 2 冗长而复杂，但它仍然是不完整的，有些关键问题留待以后再进行详尽的阐述。[①] 此外，该委员会承认，IRB 风险加权法的校准法则还具有不确定性。因此，此刻"还没有充分的信息来评估该提案的全面影响"（巴塞尔委员会，2001a）。委员会将会采用一系列定量研究来正式评估资本水平要求的影响等问题。

---

① 事实上，委员会认为该方法具有"进化的"特征，期待风险管理技术规则的修正能更进一步发展。因此，关于在 CP - 2 中已经处理的问题，委员会提出了规律性变化的前景。

因此，尽管 CP-2 很长，但它并不是一个阐明完全的计划，类似美国行政法实行的建议规则，用委员会的话说，就是"一个额外的对话的起点"（巴塞尔银行监管委员会，2001a）。虽然该委员会只是指校准风险权重这一问题，但它也可能指整项提案。CP-2 的缺口以及提案包括的众多内容引起了另一轮的强烈抨击——这主要是来自银行，同时也来自顾问和评论员。这些抱怨导致委员会在基本问题上的立场突然转变，并延迟了修正框架的完成。

修正的延迟和工作范围上的扩大不仅给委员会对该方法的判断提出了质疑，而且使成员国各银行或银行组织有充裕的时间来根据他们的喜好来改变提案。其结果是委员会为各种改变需求提供特别的优惠。CP-1 和 CP-2 的公布——两份根本不完整的提案——巴塞尔委员会承诺，它将在巴塞尔新资本协议进程中对大量的批评作出回应并采取一定的修正措施。从某种意义上说，新协议的提出使巴塞尔委员会陷入困境，一方面它要在银行监管上不断前进，另一方面它又不得不面对来自各方的反对意见。

表 4.3 对 CP-2 的要点进行了简单的总结。尽管外界广泛贬低 CP-1，但资本要求的"标准化"方法的基础依然保持不变，虽然在增加风险敏感性上做了一些修改。最重要的是为公司风险暴露增加了第四个 50% 的风险桶，对以本地货币计价的其他银行的短期风险暴露增加了优惠的风险权重，以及使银行或公司在其注册国家可以获得比主权国家更低的风险权重成为可能。有人认为，向发展中国家进行贷款可能会因这些国家缺乏外部信用评级而遭受重大影响，对于这一抨击，委员会明确指出，出口信贷机构是主权信用风险评分的可用资源。

CP-2 的主要创新是 IRB 方法，并且设计了两种截然不同的方法。"基础"内部评级法（F-IRB）在参与 IRB 方法的成员国家银行中产生了比预期更为广泛的响应。而高级内部评级法据说只适用于少数大银行。因此，其便成立了巴塞尔新资本协议的第二个关键结构特征。首先是 CP-1 采用"三大支柱"方法。现在，CP-2 已经推出了三种基于银行风险管理能力的不同方法。这一特点不仅适用于风险权重的计算，而且适用于支柱的其他关键因素。

表 4.3　　　　　　　第二次咨询文件的修改建议

> 支柱一：最低资本要求
> 标准法
> ■增加出口信贷机构作为对主权风险评级的来源
> ■调整第一咨询文件提出的风险权重修改建议（CP-1）（如银行的风险暴露可能比银行的主权风险更小）
> ■信用风险缓释可接受的抵押品范围更加广泛
> 内部评级法（IRB）
> ■创建了两种 IRB 法
> ■基础法使用银行违约率估计和违约暴露的监管系数，违约风险暴露以及在风险权重计算中包括的每一主权、银行和公司的暴露期限
> ■高级法允许利用银行估计的违约概率，违约风险暴露，违约发生的损失以及风险暴露的期限
> ■通过监管公式决定资本要求，包括违约概率，违约风险暴露，违约损失以及风险暴露期限
> ■区别对待基于不同部门零售贷款而产生的零售风险
> 资产证券化
> ■包括标准法与 IRB 法
> ■关于方法划分的说明
> ■区分原创银行、投资银行和赞助银行的资本要求
> 操作风险
> ■基本指标法利用单一指标百分比（如总收入）来计算资本要求
> ■标准法使用不同的指标和不同业务范围的百分比
> ■内部度量方法结合使用内部开发数据和监管因素

表4.3(续)

支柱二：资本充足率的监督审查
■CP-1 四大原则的详细说明
■利率风险进行评估作为监督审查的一部分，而非用于资本费用
　计算
支柱三：市场纪律
■需要披露的详尽细节：
◆使用的范围
◆资本的组成
◆风险暴露估计以及管理过程
◆资本充足率
■区分"核心"披露和"补充"披露
■对银行披露不充分的监管措施

资料来源：巴塞尔委员会（2001b）。

　　内部评级方法的实质是，符合条件的银行可以利用它们自己对每一风险暴露违约概率的评估结果来计算银行面临的风险。在高级内部评级法下，银行也可以利用自己对违约风险暴露、违约损失以及风险暴露期限的评估结果。这些结果都可以通过监管者设计的公式转换为风险权重。对于不同的公司、主权国家以及银行风险暴露提供不同的公式。一种稍微难点的框架可以适用于零售风险暴露。① 委员会表示，独立的框架对项目融资和股权风险暴露是有必要的，但这样的框架还尚未发展起来。

　　为了获得使用内部评级法的资格，银行必须满足与最低资本要求有关的内部评级，信用评估以及信息披露。为获得使用高级内部评级法的资格，银行必须满足额外的要求，如适用于计算违约风险暴露，违约损失以及风险暴露的期限。委员会为

① 由于银行没有按惯例对个人零售风险暴露分配评级，因此该委员会决定按照银行的做法允许将暴露分组基于类似的分析特征进行分门别类，或"分成许多部分"。

了信用风险缓释技术（如抵押品和信用衍生产品）提议减少资本要求，同样，它还提出了不同的方法，包括高级内部评级法，再次允许最大限度的利用内部评估。

委员会为了计算证券化风险暴露的资本要求还提供了特殊准则。证券化在巴塞尔协议下存在监管套利的可能，CP-2将会扣除保留的初步损失头寸的资本以及类似的信用增强。对于持有其他证券的资本要求取决于银行是否是证券的原创者，或是否是他人发行的证券化资产的投资者。在此，该委员会再次对标准法，基本内部评级法和高级内部评级方法进行了探讨。然而，内部评级方法证券化的提议明显是尝试性的，它还有需要修正和补充的地方。

尽管委员会默认了对CP-1的众多批评，但仍坚持自己的目标，引入了操作风险。通过CP-2的发布，委员会还建议使信用风险资本要求的三种方法与操作风险的三种方法相当。基本指标方法可以将费用与充当银行总体风险暴露代理的"单一指标"联系起来（巴塞尔委员会，2001a）。委员会还建议，但并没有明确的规定，总收入是相关指标。标准化方法还将费用建立在作为风险暴露指标的基础上，但在此处，采取的指标和百分比因业务范围的不同而异（例如，企业融资、零售银行业务）。内部度量方法将允许银行使用自己输入的数据来量化每条业务线的操作风险损失；之后，输出数据将经过由委员会指定的因素来进行调整，最终以得出操作风险的资本费用。

尽管委员会坚持认为三大支柱是非常重要的监管工具，但在CP-2中更强调第一支柱。第二支柱——监督审查，通过四大监督原则（见表4.4）对CP-1进行了详尽的阐述。为了保证银行IRB的合规性，委员会还发行了最低标准监督审查的指导方针。这些做法表现了巴塞尔委员会根据银行批评所作出的修改，作为对 CP-1 的回应，这些银行表示，为了管理利率风险而使用不同的方法不符合支柱一的覆盖范围。一些指导方针暗示具有意义深远的潜在影响。例如，CP-1 的观点一再强调，即银行应该普遍持有高于最低要求水平的资本。另一项原则是呼应了美国银行监管系统的及时纠正行为，建议监督者应该在早期阶段进行干预，以阻止资本下降到低于最低监管要求的水平。这些指导方针充其量来说只是给监管机构的建议。

表4.4　　　第二咨询文件监督审查的主要原则

原则一：各银行必须进行与其风险轮廓有关的总体资本的评估，并且应提出维持资本水平的策略。 原则二：监督者应审查和评估银行内部资本充足率的评定方法和策略，以及他们控制和遵守监管资本比率的能力。如果监督者对这一过程的结果不满意，他们还可以采取适当的监督行动。 原则三：监督者应对银行运营高于最低监管资本比率进行预期，并要求银行持有的资本超过最低要求水平。 原则四：监督者应设法尽早干预，以防止资本下降低于要求的最低水平，以支持特殊银行的风险特征，当资本不能维持或恢复时，要求银行迅速采取补救措施。

资料来源：巴塞尔委员会（2001b）。

另外，CP-2 中的三大支柱提案是建立在早期的委员会文件上，它展示了银行披露的非常详细的项目清单。委员会详述了这些披露，认为这样有利于银行风险评估按照市场规律运行。该要求划分为核心披露和补充披露，并被分为十个主题领域（见表4.5）。大幅度提高透明度的建议适用于有资格选择 IRB 方法的银行。尽管规定详细，但是委员会对执行第三支柱的期望有点含糊不清。特别是它强调，法定监督当局要求成员国的各银行进行公开披露。因此，尽管能期望得到"一些执行回应"，但这些回应往往是间接的。

表4.5　　　　第二咨询文件中银行公开披露的领域

■银行集团中资本协议适用的范围

■银行资本的统计分析以及支持的计量程序

■信用风险暴露的统计分析以及信用风险管理技术的描述

■外部信用评估机构的识别和利用（对于使用标准法的银行而言）

■内部评级方法论，覆盖范围以及 IRB 方法的事后绩效，对每一资产组合的分类（对使用 IRB 方法的银行而言）

■信用风险缓释度量覆盖的风险暴露，管理抵押品过程，确保担保人和信用衍生交易对手持续保持高信誉度的方法

■计算市场风险资本要求的方法论，以及银行使用内部评级法的方法，模型的信息，风险价值数据

■操作风险方法论及风险暴露

■利率风险管理技术，以及收益和监管资本率冲击的影响

■信用（包括表外资产负债风险暴露）、市场和操作风险的监管资本要求；对影响资本充足率因素的分析；成比例的分配给银行交易，产品，客户，业务线或组织单位的经济资本

资料来源：第三支柱（市场纪律），巴塞尔委员会附加的支持文件（2001b）。

　　2001 年 5 月 31 日委员会公开征求关于 CP－2 的建议，在 4 个月内收到了 250 多条建议。[①] 即使在此之前，有关各方曾公开发表了他们的关注，但是对巴塞尔委员会的成员则是私下通知。许多评论来自银行和代表银行或风险管理协会，但还有很多评论来自其他金融机构，如世界各地的中央银行和银行监管机构、

---

　　① 关于 CP－2 和 CP－3 的评论都已经上传到巴塞尔委员会的网站。关于 CP－2 的评论还可以在 www. bis. org /bbs/ cacomments. htm 找到（2008 年，5 月 15 日）。

国际机构、学术界、智囊团以及信用评级机构。① 其要点如下：

第一，银行方面普遍直接或间接地赞扬该委员会包括内部评级方法这一资本监管内容，尽管也有不少人主张加快充分利用内部模型的速度。

第二，学术方面对 IRB 方法资本监管的可行性表示怀疑，尽管怀疑程度相差非常大。

第三，尽管银行和其他部门对广泛的技术问题提出建议，但一些规定却引起了相当一部分评论家的批评。在这些批评建议中，一些提议认为可以采用公式化的方法量化操作风险资本费用，还有些是建议对预期和非预期损失应持有一定的信用风险资本费用。②

第四，一些评论家对 IRB 方法（以及在一些情况下的标准化方法）下的风险加权方法仍有疑问。最常提及的是对新兴市场以及巴塞尔委员会国家自身中小企业的影响。委员会常使用一种"比例因子"乘以内部系统计算出的约 1.5% 的违约概率。这种方法同样受到批评。

第五，很多评论家指出的 CP－2 提案在重要方面并不是完整的，因此他们无法从整体上判断委员会的提案。

第六，许多银行表示，第三支柱提出的信息披露项目使银行泄露了许多私有信息，并可能给投资者带来不必要的昂贵费用。

----

① 对于这一事实，某些实体在提交的意见中提出了有趣的问题。例如，芝加哥和里士满联邦储备银行皆致信给巴塞尔委员会，信中的推断说，理事会和纽约联邦储备银行在发展巴塞尔委员会的状况是没有完全涉及其他的联邦储备体系。

② 这项提案在美国和其他国家并不受欢迎，在这些银行中它们并不理会预期损失的准备金。它们还认为，实际上，CP－2 提案，要求他们提供两次的预期损失——一次在其准备金中，另一次在其资本要求中。

第七，这一项是最重要的，即许多银行抱怨说，监管资本在CP-2提案下将上升。银行基于一些快速数字处理所得出的结论，通过委员会第二次量化影响研究（QIS）得到了证实。在CP-2发布后的数月后，QIS-2在2001年4月成立。同年11月份的报告结果（巴塞尔委员会，2001c）透露，监管资本水平在CP-2提案中的每一个方法下都会提高（见表4.6）。[①] 对于高级内部评级法，单独的信用风险资本费用将适度下降，但对操作风险提出的新要求将会导致整体监管资本的提高。标准法中总体百分比的增加还在上升期。最令巴塞尔委员会为难的是，跟提高的内部评级法相比，整体资本要求有可能会增加。因此，根据CP-2提案，银行就不会有任何激励由标准法转向高级内部评级法。

表4.6　依据第二份咨询文件提案第二量化影响研究
结果在资本要求中的改变（百分比）

小组成员	标准法		基础 IRB 法		高级 IRB 法	
	信用	整体	信用	整体	信用	整体
G-10						
小组1	6	18	14	24	-5	5
小组2	1	13				
欧盟						
小组1	6	18	10	20	-1	9
小组2	-1	11				

---

① 在巴塞尔委员会发布QIS-2结果的时候，它已决定大幅降低操作风险费用。因此，当银行在CP-2提案发布后开始执行的话，它们会观察到资本要求大大地增加了。

表4.6(续)

小组成员	标准法		基础 IRB 法		高级 IRB 法	
	信用	整体	信用	整体	信用	整体
其他国家	5	17				
（非 G-10, 非 EU）						

IRB：内部评级法。

注：第二个定量影响研究（QIS-2）涉及来自 25 个国家的 138 个银行。第一组是银行多元化国际活跃的银行。第二组是较小或更专业银行。在报告结果中，同时属于巴塞尔委员会成员国和欧盟成员国的银行包括在 G-10 和 EU 分类中。

资料来源：巴塞尔委员会（2001c）。

如前所述，巴塞尔委员会的目的是在新的标准法下维持与巴塞尔协议下相同的平均监管资本水平，以及对于采用 IRB 方法的银行适当地降低巴塞尔协议要求的资本水平。然而，如果采用 CP-2 最低资本要求，委员会优惠面临另外一个问题：该提案对最低资本要求影响还未经过全面评估，距 Bill McDonoug 所承诺的银行管理"梦想"相去甚远，一些银行经理认为他们正以很高的成本来执行这一新的方法。[①]

关于监管资本水平的抱怨，在某种意义上与银行在其他方面的抱怨重复结合在一起。操作风险费用——包括预期损失的资本要求，以及风险加权的具体方面都对资本需求水平有影响。同样，不少银行反对信用风险缓释的限制，或者直接通过这些策略作为抵押品或间接分散资产组合。从另一个意义上来讲，银行对 CP-2 提案提出资本水平的质疑是它们唯一能够站得住

---

① Willman. 行业背景推迟了银行必须持有资本数额的新规则 ［N］. 金融时报，2001-6-25.

脚的地方。另外，监管资本的增加需要从额外增值中获取限定的利润，这样可以保证银行目前的利润水平。因此，CP－2中任何增加资本要求的提案都不受欢迎。另外，只要资本需求降低得足够多而使其净利润产生变化，银行是相当愿意接受它们认为武断、费用高昂或监管功能不周的提案的。

继续修正的过程

　　银行家和其他行业观察员对 CP－2 的接受比一年半前对 CP－1 协议的接受更为积极。在 2001 年 1 月发布文件后的数个月内，巴塞尔委员会面临着一个困境：其提出的方案，不仅繁复冗长，还不完整。各界对这些提案中的许多技术特征存在许多的质疑。提案中关于最低资本要求的影响似乎是与委员会的原意背道而驰。即使美国监管者是对资本协议大规模修改的发动者，但他们内部也产生了分歧。很快，在欧洲和美国的官员对于银行的竞争性含义提出了许多质疑。

　　2001 年 5 月，银行界有影响力的团体要求延迟修改 CP－2，以便为业界提供足够多的时间对仍处于初级阶段的提案作出反应。根据这些困难情况，巴塞尔委员会承认它不能保证在 CP－2 中公布的时间表，这不足为奇。同年 6 月 25 日，委员会发表了一份新闻稿，宣布将最终的协议延迟到 2002 年，并表示关于社会各界对 CP－2 的批评，委员会将在一些领域对其进行改变。另外，委员会提案的下一个版本要到 2003 年 4 月才会发行，并且委员会承诺这将作为第三次咨询文件（CP－3），而不是"定稿"，定稿要到 2004 年 6 月才会发布。

　　在国际协商中，拖延和错过最后期限是常有的。然而，

CP－2发行和最终修改框架发行的三年半时间常有这样的延迟，委员会也没有避开公众的视线而孤立地从事自己的提案。相反，它现在或多或少忙于经常性的谈判，频繁修改提案，以及几乎连续的保持与银行业的对话。在 2001 年 6 月宣布和发布 CP－3 期间，委员会发行了关于 IRB 方法具体内容不少于 10 的实质性提案（见表4.7）。事实上，委员会正在努力回应对其提案的反对意见，并详细描述 CP－2 的某些内容。

表4.7　　　第二、第三咨询文件期间发行的提案

日期	提案
2001 年 7 月	对预期和非预期处理的修正
2001 年 8 月	股权风险暴露内部评级处理的提案
2001 年 9 月	信用风险缓解技术的变化（包括从"W"水平移至与第二支柱，并且允许回购类型交易的交易对手之间进行净额结算） 第三支柱市场纪律下要求减少披露 对操作风险提案的改变及详细说明（包括要求减少最低资本百分比作为操作风险的费用，以及利用银行内部系统的高级管理方法的详尽阐述）
2001 年 10 月	内部评级的证券化处理的提案 专项贷款风险暴露的 IRB 方法的提案
2002 年 7 月	之前宣布提案的重大改变（包括对信用卡风险暴露新创建的风险权重曲线，对中小企业风险暴露更有利的风险加权，依据操作风险的高级管理方法削减最低资本要求，最低资本要求的改变）
2002 年 10 月	资产证券化处理的第二套提案
2003 年 2 月	银行操作风险管理的指导方针

资料来源：巴塞尔委员会。

在许多情况下，很难确定委员会针对银行的反对意见而作

出的修改是否真正反映了 CP-2 的技术问题和在其他方面采取优惠性策略（妥协）。例如，有大量信用卡业务的美国银行对 CP-2 进行投诉。在 2002 年 7 月，委员会宣布了对零售风险暴露的处理作了一系列改变。合格循环风险暴露的风险权重曲线，以至于"使资本需求大大低于此前委员会提出的要求水平。①对其他零售贷款和住房抵押贷款的风险加权减少了，从而获得更高的风险敏感度，在零售 IRB 框架下保持与资本要求的一致性。"

不论任何改变的动机是什么，这些改变对委员会的可信度和提案的一致性是没有帮助的。委员会是否有风险加权程序方面的足够知识，这在每一步它都需要银行的帮助，或者它了解这些程序，监管模式的定期和大量的改变难以让人对其产生信心。委员会的委员似乎意识到自己行为的影响，但显然也无法改变这一进程。②

在 CP-2 和 CP-3 期间，巴塞尔委员会成员国承受的压力不断增加。最典型的例子是德国总理施罗德在 2001 年秋天警告德国应否决基于 CP-2 提案的欧洲资本充足率指令。这种威胁的背后使德国关注于中小企业的风险加权暴露。同时（也许没有那么巧合），委员会基于对 CP-2 许多改动的地方提出的讨论，很快发布了 QIS-2 的结果，包括对中小企业商业贷款风险加权（巴塞尔委员会，2001d）。2002 年 7 月，委员会宣布了对

---

① 详见国际清算银行，"巴塞尔委员会就新资本协定问题达成一致，"新闻稿，2002 年 7 月 10 号。

② 2002 年 2 月，对于这一影响，有人指出，"一旦你研发了这一方法，那么你听到银行关于一些事情的抱怨也就不远了。所以，你就必须作出调整——对每一个人以更为复杂的计算作为代价。另一个特点是援引巴塞尔协议的'大怪物'。见"巴塞尔的好裁缝"，经济学家，2002 年 2 月 21 日。

提案进行修改的结果，它们将会减少这些风险暴露的风险权重。[①]

随着巴塞尔进程的拖延，立法者开始给予更多的关注与介入。一些欧洲议会的德国议员对施罗德总理提出的对中小企业影响的担忧表示赞同。一些有影响的美国国会成员也向美国监管机构表示他们对 CP－2 的不安。美国参议院银行委员会主席 Richard Shelby（R－AL）担心会给那些不使用 IRB 方法的小银行带来不公平竞争的问题，而这一担忧稍后得到了他的对手——众议院金融服务委员会主席代表人 Michael Oxley（R－OH）的赞同。

除了双方委员会成员，代表人 Oxley 还表达了对提案中关于操作风险的担忧，以及对美国银行潜在竞争劣势的担忧。前一项是源于美国道富银行与信托公司和梅隆银行的投诉，这些银行的处理、保管或投资管理业务相对于它们的传统商业银行业务来说规模很大。这些银行的操作风险带来相当大的资本费用；同时，依据巴塞尔新资本协议降低其信用风险的资本要求只能给他们带来非常少的收益。[②]

委员会于 2003 年 4 月发布了 CP－3（巴塞尔委员会，2003a），并在其发布后不足一周的时间内，发布了第三次定量影响研究的结果（QIS－3）（巴塞尔委员会，2003b、2003c）。

---

① 2002 年 2 月，对于这一影响，有人指出，"一旦你研发了这一方法，那么你听到银行关于一些事情的抱怨也就不远了。所以，你就必须作出调整——对每一个人以更为复杂的计算作为代价。另一个特点是援引巴塞尔协议的'大怪物'"。见"巴塞尔的好裁缝"，经济学家，2002 年 2 月 21 日。

② 详见 Elliott，以梅隆金融公司的名义向巴塞尔银行监管委员会致信，2001 年 5 月 29 日；以及详见道富公司董事长兼首席执行官 Spina，在美国众议院金融服务委员会小组委员会关于国内货币政策的声明，技术和经济增长，2003 年 2 月 27 日。

这两份文件都包含了零售风险暴露、小企业借贷、操作风险、信用风险缓释以及资产证券化等多个重大变化。同样，尽管 CP－3 包括了许多技术，但在某些显著情况下，对第一支柱的修改，在委员会 2002 年 10 月的指令中首次提出，这些指令要求银行完成 QIS－3 的调查（巴塞尔委员会，2002b）。因此，在相当大的程度上，QIS－3 结果是对 CP－3 规则的测试，尽管这项研究是在 CP－3 公布之前做的。

这些结果表明，银行采用高级内部评级法的趋势正在增加。对于采用高级内部评级法的银行，其总体资本要求预期会降低约 2%。不过，信用风险资本要求却下降了 14%，而净减少仅 2% 是因为操作风险的资本费用。只要委员会给采用高级内部评级法的银行在操作风险上提供更大的灵活性，那么这些银行就可以合理预期未来可改变的结果。此外，在公布结果的同时，该委员会指出，其最大的不确定性领域是信用风险缓释，在这方面，银行数据系统未能提供能够降低资本要求抵押品的标准。因而，委员会的观点是，QIS－3 的结果可能高估了资本要求（巴塞尔委员会，2003b）。① 此外，一些银行界分析家认为，美国大型银行与欧洲和日本的银行的六种不同资产组合相比，其资本水平大约低了 10% 到 15%。②

在公布了 CP－3 之后，巴塞尔新资本协议的前景似乎并没有好转。提交给委员会的 CP－3 的评论既多又长，而且许多情况下又非常关键。在 CP－2 之后又提出了一些常见的投诉，如要求持有资金以应对预期损失、对充分多元化的投资组合没有

---

① 一些银行业的代表质疑，对银行抵押品状态更完整了解是否可以最终减少资本要求（国际金融研究所，2003 年）。

② Garver. 巴塞尔规则可见的要求降低高达 15% ［N］. 美国银行家，2003－5－6（4）.

降低资本要求、对于一些类型的风险暴露没有考虑贷款主体的具体情况，以及没有涉及采用高级内部评级银行整体承担的成本等一系列问题。

国际金融协会证明，提案没有考虑周期性是一个基本的缺陷，其他银行协会也表示赞同（国际金融研究所，2003）。正如国际金融协会所指出的，所有的加权风险资本要求在本质上都具有周期性，因此，借款人下降的信用状况要求他们持有更多的资本——从而抑制新的贷款。这个问题将在第五章进行详细讨论。在当前，它足以说明银行集团新的重点是灵活性。他们指责说，巴塞尔委员会将多样化资产组合的缓释影响纳入其公式是失败的，因为这会加重委员会提案的周期性特点。在衰退期间，银行监管周期在扩张性货币政策中的潜在滞后性是委员会上央行行长最担忧的，他们既是银行监督者又是宏观经济政策的制定者。

除了不断收到银行的投诉之外，2003 年，巴塞尔进程似乎产生了内部分歧。从某种程度上说，分歧产生于欧洲和美国监督者所面对的不同的国内情况。当他们在进行国际协约磋商时，巴塞尔委员会的欧洲成员正在计划修订欧洲联盟（EU）资本充足指令（CAD）。一些巴塞尔会议上提出的问题，在理事会和欧洲议会共同起草的新 CAD 不会重复提出。此外，在传统上，大陆银行监管系统一向较少依靠美英体系特点下银行和监管者的监督合作，而更多依靠外部审计来评估银行对资本监管的遵从。因此，欧洲大陆国家的监管者有双重动机去寻求巴塞尔协约中更多的细节。

对美国监管者来说，有相当大的压力是来自银行的，同时来自国会议员的压力也越来越大，如预期损失的资本要求、操作风险，以及未用到的信用卡信用限制部分的资本要求。美国银行的业务概况，对美国监管者来说，都是全体选民提出的非常重要的问题。① 欧洲监管者也对美国监管者在 2003 年 2 月做出的单方面的宣布表示不满，即美国监管者宣布新巴塞尔准则仅适用于大型美国银行，② 而国内的政策对这一决定也有重大的影响。③

---

① 依据巴塞尔协议创建的资本定义，允许银行将风险加权资产高达 12.5% 的贷款损失准备计入第二支柱。然而，为了符合第二支柱的要求，这些储备不能用于对冲任何特殊的作为减值的风险暴露。相反，他们必须是"广泛"的供应——即，基于以往的经验将其留置一边，用于抵补银行当前资产组合预期的一定程度的损失（巴塞尔委员会，1988）。依据 CP-2，资本要求将适用于特定风险暴露中的可识别的预期和非预期损失，即使该行已预留准备金，以抵补预期损失。CP-2 还表示，资本的定义仍然将依据巴塞尔协议。由于确认损失的规定条款对于第二支柱的要求是并不适合的，所以依旧采用这些条款的银行将不会获得资本收益。然而，与巴塞尔协议不同的是，巴塞尔协议中贷款的资本费用仅仅基于贷款人的分类，而在 CP-2 中的 IRB 方法下，银行抵补减值贷款的资本费用是增加的，因为违约概率和/或违约损失是一直增加的。因此，许多美国银行（以及审计长 Hawke）的观点是，CP-2 从本质上对同一风险暴露损失要持有双重的费用。巴塞尔委员会也意识到这个问题。然而，委员会认为，在许多国家，资金供应从本质上说是受限于一般资金供应的，这将纳入二级资本的计算。因此，它提议应基于预期和非预期损失来计算资本费用，包括一些对供应资金的抵消。但问题在于，由于美国的监管和会计准则要求银行为可以识别的预期损失提供资金，因此美国与大多数国家都不一样。

② 欧洲人有些失望，这是可以理解的，但他们不应该觉得有些意外。在 2000 年年底，在巴塞尔委员会清楚说明 CP-2 的指引方向后以及在 CP-2 正式发行之前，美国银行监管机构就提案规则预先发出了一份通告，其中它们提到让巴塞尔新资本协议采取一种内部评级方法的可能性，并且对适用于"不复杂"机构对资本规则选择征求意见（美国财政部等，2000）。

③ 2003 年的公告显然是由这一结论推动的，从由美国修正的巴塞尔协议转向巴塞尔新资本协议标准法的成本与预期的安全性和健全性的好处并不相称。不过，很明显的是高级内部评级银行的监管资本要求会大幅减少，所有其他银行的代表人都抱怨说，在那些业务线中，如住房抵押贷款，他们处于不公平的劣势地位，因为在大型银行和地区银行，甚至是社区银行之间存在竞争。监管者作出相应的回应，这将减少一些风险暴露的资本要求，如抵押贷款。然后，作为 2007 年关于高级内部评级法和解的一部分——本章后面将会进行阐述——各机构已从"巴塞尔 IA"法转向对"标准法"提议的关注。

问题更加复杂化的是，美国的各监管者们对新协议的意见不统一。在 CP－2 发布后的两天后，货币监理局的一位高级官员就提案的复杂程度是否能被银行接受或给银行审查者带来过度繁重的负担这一问题提出了公开质疑。这仅仅是货币监理局审计员的首次表态。① 随着时间的推移，联邦存款保险公司官员们也同样关注巴塞尔委员会的动向，尤其是他们对资本水平的影响。② 他们甚至暗示美联储的银行监管者，指出他们与拥护巴塞尔新资本协议进程的政府官员和经济学家相比缺乏热情。

　　美国众议院金融服务委员会有影响力的成员提出一项议案，要求四大银行机构对巴塞尔问题表示统一立场（财政部长也有权决定美国的立场）。在此之后，监管者宣布在 2003 年 6 月期间对这一法案举行听证会以展示他们合作得很好。但是仅仅一

---

　　① 审计长 Hawke 对此的质疑，尤其常常在 2003 年上半年通过新闻采访、演讲和出席国会上提出。虽然他接受改革项目的想法，但 Hawke 强调，他认为这些提案过于的复杂并且很担心对于巴塞尔如何改变资本要求的不准确预测。他反复强调，他将谨慎的考虑提议执行巴塞尔新资本协议准则的所有内容，并且会毫不犹豫地在美国执行的方法上作出改变，如果需要的话。他还含蓄地强调巴塞尔新资本协议不是与国际法律相绑定的协约，但他也没有明确表示，这些变化并不一定完全符合巴塞尔新资本协议本身。Pretzlik. 美国监管者质疑巴塞尔时间表 [N] . 金融时报，2003－6－17（28）．另见 Hawke，国内货币政策委员会之前的证实，金融服务委员会技术与经济增长，美国众议院，2003 年 2 月 27 日；评论于金融创新研究中心，伦敦，2003 年 3 月 13 日；银行，住房以及城市事务委员会之前的证实，美国参议院，2003 年 6 月 18 号；金融机构小组委员会和金融服务委员会消费者信贷之前的证实，美国众议院，2003 年 6 月 19 日。

　　② 分歧的证明文件通过联邦存款保险公司主席 Powell 备忘录的形式以及美国联邦储备委员会副主席 Ferguson 答复的形式于 2003 年 6 月泄露给新闻界。巴塞尔新资本协议提案使大银行不能充分的资本化，并给小银行创造了竞争劣势，Powell 对此表示关注。他还同样抱怨，巴塞尔新资本协议进程是"仓促进行的，同时重大替代方法的讨论由于时机和国际合作性项目现在几乎被排除在外。"Ferguson 回答说，巴塞尔进程是"具有透明性和商议性"，并且正是在国际化进程中"进入到下一步"的时候。Garver. 巴塞尔提案促使美联储联邦存款保险公司询问美联储，OCC [N] . 美国银行家，2003－6－17（1）．

个月后，就在发布他们对巴塞尔执行提案准则的联合预期通告时，审计长 Hawke 和 FDIC 主席 Donald Powell 发布了附加声明，对 IRB 方法的概念表示怀疑。① 这些分歧随着银行机构和巴塞尔提案自身的改变而减退。但他们从来没有消失，而是随时间延续下来，这也使美国的执行努力显得很混乱。

尽管所有这些问题都存在，但巴塞尔新资本协议努力的前景在 2003 年秋季非常明朗。无论是使大银行成为其关键同盟者的国际策略，还是基于反映的一系列变化，巴塞尔委员会渐渐赢得了大银行的支持。相继的修正使银行看到了大幅度削减资本要求的可能性。此外，出于一些特别的原因，一些美国和欧洲的监管者越来越有决心制定最终的修正框架并及时执行。正如已经提到的，欧洲国家需要一个新的欧盟资本充足指令，因此他们非常渴望有一个完整的巴塞尔新资本协议。尽管美联储官员承认，一个非常好的改进协议对于高级内部评级法来说仍然是很有必要的，但他们认为进行这些改进的唯一途径是执行新的准则。最后，2003 年 5 月，西班牙银行总裁 Jaime Caruana 接替巴塞尔委员会主席 Bill McDonough 的职位，他带来了外交家的风格，这一风格很适合调解阻碍新资本协议商定版本的纠纷。

2003 年 10 月的巴塞尔委员会会议成为一个分水岭。Caruana 努力的成果是明显的，后来成为著名的"马德里和解"。该委员会宣布了一项提案来修改银行持有用于抵消预期损失的资本要求，这是美国银行的重大胜利（同样也是审计长 Hawke 的胜利，

---

① Garver. 美国监管者之间的分裂可能拖延巴塞尔新资本协议资本计划 [N]. 美国银行家，2003 - 7 - 14 (1).

他捍卫了他们的目标）。① 该委员会还宣布，它们打算消除所谓的资产证券化的"监管公式"（这使得大银行非常恼怒），② 重新对信用卡风险暴露进行谈论，并修改某些信用风险缓解技术。③ Caruana 成功地迈过德国的反对，这样美国就可以努力对重大问题重新协商，这是美国监管者给他们国内的银行的重大奖励。这些明显的补偿是，尽管美国的一些部门机构担忧时间表，但最终的修正框架将会在 2004 年中期完成。Hawke 第一次对巴塞尔进程的前景表示乐观。④

在随后的几个月内，委员会阐述了对预期损失、证券化以及其他几个问题的改进（见表 4.8）。2004 年 5 月，委员会宣布，它们已经解决了遗留的问题——包括循环（信用卡）零售风险暴露公式的改进⑤——并且将在 6 月出版新框架的正式文本。⑥

---

① 这一和解是，不要求银行持有资本抵消来自风险暴露的预期损失，从某种程度上说，它已经利用准备金来抵消损失。然而，如果预期的损失超过实际的准备金，其差额必须从一级资本和二级资本中等量扣除。若准备金超过预期损失可以纳入二级资本。由于这一最后的特征，在 IRB 方法下，贷款损失准备金不再适合于二级资本处理（巴塞尔委员会，2004a）。最后的修订框架限制了二级资本增加至 0.6% 的风险加权资产。

② 监管公式是对未评级的证券化风险暴露进行风险加权的一种方法。正如 CP－3 的提议，即使是依据巴塞尔新资本协议的标准，它也复杂得令人难以置信。最后，该公式并没有被淘汰，只是进行了修正。这一改变联合这些风险暴露的资本费使其与银行内部评级更紧密地联系起来（巴塞尔委员会，2004b）。

③ 详见国际清算银行，"巴塞尔新资本协议：主要问题的重大进程"，新闻稿，2003 年 10 月 11 日。

④ Silverman. 美国银行因最新的巴塞尔协议感到高兴 [N]. 金融时报，2003－10－15（15）。

⑤ 这里的和解涉及一个具体的、合理的、低相关性的潜在损失，归因于信贷额度未使用的部分。

⑥ 详见国际清算银行，"巴塞尔新资本协议提案的一致达成"，新闻稿，2004 年 5 月 11 日。

表 4.8　　　　　　　　　第三咨询文件与最终修订
框架之间的巴塞尔委员会提案

日期	提案
2003 年 8 月	跨境执行新协议的原则
2003 年 10 月	处理预期损失的提案，旨在简化资产证券化处理声明的提案，旨在重新处理信用卡风险暴露的提案，旨在改进某些信用风险缓释技术的提案
2004 年 1 月	预期损失的修正 证券化框架的改进 国内认可操作风险资本高级管理方法的原则 第二支柱执行的说明

资料来源：巴塞尔委员会。

修正的框架

在 2004 年 6 月 26 日，巴塞尔委员会官方公布了巴塞尔新资本协议，称为《统一资本计量和资本标准的国际协议：修订框架》（巴塞尔委员会，2004c）。包括附录在内，该文件有 250 页。修订框架由 2003 年 10 月，2004 年 1 月，2004 年 5 月的提案组成，并加入了许多附加的调整——较明显的是信用风险缓释和合格的循环零售风险暴露。对于这一过程中所有技术和政治上的调整，委员会宣称的目标回应了巴塞尔新资本协议开端时作出的声明。

委员会对 1988 年协议的修改已经发展成为一个框架，该框架将进一步加强国际银行体系的健全性和稳定性，同时维持足够的一致性，保证资本充足率不会成为跨国银行不平等竞争的重要来源（巴塞尔委员会，2004c）。

委员会还补充到，它们认为"经修订的框架将促进银行采用更严格的风险管理措施，并且将此作为其重要利益之一，"而从安全性和健全性的意义上来说，在巴塞尔新资本协议进程开始时，委员会并未从整体上强调这一点，尽管美联储官方坚持这一目标。①

　　因此，几年前进行的所有修改，都没有改变巴塞尔协议框架的基本结构，包括 CP‑1 中提到的三大支柱，CP‑2 中公布的三个替代方法，操作风险中包含的资本要求，处理资产证券化的特殊规则以及信用风险缓解技术的调整（见表4.9）。然而，多年积累下来的妥协和调整是明显的，并形成几十条规则或标准形式，并且各国的监管者将其落实到了国家法律层面上。在某种程度上，这些项目反映了委员会的共识，即国内银行法律和惯例的各种特征可以在资本充足率监管中稍微有区别地对待。② 它们同样反映了审计长 Hawke 和其他人的关注，巴塞尔新资本协议的进程过高地描述了它的规则，尤其是内部评级法。同时，许多规则允许在各国执行中存在显著的差异，因此消除

---

　　① 即在修订框架发布后，与国际证券管理委员会组织共同的工作持续推进市场风险要求的新规则，完善和扩大担保影响的认可，并对交易对手提供风险建模的新方法。这种额外的工作随后加入到 2004 年的文件中，现正是一个可用的综合版本（巴塞尔委员会，2006）。

　　② ……实际上适用于修订的框架中提出更为严格的标准。在巴塞尔协议的情况下，二级资本的概念是模糊的，国家监管者对其银行实行更严格的资本要求，这种偏离共同预期的行为永远不会被理解。因此，乍一看，这套规定很让人迷惑。不过，在多种情况下，巴塞尔委员会成员应用这些标准的意图可能是希望这些标准在修订的框架中被大家认可。

不平等竞争的目标受到质疑。①

表 4.9　　　经修订的框架（巴塞尔新资本协议）

第一支柱
信用风险
标准法
■在 0%、20%、50% 和 100% 的巴塞尔协议分类中新增了 150% 的
　风险类别
■基于外部信用评级机构的风险评级；公司风险暴露可以低至 20%
■资产负债表外风险暴露保留信用转换因子法；一年以下承诺期限
　内的转换因子从巴塞尔协议下的 0% 增至 20%
■为了使用抵押品从而减少信用风险，在巴塞尔协议中增加了替代
　的、综合的方法
■监督权认可保证和信用衍生品，以降低资本要求
内部评级法
■风险暴露基于违约概率——在高级内部评级法下——违约损失、
　违约风险暴露和期限分配到风险分类中
■在经修订的框架中，违约概率、违约损失、违约风险暴露和期限
　作为风险加权公式的输入数据
■对于主权国家，银行公司，零售以及股权风险暴露使用不同的
　公式
■项目融资，实物融资，商品融资，收益性商用不动产以及高波动
　性商业不动产采用不同的公司风险暴露公式
■住房抵押贷款和循环风险暴露（信用卡）采用不同的零售风险暴
　露公式
■通过准备金和资本调整来处理预期损失
■对 IRB 的合格性采用广泛的要求——例如，评级系统设计，内部
　估计的校正，披露要求
■增强 IRB 资本要求的比例因子以达到维持资本总水平的目标

①　一个例子可以说明这一点。作为与德国进行政治调解的结果，一个良好
的调整是使公司风险暴露的风险加权公式适用于中小企业。修订的框架规定，
一个公司是否符合中小企业条件的决定一般来说是基于它的年销售额。然而，
"当总销售额不能作为银行规模有意义的指标时"，监管者允许银行以总资产来
替代总销售额作为其决定性门槛（巴塞尔委员会，2004c）。标准法同样还包含
了国家执行决定权的许多机会，尤其是国家监督者对外部信用评级结果是否合
规的判断（巴塞尔使用委员会，2004c）。

表4.9(续)

证券化风险暴露

标准法

■用于风险加权暴露的外部评级

■扣除用于未评级风险暴露的要求资本

■要求原始银行扣除低于投资级的保留风险暴露

■资产负债表外的风险暴露一般要转换成100%的信用等价物，合格的流动性项目除外

表4.9　经修订的框架概要（巴塞尔新资本协议）（续）

■早期摊销准备金的投诉资本要求

内部评级法

■为了外部评定风险暴露，使用IRB法的银行必须使用评级法，类似于标准法但又包括风险暴露的高级和精细的分类方法

■通过高难度的包括银行某些供给数据的监管公式对未评级风险暴露普遍进行风险加权

■银行可以使用内部评级法来评定基于资产的商业票据程序的风险暴露

■早期摊销准备金的特殊资本要求

操作风险

■基础指标法要求银行前三年年度平均总收入的15%作为资本费用

■标准法要求对于银行每8条业务线，将其前三年年度平均总收入的12%到18%作为资本费用

■高级度量法要求资本费用与银行内部操作风险度量系统风险测量的精度相匹配

市场风险

■遵循1996年市场风险修正案的改变使银行账面资产和交易本资产之间的套利概率最小化

第二支柱

监督审查的四大原则

■银行评估整体资本充足率的程序依据其风险轮廓

■监督者有能力控制并增强监管资本要求

■监督者应期望银行在高于最低监管资本要求水平下运营，并有能力要求银行持有高于最低要求的资本

■监督者应在早期阶段介入调解以阻止资本下降低于最低水平，并要求补救措施

选定的具体问题

■监督者必须采取措施处理"异常"银行，这些银行即其可能因利率200基点的冲击而下降超过20%

■监督者应评估银行信用风险的集中度和管理
■监督者应能适应证券化创新
第三支柱
■银行应有正式的披露政策，并通过内部控制来执行
■对经修订的框架特定披露要求的范围包括：银行组织、资本结构、资本充足率、信用风险、信用风险缓释、交易对手风险、证券化、市场风险、操作风险、股权风险以及利率风险
■信用风险披露要求包括对资产组合 IRB 方法内部评级系统的阐述和描述

资料来源：巴塞尔委员会（2004d）。

巴塞尔委员会声明其目的是使修订框架在 2006 年末开始执行。然而，最先进的方法还需要经过一年的影响研究或"平行计算"，因此，直到 2007 年年底才能执行。事实上，执行速度更慢，尤其是在美国。欧洲联盟向前发展的速度相对较快，并且没有较大的争议。如前所述，巴塞尔新资本协议的协商在欧洲被认为是一个新资本充足指令的前奏。2005 年 10 月，欧盟通过了一项纳入无重大变化巴塞尔新资本协议规则的新指令。现在，这一指令正在国内执行中，它对各成员国具有约束力，但不直接适用于金融机构。如第六章所述，它在别处的执行进程（包括许多非巴塞尔委员会的国家）是不平衡的，但在总体上仍在向前发展。

巴塞尔协议在美国的实施存在更大的争议。联邦银行监管机构坚持他们的看法，认为可以依据先前存在的法定权限来执行国际商定的资本标准。因此，他们不会努力寻求国会的批准或巴塞尔新资本协议的实施。由于审慎的银行监管很少成为广大市民关注的焦点，除非金融危机到来，如20 世纪80 年代的储蓄和贷款危机，对巴塞尔新资本协议的争论只限于银行业、监管机构、少数有影响力的美国国会议员、小部分学者和政策评

论员。即使有这些限定条件，美国对巴塞尔新资本协议的态度比其他大多数国家仍然相对开放，正如美国在其他国际协约中的立场一样。出于这一原因，相对其他方面来说，巴塞尔新资本协议对银行安全性和稳健性的影响程度更深。不过，美国很热衷于运用谈判手段来获取竞争优势（如果有的话）。特别是次贷危机后提出的金融监管基本问题，国家平等竞争的问题有可能将最终赢得审慎监管的关注，虽然言之尚早，但是巴塞尔新资本协议的政治历史表明，确实存在这种可能性。

正如在上文所述，在协商期间，美国国会和选民对美国联邦储备局和其他监管者的压力，大都集中在对美国银行潜在的竞争劣势上——是否反映了高级内部评级法对持有典型的资产组合的美国大型银行影响，或大型银行相对其较小竞争对手减少资本要求的影响，这在第六章将进一步阐述。然而，在修订的框架发布两年后，发生了轻微的变化。参议员银行委员会主席 Shelby 和高级成员 Paul Sarbanes（D－MD），分别于 2005 年和 2006 年举行了听证会，在此期间他们公开表示对巴塞尔新资本协议对美国银行的安全性和健全性的关注。正当四家银行监管机构公开表示他们合作顺利时，FDIC 新任命的主席 Sheila Bair 表示对此应当保持谨慎。①

随着大家对高级内部评级法（将留待下一章进行讨论）实际影响不确定性以及对第一支柱准则具体特征的关注，A－IRB 法最大的支持者再次警惕起来。但现在的问题是，他们担心监管资本会下降太多，而不是太少。经过长时间的拖延，四家联邦银行监管机构最终发布了他们对其制定的提案准则的通告。这些机构重申其立场，即 A－IRB 要求应该成为银行的"核

---

① 2005 年顺利地接任 Hawke 审计长职位的 Dugan，似乎更加倾向于巴塞尔新资本协议。

心"，其合并资产至少应达到100亿美元，或总的资产负债表国外风险暴露至少达到100亿美元。对于其他银行，正如美国监管机构所阐述的，如果它们达到了巴塞尔新资本协议要求的条件也可以使用A-IRB法。这种监管提议同样以多种方式对修订的规则进行了适当的修正，这将有效提高资本要求（美国财政部货币审计办公室等，2006a）。[①] 此外，这些机构提出了三项总体上的防护措施以防止应用A-IRB的银行的资本水平大幅下降：

●与前两年过渡期内巴塞尔新资本协议90%的层面和巴塞尔协议要求的80%相比，前3年，A-IRB下的各银行资产数额为95%、90%和85%的过渡层面可以低于一般的资本规则。[②]

●如果银行总资本涵盖下降超过10%，其承诺将对A-IRB框架进行修正。

●杠杆比率要求的保留，以及在美国法律下快速正确的行为要求。

在提出这些保障措施时，这些机构援引了巴塞尔委员会最初声明的目标，即维持基于风险资本要求的总体水平。这一提案明显掩盖了各银行监管机构之间的紧张关系，并产生了来自银行界的反对声音。他们争论到，巴塞尔新资本协议监管的"不一致"会使美国银行相对于它们的欧洲对手处于相当大的竞争劣势地位。四大银行监管机构将被强制性的推行A-IRB，它

---

① 例如，拟议的规则包含了"违约"定义且比在巴塞尔新资本协议中列出的更广泛，并且该规则不允许德国将对中小企业贷款提供的较低的资本要求作为调整插入其中。

② 关于"一般的"资本规则很明显的目的是涉及这些准则，从A-IRB法被银行所采纳时起，这些规则将适用于美国非A-IRB银行。目前，这些规则既是现有的资本规则。在执行的时候，这些规则可能已在联邦银行机构首创的所谓的巴塞尔IA下有所改变。

们建议所有的美国银行都有权利选择巴塞尔新资本协议的标准法，据推测是因为机构提议规则中的防护措施会限制他们的资本减少，在此他们也并不会超过执行 A - IRB 方法的成本。美联储反复的声明对于大型、复杂的银行机构，标准化的风险加权资本方法是无效的。

2006 年大选后参议员 Sarbanes 退休，参议员 Shelby 也从银行委员会主席一职降至高级成员——维持资本水平的国会压力减小了。在随后的一段时期内，有传言说美联储和货币监理局可能发行它们自己的监管法规，可以忽略提议规则中的防护措施。在它们看来，银行机构基于共识的资本监管传统可能解体。2007 年 7 月这些机构宣布，美联储主席伯南克会更直接地参与并帮助达成一种和解。3 年的过渡期将予以保留，但杠杆比率和及时的纠正措施除外（他们自身的法定要求）。然而，10% 的汇总资本水平，一直是最具争议的防护措施，其应该下降以支持过渡期第二年后的协议框架评估，并解决所有的"重大缺陷"。① 这些机构进一步的宣布，他们将发布一项提议规则为所有的"非核心"银行提供选择巴塞尔新资本协议标准法的选择权。这种做法表明，这些机构明确放弃了"巴塞尔 IA"的注

---

① 这些机构以新闻发布的形式宣布的一致意见，以平息大家对资本要求一致的传统的四大基本要求瓦解的猜测。

意①，并含蓄地表示，美国最大的银行须采用 A - IRB 法。②

2007 年 11 月，监管机构最终批准了反映 7 月协议的联合规则文本（美国财政部货币监理办公室等，2007）。早期提案中对银行界利益的评论意见批评了对巴塞尔新资本协议的每一处或大或小的背离，因为这给美国银行创造了不平等竞争。在最后的规则中，各机构指出，对竞争影响的抱怨已经成为众多评论的主题。他们顺应银行的一些具体要求，其中包括撤回他们比巴塞尔新资本协议中更广泛整体违约风险定义的提案。但在其他情况下这些机构仍然反对美国银行对中小企业应用这一特殊方法，虽然这一方法受到德国监督者的许可。

各银行机构对巴塞尔新资本协议在美国执行的担忧也许是审查意图的尴尬措辞（毫无疑问，也是经过艰苦协商），并可能修改 A - IRB 法的运行方法。在过渡期内，各机构将联合发布新框架有效性的年度报告。此外，在第二年过渡期结束后，这些机构将出版一份研究报告，"以确定是否有重大的缺陷"。如果研究发现存在重大缺陷，在没有明确监管变化之前，银行将不被允许"退出第三个过渡期。"但是，各机构之间观点差异有可

① 然而，美国为采用巴塞尔协议 A - IRB 方法的银行作出了很多努力。2008 年 6 月银行机构征求公众意见发行了一项规则，其将为这些银行建立一个"标准化的框架"。美国联邦储备将这一提案描述为一个"可以为计算基于风险的资本要求（这些要求已包含在国际巴塞尔新资本协议的范围内）而执行某些较低难度的方法。"美联储新闻发布，2008 年 6 月 26 日。许多小银行的反应并不是很好的。其主要关注的问题包括新风险桶系统的相对复杂性和操作风险资本费用的增加。这些机构表明，它们打算在 2009 年中期发行最终规则。

② 即使这个决议比较清晰，有记录表明联邦存款保险公司董事会建议采用执行 A - IRB 的最终规则使美国银行有使用巴塞尔新资本协议的选择权，并且可以对提议规则中巴塞尔新资本协议标准化的通知提出疑问，核心银行机构是否应允许采用标准化作为一种替代方法。联邦储备委员会早期坚决反对这种想法，并且没有理由认为它不得不进行核心的改变。最终的联合规则是为了维持两个机构的立场："此刻，这些机构已决定要求大量，国际活跃的美国银行使用新协议中最先进的方法。"

能会导致主要银行监督者可能不同意为"重大缺陷"提供了一个公开报告解释其原因,监督者可以授权银行退出过渡期。①

对次贷危机的反应

正当美国监管机构努力达成执行计划共识,巴塞尔新资本协议开始运行时,金融市场的急剧发展对 A‐IRB 方法的健全性和监管者在过去的 10 年中对此付出的努力提出了质疑。这一催化剂便是 2007 年夏季爆发的次贷危机。监督者的反应已经出现分歧:在执行巴塞尔新资本协议的基础上,采用新的修订框架来弥补缺陷。

市场中,次级抵押贷款的证券化问题在 2007 年就已经很突出了,当时各种结构化的产品扩散已经大量的增加了,这看上去似乎是对过去两年中基础次级抵押贷款增加的滞后反应(Borio,2008)。经过短暂的反弹,夏季初的市场重新定价带有一种报复回调。价差在大多数有国内股权贷款支撑的证券中急剧上升,其中包括许多已经获得外部评级机构高级别评估的证券,而现在大批证券降级。次级抵押贷款拖欠率保持持续上升的趋势。许多金融机构设立的用于转移风险的资产负债表表外实体项目面临着严重的商业票据问题,因为购买这一票据的机构投资者已经意识到,它们已经不再依赖于抵押资产的质量。资产负债

---

① 这些机构显然预计到,他们过去几年的分歧不会在过渡时期消除。据推测,一个机构得出结论,在 A‐IRB 系统中没有重大的缺陷,且这一机构将继续采用联合评估的方法,并允许银行退出过渡期。这些机构可以预计到,他们将需要采取折中的办法,以便发布这些评估。虽然如此,美国联邦储备委员会和美国货币监理局将(在任何情况下,这是合法的未受损的)使银行退出过渡期,从而使它们的资本下降到 80% 水平以下,在这种规则下这一要求可以适用于美国非 A‐IRB 银行。

表外实体——这些渠道和早已臭名昭著结构性投资工具——因而不得不呼吁金融主管机构提供后备流动资金。

2007年7月下旬，德国的IKB银行无法对其融资工具提供足够的支持，因此不得不接受其股东和其他联营企业的救助，这表明银行受到很大的影响。尽管IKB是一个相对较小的银行，但它的困难与那些大西洋两岸经验丰富的银行没有什么不同。许多对冲基金和大型非银行抵押贷款公司也同样面临严重困难。流动性问题的蔓延以及基础抵押资产的持续恶化很快发展成为系统的流动性危机。8月，伦敦银行同业拆借利率突然受挫。银行已越来越不愿意为彼此提供贷款，原因在于其潜在交易对手正经受着资产价值下跌的折磨，也因为他们重点强调加强自身的流动性。9月，一家英国的银行——北岩银行——遭受了存款的挤兑，并已得到了英格兰银行的紧急援助。

随后的几个月中出现了一连串的连锁反应，且其冲击程度在不断增强。在整个秋季和冬季，美国和欧洲的大型银行已经资助资产负债表外实体处理了大量各种形式的证券化抵押资产，这些银行也进行了一系列减值。三个大银行努力创建800亿美元的融资来购买结构性投资工具的资产以减缓流动性困境，但布什政府所鼓励的这一努力难以成功。在秋季，许多银行组织带来数十亿美元的结构性投资工具以支撑自己的资产负债表。事实上，至少花旗集团没有契约债务需要这样做，这暗示没有资本要求可以有效捕捉假定的风险。① 随着银行和银行控股公司

---

① 市场参与者可以理解花旗集团行为的动机是因为该集团有良好的信誉基础。如果花旗集团并不能作为其后盾，那么它的客户可能会更加不愿意参与花旗集团未来的投资中。其实，2007年年底花旗集团的反应已在20年前被当时的董事长Wriston所预测到，他在参议院银行委员会之前证实道："不可思议的是，任何银行将从任何其控股公司的附属分公司安然脱身。如果你的名字是在你办公室的门上，那么在现实世界中你的资本和资产都将在背后（办公室内）。即使律师可以说你可以分隔，但市场不会这样认为。"（美国参议院1987年，9）。

的资本比率下降，许多银行寻求从主权财富基金以及其他的可用资本资源获得新的权益注入。信用问题已经蔓延到其他形式的证券化资产，而信贷市场仍然介于受损和冻结之间。

乍一看，次贷危机的起源和严重性似乎反映出巴塞尔新资本协议很糟糕。毕竟，修订框架的三大突出特征依赖于外部评级机构，内部风险评估，降低住房抵押贷款的资本要求。然而，抵押贷款的违约是本次危机的核心，信贷模式明显没有捕捉到证券化资产的风险，并且评级机构似乎——正如十多年前的亚洲金融危机——相对落后。① 次贷危机的起源——从所谓的抵押贷款的"创造到分配"模式到金融机构严重的流动性问题——导致有些人又开始批评巴塞尔新资本协议，认为在前十多年，协议的执行占据了巴塞尔委员会太多的关注，却以轻视其他重要的监管为代价。

巴塞尔新资本协议的捍卫者反驳说，当修订后的框架已到位时，就应要求银行留出一部分资本以抵消它们资产负债表外实体信用风险，而巴塞尔协议没有对长期低于一年的项目作任何资本预留要求。他们还强调巴塞尔新资本协议的核心目标是要提供更高的风险敏感度。最后，他们建议，巴塞尔新资本协议的重点应放在更好的风险管理和压力测试上，这可使银行处于一个更强有力的地位。② 事实上，第一点稍微减弱了，美国监管者在 2005 年已经单方面的制定了信用增强的资本要求，这一做法远远早于次贷危机。最后两点，毫无疑问是有价值的，但并没有真正反驳模型、评级机构以及抵押贷款降低资本要求的批评。

---

① 在 2008 年春天，报告呈现出一种影响，即穆迪公司自己的计算机建模错误地分配给各种形式的结构化债务工具高于担保的评级。Jones, Tett, J. Davies. 穆迪错误的给予债务产品最高的评级［N］. 金融时报, 2008 - 5 - 21（1）. 如果进一步的调查证实了这一报道，这一事件将立即捕捉到在制定监管资本时过分依赖于建模与外部评级机构的潜在危险。

② 世界经济特别报告：当心信用［N］. 经济学家, 2007 - 10 - 20（94）。

尽管在 2007 年春季和夏季次贷危机使银行的紧张状况愈发明显，但巴塞尔委员会国家的监管者基本上没有给出任何对巴塞尔新资本协议重新审议的指示。相反，在公开声明中强调必须执行现有的巴塞尔新资本协议框架①。然而，随着损失的增加和全面危机的爆发，一些人士对商业银行和其他大型金融机构监管系统的充足性问题提出了质疑。在 2007 年 10 月的会议上，G-7 财政部长和中央银行行长在金融稳定论坛（FSF）——国家和国际财政部门的保护组织，其中包括巴塞尔委员会——上指出到要对这次金融风暴的起因和薄弱环节进行分析，并提出增强市场应变力和机构前进的建议（2008 年金融稳定论坛）。2008 年 4 月，FSF 发布了其报告和建议，其中包括对巴塞尔新资本协议提出的改变。一个星期后，巴塞尔委员会在其新闻发布会中呼应了 FSF。②

----

　　① 详见 S. Kroszner，"巴塞尔新资本协议在美国实施"，纽约银行家协会年度访问上的演讲，华盛顿，2007 年 7 月 12 号，又见 Wellink，"巴塞尔新资本协议和金融机构恢复功能"，评论于 2007 年风险资本会议，巴黎，2007 年 6 月 27 日。在此期间大多数的监管者避免谈及任何关于巴塞尔新资本协议的话题。至少有一个利用发展中的问题来强调对新体制先前质疑的问题。详见 Sheila Bair，评论于风险管理和分配会议，巴黎，2007 年 6 月 25 日。
　　② 国际清算银行，"巴塞尔委员会宣布逐步加强银行系统的恢复"，新闻发布，2008 年 4 月 16 日。

表4.10 次贷危机后对巴塞尔新资本协议拟议的改进

第一支柱
- 对在最近市场动荡中遭受巨大损失的复杂的结构性信用产品要求更高的资本水平
- 加强延伸至资产负债表外实体的流动性资本要求
- 加强对交易对手持有资产的资本要求
- 控制巴塞尔新资本协议的最低资本要求和信贷循环的资本缓冲，以决定是否需要更进一步的措施来确保一个健全的资本框架来处理银行不断发展且复杂的风险概况

第二支柱
- 风险管理实行的新指导方针，包括公司范围内的风险管理、压力测试、准备计划、资产负债表外风险暴露以及关联的信誉风险、与证券化有关的风险管理以及银行风险管理技术和水平的监管评估

第三支柱
- 增强复杂的证券化、资产支持商业票据以及资产负债表外实体赞助者相关的披露

其他
- 流动风险管理的健全惯例标准
- 评估银行评价惯例的监督准则

在表4.10中，总结了对协议的改进，这些改进很明显针对本次次贷危机——证券化和资产负债表表外实体的风险暴露。从某种意义上说，该委员会已提出了一些容易控制的调整。最迫切的关注就是流动性管理，这一反应基本上是危机的逼迫，因为在危机中流动性成了最为突出的问题。① 委员会对流动性风险的认识，可以被理解为它们含蓄的承认，对这项进程中其他

---

① 委员会于2008年2月发表了关于流动性风险的文件，这一文件审查了最近的发展状况，并揭露了银行对于其管理风险在系统上的不足性，以及调查了现有相关的监督体制（巴塞尔委员会，2008a）。2008年6月，该委员会发表了一份文件（巴塞尔委员会2008b），这一起草文书彻底地修正了委员会早在2000年发布指导方针。新的指导方针提出了17项原则。大多是直接针对银行健全的风险管理行为，但也有一些是针对监督者。该委员会并没有提出任何量化流动性的要求。

主要工作的延误是他们的过错。尽管如此，委员会证明不用再审议与住房抵押贷款自身（而不是那些抵押贷款的证券化）相联系的风险，或担忧在巴塞尔新资本协议中外部评级机构的作用，更不用说内部风险模型中 IRB 法的核心基础。

总结

Robert Putnam（1988）的著名观点是，国际政治谈判是"两级博弈"，将国内和国际政治都纠缠在一起，该观点是评估巴塞尔新资本协议进程的一个非常有启发性的策略。Kapstein（2006）对金融监督者之间的国际合作模式进行建模，他在模型中插入了两级博弈，即私人对公平竞争环境的需求和公众对稳定国际金融环境的需求。虽然 Kapstein 更多的关注于巴塞尔新资本协议的实际价值，而不是提炼协议的策略制定，Putnam 的隐喻同样能透过对巴塞尔新资本协议的审查来揭示一些有助于形成这一实质性成果的因素。

这项审查的最主要结论是，巴塞尔新资本协议进程在目标不充分的状态下就启动了。参与巴塞尔委员会的监管者开始着手处理巴塞尔协议所产生的问题，但他们也不知如何开头。的确，美联储利用国际化进程来克服其他美国银行监管者对使用内部模型的阻力，而不是发展一项充分完善的资本要求。因此，没有共享美国的谈判地位或实质性的目标。不同国家的与会者不明白 Putnam 描述的"双赢谈判"的特征——一套有利的国际结果在国内执行上是有利可图的。

此外，在美国，美联储官员似乎误判了——或者至少说没能充分的考虑——资本监管的国内政治经济。看来，他们关注于使其他的监管者——同时包含美国和其他巴塞尔委员会国家

——转向某些变形的内部模型方法，这样他们就不用设计国内政治策略来处理选民的利益和压力。银行需要政府援助的缺失，正如巴塞尔协议的磋商之前，没有外部资源——如美国国会——的政治动力来修补资本监管。巴塞尔新资本协议进程的特点类似交易磋商，因此显得更加突出，银行以及他们所选的官方盟友给监管者施加压力，要求增加其竞争优势，对此他们并没有审慎的考虑。来自大型金融机构的影响进一步增强了，委员会没有足够的专业知识来独立的开发 A‑IRB 法，从而依赖银行提供技术投入。

美国前贸易代表 Carla Hills 宣布，"所有的协议都是坏协议"，这一说法已成为贸易谈判磋商的一个咒语，大概是因为谈判各方在努力维持国际和谐的同时，都在保证国内的选民的利益。事实上，驻华大使 Hills 可能是为数不多的再三呼应这一宣告的贸易磋商者之一。磋商者经常把不能达成一致的协约看作是失败的协约，这有利于协议的缔结，然后尽全力去捍卫它。这种倾向无疑是出于他们个人的利益，因为没有达成统一协议的协商者在他们的任期结束时就没有成绩。然而，正如国内利益相关者所害怕的，陷入困境的协商同样可以带来一个"成功"的结局，因为对所作努力崩溃的担心会对现存的合作模式产生负面的影响。

不论其原因是什么，巴塞尔新资本协议中的原则顽强地延续着他们的作用，即使这意味着一再调解金融机构和巴塞尔委员会个别国家的要求。鉴于这一背景，下一章将评估这些协商的结果，并毫不奇怪会发现巴塞尔新资本协议严重缺陷。当然，很难说新巴塞尔委员会对资本监管的作用是否会在非协商背景下通过更长期的研究和咨询得到大幅度改进，但至少合理的结论是，巴塞尔新资本协议进程中将对不理想的结果进行更多的改进。

最后一点是，修订框架不是巴塞尔新资本协议的最终目的。这只是其中的一个方面，它更多的类似于国内监管进程，而不是贸易协商。修订框架的发布可能标志着一项重大变化的结束，虽然文本本身在技术上并未改变。2004 年 7 月至 2006 年 8 月之间，巴塞尔委员会发布了不下 8 份文件来详细说明或解释这一修订框架①。确实，当修订框架发布时，巴塞尔委员会主席 Jaime Caruana 表示，巴塞尔新资本协议将响应技术发展，甚至在其生效后会继续转变。正如前面章节详述的，2007—2008 年次贷危机促使了在巴塞尔新资本协议充分实施之前对其重要内容的再次思考。巴塞尔协议 I 在其执行的头 10 年只用了少数时间去修正它，而巴塞尔新资本协议却几乎在不断调整。这一前景引起的问题是：这一进程是否能成为一种基本的技术或它是否是对基本国家利益反复多次的重新界定。

美国目前的局势并没有对这一问题作出明确的回答。在修订框架发布后，美国存在一种在政治和资本监管机构力量的暂时不平衡。其结果是延长国内的辩论，并且放弃了对 A - IRB 作出承诺。"平等竞争"和"审慎关注"的相对权重变化了很多次，这种现象或许会由于缺乏政治利益主题而成为可能。如这本书中说道，美国资本监管的国内政治没有找到一个平衡点。尽管次贷危机的后果会给"审慎关注"一些优势，但经验表明，一旦危机过去这种优势很快就会消失。

---

① 大部分文件在经修订的框架中以指导方针的形式出现（巴塞尔委员会，2004e，2005a，2005b，2005c，2005d，2006a，2006b）。其中更重要的努力是解决潜在的"双违约"情况，包括源于交易活动所产生的风险（巴塞尔委员会，2005e）。

第五章 监管模型——巴塞尔新资本协议的评估

　　巴塞尔新资本协议实施的目标是在每个会员国的银行监管政策基础上，制定出一个标准，用来规范银行最低资本要求。本章将会评估巴塞尔新资本协议监管资本模型——内部评级高级法的有效性。内部评级高级法（A-IRB）是巴塞尔新资本协议最根本的创新，它改进了巴塞尔协议对资本的要求，多数大型跨国银行将会采用此方法。本章将首先考察巴塞尔新资本协议支持者对监管资本所希望的改进：最低资本要求银行的风险缓释方案具有更高的风险敏感性，能提高使用 A-IRB 法银行的风险管理水平，同时能够帮助建立监管者和市场参与者在评估银行时具有共同的"标准"。其次，本章还将考察内部评级高级法存在的两个潜在的负面影响——监管资本评估周期的延长以及 A-IRB 银行与非 A-IRB 银行之间的不正当竞争。

　　在这些考察中所呈现出来的情况喜忧参半。我们有充分理由怀疑作为监管框架巴塞尔新资本协议的有效性。在这些理由中，有些甚至涉及概念层面；尤其当考虑 A-IRB 方法的实用性、管理层面和机构层面的因素时，这些（怀疑的）理由就更加充分了。当然，由于 A-IRB 方法没有经过充分的实践检验，因此在所有关于其价值的争论中，都认为它有投机的取向。在本章的分析中，可能会引起人们对内部评级高级法的可行性产生重大质疑，因为我们也还不能提供关于巴塞尔新资本协议有效性的最终答案，完成这一评估还需要两个附加步骤。

第一，我们需要对巴塞尔新资本协议的国际影响作出评估。尽管这一协约可能不会在所有的国家，甚至在任何一个国家产生最佳的审慎性监管效果，但它可以通过缔造一个更稳定的国际金融体系来改善国内银行体系的安全性和稳健性。鉴于此，本文将会在第六章中审视作为特定国际协约的巴塞尔新资本协议的价值。同时，我们也注意到，如果采用巴塞尔新资本协议，那么以后的监管模式与最优的模式将偏离很远，这样将会使国际金融机构的共同利益抵消得更多。

第二，不能孤立地判断某一监管模式。最优监管模式的筛选和评估必须建立在比较分析的基础上。虽然本章利用现有的巴塞尔协议模型作为判断 A - IRB 方法的基准，但对巴塞尔协议、巴塞尔新资本协议和其他可能的替代方法的比较也是非常重要和不容忽视的，我们将在第七章中详细讨论。

此外，内部评级方法的支持者可能会对本章中一些关于巴塞尔新资本协议的批评持保留态度，他们声称问题不在于 IRB 监管资本模型，而是在于巴塞尔新资本协议合规国的具体合规情况。这些支持者建议弥补巴塞尔新资本协议版本的固有缺陷。① 由于 IRB 方法的价值非常重要，本章的分析覆盖了更宽泛

---

① 事实上，巴塞尔新资本协议本身是一个动态的目标。冗长的提案在将近六年的协商期内已经大幅度地修改了很多次。即使修订的框架于 2004 年 6 月发布，巴塞尔委员会在其执行中仍在继续颁布补充指导文件。有些巴塞尔委员会参与者甚至认为巴塞尔新资本协议可以被证明是一个过渡性的监管标准，符合条件的银行最终将被允许使用所谓的完全模型方法来计算风险加权资产。

的概念，特别是巴塞尔新资本协议版本，① 但最终巴塞尔新资本协议的评估还必须着眼于经过修订以后的框架内容。因此，也有人争辩说，当无法全部消除对修订架构的批评意见时，巴塞尔委员会最终可能会接受完全模型方法，并采用一个并行的混合监管模式作为资本的无限期监管基础框架。巴塞尔委员会使用这种混合型方法的理由是，它认为在当前的知识和实践能力上，他们还不能形成并采用完全模型的方法。巴塞尔委员会既没有给出实现这一终极目标的时刻表，也没有一个很好的关于最终结果会是怎样的有关声明。

此外，还应该指出，生成和执行任何一种监管模式——是在国内还是在国际上——将通过特定的一系列政治和机构利益妥协和商讨来形成。例如，如前面章节所介绍的，动态的巴塞尔新资本协议可能就是这样给 A－IRB 准则的严格性施加压力的。因此，虽然 IRB 法的倡议者有理由声称不同模式的混合可以产生更好的监管结果，但看起来并不是任何理想化的版本都可以被执行。就目前来说，巴塞尔新资本协议的唯一可行方案就是我们现在所涉及的内部评级方法。

在分析内部评级法之前，我们有必要确认资本要求的作用和重要性。

监管资本要求很重要吗

第一支柱明确提出了最低资本要求。假设其他国内银行监管或市场惯例要求使用超过巴塞尔新资本协议要求的更高的资

---

① 不失一般性，A－IRB 方法作为美国银行监管模型是比较适当的，但大部分的分析将建立在所有国家的比较基础之上。

本水平，在这种情况下，新协议的实际影响将是非常有限的。不论巴塞尔委员会的意图和 A – IRB 方法的特殊性是什么，标准普尔（2003）第三咨询文件（CP – 3）调查表明，市场惯例将会限制巴塞尔新资本协议合规银行下调的资本要求。通过测量第三次定量影响研究的结果（QIS – 3），标准普尔对参与银行评定的违约概率的准确性表示怀疑，这一评级机构认为这些银行普遍看来状况过于良好，这一点让人值得怀疑。此外，标准普尔还质疑，CP – 3 公式背后的一些重要前提，例如高风险企业借款人与影响整体贷款组合的系统因素的较低相关性等假设。根据该调查，标准普尔评论说："标准普尔并不赞同如果因为银行在该协议的基础上大幅降低他们的资本要求而被降低信用评级。"在某种程度上，作为外部评级机构，标准普尔可以被视为银行投资者和银行竞争对手的代理，这些意见可能对巴塞尔新资本协议的实际效果产生重大影响。如果市场参与者的需要比巴塞尔新资本协议规定的资本水平更高，那么新协议的影响将可能比其宣称（的影响）有限。

市场的需求会导致银行持有的资本水平超过最低监管要求吗？巴塞尔协议的经验非常清楚地表明，巴塞尔委员会国家的银行一般都保持着明显高于 8% 的最低风险加权资本水平。然而保持更高的资本水平会给银行带来更多的成本，这是我们需要解释的一种现象。两个最常见的解释是，市场需求和缓冲区的自我增强，从而确保在面临未预期的资产压力时能够符合银行监管要求。

大量证据表明，银行（包括大型银行）的实际资本金水平远高于监管要求。利用银行数据，Peura 和 Jokivuolle（2004）研究了 1997—2001 年之间 G – 10 国中 128 家大型银行的资本水平（定义为持有超过 30 亿欧元的一级资本）。他们发现，在 5 年的时间内，所有 128 家银行风险加权资本比率的中数为 11.2%；

从地域平均范围来看，美国的银行约 11.9%，欧洲的银行约 10.8%（Peura 和 Jokivuolle，2004）。[①] 一般来说，最大的银行——那些最有可能使用 A - IRB 法的银行——比地方或社区银行持有更低资金数额。然而，在过去的 10 年，美国 10 大银行基于风险的资本水平几乎总是高于巴塞尔新资本协议规定的 8% 的最低资本要求，而且还高于美国银行监管当局要求的 10%，以便银行可以进行"更好的资本化"。因此监管当局允许这些银行将很多非银行金融机构作为其附属企业。[②] 事实上，在任何给定的一年，这 10 家最大银行中的大多数银行，其风险加权资本水平都高于 11%（附录表 5A.1）。

标准普尔在评论中指出，对于银行持有 30% 的资本数额或高于监管最低要求的资本数额，一种可能的解释为：市场要求这些银行保持这样的资本水平。更确切地说，对于大多数银行，持有的经济资本很多时候可能超过保持的监管资本，因此，可以近似地认为，银行最大的回报只能通过更高的资本水平来实现。交易对手和债务投资者可能要求非常高的外部信用评级；反过来说，像标准普尔这样的信用评级机构在评定银行外部信

---

① 从 Peura 和 Jokivuolle 数据来看，所报告数据的局限性也很明显，该报告指出，在 1997—2001 年间日本大银行的资本水平中数为 10.9%。这一相当健康的比例与当时众所周知的日本银行体系勃难却不相一致。基于银行自身报道的有效部分信息，10.9% 这一数字可能反映的是银行资产负债表高估的资产组合和对合格资本过于宽松的计算。

② 1999 年通过的 Gramm - Leach - Bliley 法案允许使一系列更广泛的非银行金融公司成为其附属企业——如承销保险——并撤销对其他银行子公司的限制，如证券承销商。但是，为了充分利用新规则，银行必须进行"较好的资本化"。最近一些经济研究的作者看似并不知道这个 10% 的水平现在在美国法律下是有意义的。

用评级时，会考虑银行是否持有比最低监管要求更高的资本水平。[①] 对于某些交易中（如互换）的交易对手，这些需求可能是无法避免的。从某种意义上说，这些潜在的交易对手根本不会与没有最高信用评级的银行进行交易。对于投资者而言，这些要求可能是通常的"风险/回报"平衡的表现，由此他们希望在向具有较大资本数额的银行贷款时获得较低的利率。如果这种解释是有效的，[②] 在巴塞尔新资本协议下，最低监管资本的削减对实际资本水平造成的影响不大，因为大银行可能会认为自己的借贷成本上升了，或是一些交易对手不愿意与他们进行交易，通过巴塞尔新资本协议的 A－IRB 合规所带来的资本减少的好处可能不会非常明显。

对于银行界普遍存在资本充足率大幅高于最低监管要求的另一种解释是，在设定其资本水平时，银行计划减缓商业周期并降低偶然事件的负面影响。一次经济或商业的冲击，迅速压低了银行资产的价值（例如，在经济衰退中，对高于平均水平的贷款进行配额控制），并且这种冲击可能导致违背监管要求。正如上文所解释的，如果银行资本水平低于监管资本的最低要求，这一影响将是非常严重的。在经济低迷期，不良贷款的准备金和违约贷款的资本减值会非常迅速地增加。由于资本在短期内很难增加，银行可能会被迫出售高风险权重的资产，以减少银行的总风险加权资产。[③] 由于信息的不对称，贷款的潜在购

---

① 还有可能的是，投资者或交易对手将会自己评估银行的资本状况，尽管所涉及的时间和费用在大多数情况下使得这一做法不可能实现，即使有人能够获取足够多的该银行资产的相关信息。

② 英国金融服务局发现，英国银行的资本做法与市场需求的假说是一致的（Richardson 和 Stephenson，2000）。

③ 例如，根据巴塞尔协议的规则，通过出售 100% 风险加权贷款并持有来自出售美国政府债券（具有零风险权重）的收入，该银行将减少其资产出售账面价值的 8% 的资本要求。

买者可能会担心被出售的贷款是没有价值的，届时银行不得不遭受这些资产出售的重大损失。

一些理论研究表明，银行持有资本的成本效益缓冲了高于最低监管要求的资本，避免银行被迫低价处置资产。[①] 这一缓冲区的最优规模取决于资本结构调整的成本、银行收益的波动性以及不违规处罚的严厉程度等因素。由于理论研究的调查访问无法得出一个准确的结论，一些经验分析能够根据基础常识来解释这一现象。Milne（2002）指出，没有在公开市场上借款使小型银行也保持着比法律要求更高的资本水平。[②] 一项研究提出了与 Milne 研究相反的结论，该研究反驳到，银行持有高于最低资本要求的资本比率但其外部信用评级仍然低于一定水平（假设部分基于资本并不是充分高于最低要求这一事实）。这些评级较低的银行与类似规模的银行相比较，它们只较少地持有互换负债（Jackson，Perraudin 和 Saporta，2002）。作者推测，这些银行市场准入是有限的。他们也承认，这是很难区分监管缓冲区和市场纪律的经验解释。[③]

也有可能两种解释都是正确的。公开交易债务、互换交易对手以及外部评级机构的买方可能会坚持银行持有明显高于监管最低水平的资本充足率，并不是因为在他们心里有一种资本的绝对水平，而是他们可能只是希望看到其资本比率远高于最

---

① 详见，Estrella（2001），Furfine（1999），Milne 和 Whalley（2001），Barrios 和 Blanco（2003），以及 Perua 和 Jokivuolle（2004）。

② 实际银行资本比率的理论模型表明，银行资本充足率高的银行其资本结构调整的成本相对较低（Peura 和 Keppo，2006）。因此，这可能是对银行高资本比率这一现象给出的一个全面的让人满意的解释之一。

③ Ashcraft（2001）的经验表明，即银行资本充足率的增加不会归咎于监管要求。他认为，资本充足率低的银行在任何政策改变之前，有向均值回归的趋势。然而，该结论是建立在基于有限的样本和时间框架的基础上的。

低比率或者也许只是平均水平。① 标准普尔认为这一解释也只是片面的，他们甚至还提出了确定必要资本缓冲的一个原则——银行应该有足够的资本来维持银行的继续运作，而不是仅仅满足银行应进行清算的所有义务。

国家关于银行的相关法律和监督也应强制要求增强资本水平，设定最低水平且高于 A－IRB 法决定的资本水平。美国银行当局要求银行的一级资本中至少有 6% 的风险加权资产，并且银行的总资本至少有 10% 的风险加权资产，以便被列为"资本充足"银行，包括使某些非银行机构成为其附属公司，例如保险承销商和商人银行家，这些都要视银行资本是否充足的情况而定。英国银行业当局在远高于监管最低要求的个别基础上为银行设定了目标资本比率，并且触发比例接近但仍高于巴塞尔协议的最低资本要求。② 这两种国家监管的形式说明了早期提出较高资本比率的原因，因为有效的最低监管水平在"资本充足"的美国银行和大多数英国银行都高于 8%。经过框架修订的第二支柱为巴塞尔委员会的所有成员确立了一项基本"原则"，即监督者"应期望银行运营高于最低监管要求的资本比率，并应有能力要求银行持有超过最低要求的资本"（巴塞尔委员会，2006g）。

----

① 在推出巴塞尔新资本协议的进程中，McDonough 建议："银行也需要维持高资本水平，因为市场已经获得教训并要求维持较高的资本水平。但我认为该协议的制定者没有认识到他们的结论考虑到了市场分析师使用的技术，以及评估银行财务条件的评级机构强大的影响力。"他们的分析往往建立在巴塞尔资本标准及其风险加权计划的基础上，并且他们的假设一般是该银行的实际资本充足率将超过巴塞尔协议的最低要求。详见麦克多诺，"巴塞尔协议的问题"，评论于信用风险建模和监管影响会议，伦敦，1998 年 9 月 22 日。

② 正如这一条件所暗示的，"目标"比率是英国金融服务管理局认为银行应作为目标的比率，"触发"比率是指，谁冲破了这一比率将会引起监管方的某种反应。后者是大致类似于在美国迅速纠正措施规则下的资本门槛。

美国和英国的监管政策都导致了监管资本水平高于 A – IRB 法下最低资本要求。虽然期望银行运营高于最低水平的第二支柱原则缺乏特殊性且没有明确意义，但仍然会被忠实地执行。据推测，美国和英国监管政策下所要求的资本额都将下降，并且其下降幅度与巴塞尔协议到巴塞尔新资本协议中资本要求的下降是成比例的。

与巴塞尔新资本协议中有效资本的要求相比，美国的监管对有效资本控制的要求更明确。在巴塞尔新资本协议的合规体系下，由于美国联邦存款保险公司（FDIC）负责的监督不属于美国联邦储备体系成员国有银行的全国性资金需求，同时对所有的银行核心负债提供保险，因此其在资本要求上具有更宽泛定义。此外，FDIC 发布的一项研究表明，巴塞尔新资本协议与美国法律的其他内容产生矛盾（FDIC，2003 年）。具体来说，美国法律要求，无论什么时候银行的资本跌破了一定水平，银行都要"及时地采取纠正措施"，使以下两个截然不同的资本充足率的要求必须得到满足：第一，风险加权资本必须超过某些特定水平。第二，银行的简单的杠杆比率——即符合条件的一级资本除以非加权资产总额——必须超过规定的 4% 水平。对于金融控股公司的银行其资本充足率必须至少为 5% 才能满足"资本充足"的要求。美国所有排名前 20 位的银行都属于这个定义。使用另外一个资本充足率，即简单杠杆比率的理由是，它不会基于资产风险的估计来进行调整，在风险加权进程中它可以较少受到操纵或人为因素的影响。而巴塞尔新资本协议并不承认这个简单的杠杆比率，同时大多数国家也不会对银行的资本监管采用这一比率。FDIC 基于 QIS – 3 结果的研究预期，A – IRB 和风险加权方法所要求的资本可能远远低于简单杠杆比率所要求的资本。

在对修订框架和第四次定量影响研究（QIS - 4）结果进行

分析之后，FDIC 主席 Donald Powell 在 2005 年 11 月的报告中更新了他们的研究结论。美国联邦存款保险公司利用的 QIS－4 的结果来计算风险加权资本水平，一旦 A－IRB 法生效，26 家美国银行需要保持 6% 的核心资本充足率。另外，FDIC 还同样计算了那些银行的杠杆比率要求。研究发现，在 A－IRB 方法要求下的资本水平，26 家银行中有 17 家无法满足杠杆比率要求，被列为不同程度的"投资不足"。其中有 3 家银行是"严重不足的"。根据美国法律的分类，一旦出现这种情况，即银行应纳入破产管理。①

  2003 年年底，关于是否在美国采用巴塞尔新资本协议的讨论中，美国 10 家最大银行的经验表明杠杆比率在实际操作中确实具有更强的约束力（见表 5.1）。这 10 家银行所规定的杠杆比率最低不低于 5% 的比率才能算作是"资本充足"。大多数银行的比率都较好地超过了这个水平，只有两家银行非常接近这一最低比率。这两家银行因此需要面对潜在的约束，包括监管要求，以及从监管要求中衍生出来的市场需求。例如，我们可以细想摩根大通的情况，由于该银行的 6286 亿美元合并资产，他们至少需要 314 亿美元的合格一级资本，这样才能满足 5% 的杠杆比率。在 2003 年年底，摩根大通具有 349 亿美元的合格一级资本，产生了 5.57% 的杠杆比率（我们将在表 5.1 中表明）。因而它就有 35 亿美元的缓释。这 35 亿美元是摩根大通可以减少的、用于风险对冲的最大资本。另外，根据巴塞尔（旧）资本协议的资本要求，该银行需要 347 亿美元的合格一级资本（4342 亿美元中 8% 为风险加权资产），因此基于风险缓释的资本比率（3.5/34.7）约 10% 的削减是一个有效限制。

---

  ① 详见附录 B，Powell 的报告，银行、住房和城市事务委员会以及美国参议院，关于"新巴塞尔资本协约的发展"，2005 年 11 月 10 日。

表 5.1 美国 10 家大银行资本比率一览表（2003 年 12 月 31 日）

银行	合并资产（亿美元）	杠杆比率（%）	风险加权资产（RWA）（亿美元）	一级 RWA 比率（%）	总 RWA 比率（%）
摩根大通	6286	5.57	4342	8.05	10.43
美国银行	6179	6.88	4812	8.73	11.31
花旗集团	5281	6.57	4272	8.40	12.56
美联银行	3535	5.85	2585	7.60	11.72
美国第一银行	2568	7.97	1662	10.31	13.71
富国银行	2505	6.24	2023	7.57	11.24
Fleet	1923	8.30	1785	8.49	11.30
美国国家银行	1891	6.31	1566	6.60	10.84
Suntrust	1244	7.35	1122	7.92	10.85
汇丰银行	929	6.22	620	8.99	11.82

注：合并资产的数目在计算杠杆比率之间进行了少量的调整。

资料来源：提交给美国联邦金融机构检查委员会的财政报告，明细表 RC - R。

不管基于什么理由，采用高于5%杠杆比率要求的缓冲区都是有必要的。债务投资者和交易对手需要银行保持高于最低要求的资本水平。银行本身也不愿意主动减少资本，因为它可能会失去对不可预料极端事件的对冲缓冲区，同时如果其资本低于最低监管水平，就有可能迫使它们出售合意资产或触发负面监管行为。[1] 因此，假设杠杆比率要求保留在目前的状态，在2003 年与摩根大通情况类似的银行甚至可能具有更少的空间来

---

① 如果不尽快提高高于"资本充足"阈值的资本水平，在理论上，会导致作为"金融控股公司"的控股地位变动，因此使从事保险承销、某些形式的证券承销、商业银行和一些其他活动的非银行附属机构与母公司的脱离。

削减资本。

简而言之，不论是直接的还是间接的，无论 A - IRB 公式允许风险加权资产可以被削减多少，杠杆比率在美国银行资本要求下是作为一个最终要求而被采用的。尽管美国银行机构具有行政自由裁量权来减少简单的杠杆比率要求，甚至可以至少下降到 2% 的法定最小限度，但这并不是当前联邦银行监管者所愿意看到的。在 2003 年他们制定的提案规则预通告中，这些机构表明在当前的形势下，他们将保留杠杆比率和及时纠正的行为系统。值得注意的是，他们还进一步"承认"，在某些情况下，根据拟议的框架，杠杆比率将作为最有约束力的监管资本限制（美国财政部货币监理等，2003，45902）。在其 2007 年实施巴塞尔新资本协议的最终规则中，这些机构证实，目前的杠杆要求和及时的纠正措施的要求将继续有效（美国财政部货币监理等，2006a，55839）。

由于各国监管机构在最低资本水平计算上未能取得一致，对于杠杆比率是否保留还一直存在争议。反对方认为杠杆比率的灵敏度与风险敏感的内部评级法不一致。美国联邦储备委员会理事兼巴塞尔新资本协议主要负责人 Bies 于 2005 年 3 月公开表示，"杠杆比率在实际操作中已经没有被采用了。"① 她的这一评论引发了银行监管界的一场小风波。Bies 公开表示了这一立场后，在随后的国会听证会上其他监管机构也加入了支持保留杠杆比率的行列，在巴塞尔新资本协议成为最终规则之前，杠杆比率已从提议机构准则中移除了。因此，实际上美国大银行在计算资本水平时并未采用保留杠杆比率（以及其他对冲资本水平下降的防护措施）。

---

① Heller, Davenport. 国会对巴塞尔新资本协议一致性的压力 [N]. 美国银行家，2003 - 3 - 15 (4).

从大型银行的态度可以判断巴塞尔协议可能产生的影响。自从巴塞尔新资本协议的进程开始转向内部评级方法以来，许多银行担忧，最终产品将因信用风险模型要求和风险管理实践的改变而增加巨大的遵循成本。尽管 QIS－3 会鼓励那些银行大量地减少资本要求，但它们必须增加对那些运气不太好的银行的关注。例如，报告中指出，德意志银行所需的资金将增加 20%。

第四章阐述了 QIS－3 和修订框架的发布过程，它们之间的变化主要是集中在减少由巴塞尔新资本协议公式产生的资本费用，同时还对一些银行和银行利益代表者的评论作出了一定回应。因此，目前公众对银行的看法有了一个明显的转变。另一方面，银行资本的大量下滑已经引起了一定关注，但是在巴塞尔新资本协议合规进程的初始阶段这种现象却没有引起足够的重视。例如，花旗银行公开表示，在巴塞尔新资本协议下，其资本要求将下降 50 亿美元，最低资本下降近 15 个百分点，① 这

---

① 这种计算是基于花旗集团财务总监的声明，他认为有 150 亿美元是"投资过度"的，并根据巴塞尔协议，有 200 亿美元是"投资过度"的。Rieker. 全球市场的力量使得花旗集团升级 [N] . 美国银行家 2004－3－30 (18) . 尽管关于这一数字是否涉及控股公司或花旗银行自身这一新闻报道陈述并不是很确切，但 150 亿美元的数目表现了花旗银行持有高于巴塞尔协议 8% 要求的资本数额，这一数目是从 2003 年年底提交的报告中计算出来的。给定花旗银行的风险加权资产，8% 的门槛将需要在合格资本中约含有 340 亿美元。因此，预计的 50 亿美元的资本削减转化为花旗银行最低资本水平约 15 个百分点的下降。(实际上，为了维持金融控股公司的定义，花旗集团将需要确保花旗银行满足 10% 的风险加权资本水平，但这一事实并没有对从巴塞尔协议转变为巴塞尔新资本协议产生影响)。2004 年 5 月，巴塞尔委员会决定增强 A－IRB 资本比率的规模因素之前，花旗银行已根据巴塞尔新资本协议对自身的状况进行了评估。

个数字与 QIS－4 预期美国银行总资本的下降百分比一致。[1]

　　在第四章中描述的巴塞尔新资本协议动态协商进程可能使协议的最终版受到大多数大型银行的欢迎，看上去的确是如此。随着修订框架的出版，美国大型银行反而制定了各项保障措施，以防止一旦巴塞尔新资本协议开始执行时资本水平的重大下降。尽管缺乏充分的实证研究，以下现象似乎也可以被合理地预测到，只有当大型银行减少的资本要求减去内部评级系统的开发成本和维护成本以后还能带来可观的净收益，大型银行才会勉强同意 A－IRB 法。[2] 另外，由于市场要求银行保持较高的资本水平，银行管理者也认识到，随着杠杆比率的淘汰，反过来需要保持比 A－IRB 的要求更高的资本水平。

　　总之，无论是市场力量或银行监管机构都可以满怀信心地预料到，一旦 A－IRB 方法开始执行，银行仍然将保持当前的资本水平。尽管对于这一点还有一些不确定性，市场参与者可以判断银行的资本水平计算方法是基于现有的最低监管要求还是以实际银行资本水平独立的计算为基础，同时还将证明某些对手的状况。大多数国家的银行监管都要求保持最低风险加权要求之上的更高资本水平。

---

　　① 　这些银行的标准通过美国大型商业银行的高级风险管理人员进行了很好的表述，当作为预期的补偿物的 CP－3 发布时他们说道："如果我们将实施巴塞尔新资本协议，我们希望有较低的资本水平。"（Buerkle2003，32）

　　② 　大型银行考虑对他们的资本要求进行大量的削减，如果巴塞尔新资本协议将提升他们竞争者的成本，那么他们可能对巴塞尔新资本协议表现出极大的热情，但巴塞尔新资本协议并不会使银行的竞争对手处于劣势，也不会为自己寻找优势，他仅仅是放松了银行的资本要求。

高级内部评级模型的潜在好处

基于银行内部的信用风险模型向监管模型的转变对于监管资本中的重大改进是非常有前瞻性的，因为这种转变会增强银行的安全性和稳健性。最重要的是，这种管理办法可以与资本要求站在同一起跑线上，使信用风险暴露更加接近于那些风险暴露带来的真实风险。在这个问题上，银行监管者与巴塞尔委员会的立场是一致的。他们都认为：高级内部评级模型确实带来了两种额外的收益——银行安全性和稳健性。第一，他们预期，A－IRB 法的实施将有利于通过一种风险的"统一评估标准"的建立来监控大型国际活跃银行。这一推理显然是站在银行监管者的角度来说的，因为他们能够更好地了解外国银行在本国的运营风险状况。作为对巴塞尔新资本协议披露要求的补充，统一评估标准确实为投资者和其他银行的交易对手带来的好处。因此，他们认为，巴塞尔新资本协议将促进在银行活动和行为上更有效的市场纪律。第二，银行监管者还认为新巴塞尔进程本身的发展也是一个鼓励银行改善其本身的风险管理的过程。

更高的风险敏感度

通过内部评级方法来设定资本要求，期望银行自行估计特殊要求的信用风险，而不是由一般类型借款人（政府、银行和企业等）决定固定风险类别。IRB 法的核心功能直接回应了巴塞尔协议的主要批评。其结果是，资本要求对信用风险暴露带来的真实风险应更好地校准，并且监管套利的范围也要缩小。信用风险估计一般是基于具体到借款人的财务信息（例如现金流、流动性资产和净值）和以往的交易经验来进行计算。[①] 信贷扩展可能仅仅基于信用风险模型中使用的某些公式来进行评估。（这些公式用于计算违约概率，例如，他们用不同的公式，一旦违约概率和其他输入数据产生，就可计算索赔的风险权重）然而，人们的判断可能会受信贷扩展的影响，即非常例事件或业务流程的影响。因为大银行通常使用七个或更多的风险类别，某些特殊风险不仅由借款人的真实财务状况决定，而且比在巴塞尔（旧）协议下可以更加精确地进行校准。

这种新的管理模式建立在大型银行内部的信用风险评估的基础上。当然，巴塞尔新资本协议的具体要求需要银行同时参照监管机构设立的指标，这些指标可能会不同于银行模式只用于内部目标的指标。不过，这一监管方法的一个重要假设是，就信用风险评估的资源、专业技术、经验和精确度而言，银行拥有比监督机构对信息的一种相优势。此外，如果巴塞尔委员会最终转向不仅使用银行的内部评级，而且还使用其真实的信用模型，那么在风险敏感度方面对巴塞尔（旧）协议的相对优势将会更大。

正如在第三章中讨论的那样，银行能够在巴塞尔协议框架下有意对信用风险进行套利，其套利的程度还无法被精确地确定。但毫无疑问，不论银行管理者的意图是什么，巴塞尔协议规则的钝性意味着监管资本要求与银行资产组合的信用风险暴露所呈现的真实风险并没有很好的相关性。直到次贷危机爆发，根据巴塞尔协议规则的要求，主要银行的稳定性都处在一个可接受范围之内。然而，尽管巴塞尔协议资本对危机作出贡献的

---

① 零售风险是基于组合特征进行加权，而不是个别借款人的风险评级。

评估将在大量的研究和争论之后才能最终地确定，但 1988 年的巴塞尔协议资本相对风险的不敏感性确实是非常显著的。此外，由于巴塞尔协议使一个信誉良好的借款人处于不利地位，同时也使银行承担某些不必要的风险暴露，这些问题因素导致了整体经济的机会成本，这些成本是很难被量化的。[①]

从理论上讲，更大的资本风险敏感度的度量在银行监管中是一个重大进展。但是，从实践上讲，这些理论上的进展是否能够实现却是一个问题，例如，监管资本的内部评级方法是否能够放之四海而皆准在目前是无法确认的。研究表明，理论模型和实践方案是否能够很好地结合在一起主要取决于以下三个方面的因素：信用风险模型的性质、监管机构在校准模型中遇到的困难以及用于监督和监控的 IRB 方法提出的挑战。

信用风险模型的可靠性

与信用风险模型可靠性有关的问题是整个 A – IRB 法的核心，因此，从根本上说，它也成为巴塞尔新资本协议金融监管的方向。其中令人担忧的问题是，当前的技术发展水平并不支持通过模型直接计算监管资本水平。为解决这个问题，巴塞尔委员会建立了自己的模型体系，包括某些标准化的假设。另外，根据巴塞尔委员会的经验，基于银行自身分析系统建立监管资本的内部模型法，能够在大多数的情况下计算出需要的结果。

---

① 当然，巴塞尔协议规则也是非完善的，其风险类别度量的敏感度还存在一定问题。两个比较显著的例子是，对信用风险缓释以及证券化中保留的利益或义务伴随的风险没有进行适当的考虑。巴塞尔协议对这些功能的改进需要进行基于风险定价的调整。在某种程度上，巴塞尔协议标准化方法能够解决部分问题。

同时，委员会创建自己的模型也导致了第二个问题的产生——即 A - IRB 模型过度注重细节与监管资本的计算方法的普遍适用性的要求是不一致的。因此，不但没有大型银行自身风险管理系统的精密性和专用性，巴塞尔委员会自身模型的假设和限制有可能会是无确实根据的，尤其是在压力时刻，这是存在的一种风险。

1996 年，巴塞尔委员会对巴塞尔协议修正之后，巴塞尔新资本协议包含了信用风险模块，其中指定采用风险价值（VaR）建模来计算银行交易账户上的市场风险。但是，对于美国传统的商业银行，其交易账户与银行账户相比价值相对较小，部分是因为对银行的所有者权益有合法的约束。但是，采用 VaR 方法来对重大交易活动的非银行金融实体进行风险管理是很常见的。尽管出于商业目的和监管要求，这一技术被广泛采用，但 VaR 方法对市场风险度量的可靠性在理论和实证上还是存在质疑（Alexander 和 Baptista，2006；Herring 和 Schuermann，2005）。这些问题在 2007 年证券抵押贷款和其他形式的证券化贷款的市场动荡之后更为突出。事实上，正如在前面的章节所述，巴塞尔委员会对协议在次贷危机中不尽如人意的其中一个解释和解决方案是，宣布他们打算加强交易账户中资产的风险缓释资本要求。然而，VaR 的市场风险建模的技术发展水平的先进性已经全面超过了信用风险模型。信用风险模型，包括风险评级的计算，是一个相对较新的领域①，在可靠性方面还存在许多重要的问题。

第一，任何模型的效果显然取决于它的假设和模型输入变量的准确性。如果银行提供的信用风险参数是不可靠的，那么

---

① Martin（2003）对这一技术发展作了简短描述。在构建和使用信用模型中对关键问题的更完整解释包含在 Saidenberg 和 Schuermann（2004）的论文中。

即使是精心设计的模型都会对风险做出错误的评估。用风险管理者的话说，"进的是垃圾，出的也是垃圾"。出现这种现象的原因之一就是有可能恶意修改模型输入数据，以求得出较好的信用风险评估。同时，即使数据是真实的，但是还有可能缺乏足够的历史数据。一般可用的、符合模型要求的历史数据都不足 10 年。重要的是，多数模型使用的数据并不能反映整体商业周期的情况（Jackson，2006）。每次银行引入了一个创新或复杂的信用产品，从理论上讲都没有历史数据用于对该产品的信用风险评估模型中。因此，风险管理人员将不得不通过现有的信用产品经验来进行推断，这通常是不可能充分描述新产品信用风险的显著特征，这些问题都是切切实实存在的。当市场没有按照模型假设的方式运行时，灾难就会降临到企业的头上，长期资本管理公司 1998 年的破产就是其中一个例子，且这种灾难再次通过 2007 年证券化次级抵押贷款的市场崩溃给市场参与者留下深刻而痛苦的印象。虽然在这次危机中这些比较突出的损失是来自于交易的损失，而不是银行的信用风险损失，但是次级抵押贷款崩溃的根源在于业主违约的实际和预期跳跃——换句话说，就是产生了信用风险。因为在此之前从来没有如此多的次级抵押贷款，因此也就没有可用的数据可以输入到模型中。

第二，对信用风险模型的回测比对市场风险模型的回测具有更大的难度。[①] 尽管交易证券的价格每天都在变化，但不利的宏观经济条件往往会造成违约事件集中发生。由于巴塞尔新资本协议合规模型的数据收集期间并没有出现重大的经济衰退，也没有什么机会对这些模型进行压力测试，如果有人天真地认为这一严重的衰退是过去的事情而不会重复，这将成为一个严

---

① "回测"是指对一个模型通过比较其预期损失和实际损失来进事后验证的过程。其困难在 Lopez 和 Saidenberg（2000）的文章中进行了讨论。

重的问题。值得注意的是,在巴塞尔委员会发布了修订的框架半年后,另一在国际清算银行内设立的委员会发布了一项报告,认为压力测试包括贷款组合技术发展水平对于市场风险是严重的滞后(全球金融系统委员会,2005)。

第三,尽管最近几年已经取得了进展,但信用风险模型还没有充分捕捉到各种相关变量之间的相关性。例如,在相同的情况下增加的违约概率同样会影响借款人提取其现有的信贷额度并削弱证券化贷款抵押品的价值,而信用风险模型的设计者尚未明确如何能够可靠地确定该模型。

第四,如前所述,商业银行信用风险模型对政策制定的影响比市场风险模型的影响还要大[1],因为信用风险损失分布中的极值问题更为突出。"500年一遇的洪水或者是每十年来一次冲击",这样的情景设置是很难让人感到满意的。[2]

第五,在某些情况下,风险是内生,但是模型通常假设资产价值的不确定性是外生的,这个假设在压力期间是错误的。

许多分析家认为,风险价值模型被广泛采用时,用于评估市场风险的模型创造了一个负面的信息反馈,使得风险来源成

---

[1] 即使是在久负盛名和高度流动性的交易市场中,极端事件的数量看上去还是大大高于分析表明的标准分布的。例如,在标准普尔500指数日收益的标准分布表示,5个σ的异常值改变只能每10 000年发生一次。但1929年至2003年的数据揭示约有30次这样的事件发生(Danielsson,2003)。为此,Danielsson等人(2001)建议转向极值理论,其目的是为了捕捉概率分布函数尾部的风险。但是,如果风险价值型的信用风险建模不是完全成熟,那么极值理论只是处于初始阶段,因此不能被认为是可行监管要求的基础。对极值理论的问题,详见Lucas等人的文章(2002)。

[2] Rebonato(2007,252)则认为,99%,一年的风险计算是一种"毫无意义"的概念,因为除其他外,有太少的形成计算千分之一事件的数据集相关观察。

为内生的。① 也就是说，市场行为者利用类似的模型，一项资产市场价格的最初下降会促使许多这些参与者或多或少地同时出售他们持有的资产，以尽量最小化他们的损失或改善他们的资本状况。但是，相当大数量的参与者的出售将推动资产价格进一步下跌，这就可能引起另一轮的抛售。这种自我强化的动态过程可放大波动性，因此，也会增加净风险。② 信用风险模型尽管不那么明显也可能出现类似的效果。如果出现一个特定类型资产减少的情景，伴随这些资产的风险暴露内部风险评级也将随之恶化，需要留有额外的资本。不同银行使用的类似的模型会提供一种共享的动机来处置那些资产，以保护其资本比率。伴随着交易风险情况，这一结果会使类似资产在市场上供应过剩，压低其价格，从而使该银行处在一个不利的地位。这种情况下将推动大量的银行同时试图卖掉其部分贷款组合，且这种情况可能恰好在资本比率已经降低至监管最低水平时发生。③

美国联邦储备委员会在巴塞尔监督者中一向是 A－IRB 法最热情的拥护者。他们在巴塞尔新资本协议进程中承认，即使是最大的银行使用的信用风险模型也没有达到"成熟性和健全性"，它们仅仅是出于监管的目的而依赖这些模型。④ 正因为如此，A－IRB 方法并不是作为银行信用模型来使用，而是作为银行内部信用评级的工具，同时也是作为委员会自身创建并认可

---

① 详见 Danielsson，Shin 和 Zigrand（2004）；Basak，Shapiro（2001）；Morris，Shin（1999）。Bookstaber 提供的负面回馈经验记叙（2007）。

② Danielsson，Shin 和 Zigrand（2004）指出，这个动态过程与作为投资组合保险和动态对冲技术做法之间的类似性。

③ 对于信用风险模型的应用，详见 Danielsson 等人（2001）和 Blum（1999）的文章。

④ 详见 Ferguson，Jr.，评论于 2003 年 ICBI 风险管理会议，日内瓦，2003年 12 月 2 日。

的信用风险模型输入参数来使用。尽管没有充分的历史数据来证明这个方法是否是足够好的，银行只能在他们采用最优操作要求后才有资格使用 A – IRB 法。

委员会自己建立模型的决定引起了第二波对新监管体制的关注。在理论上巴塞尔新资本协议提案与基于银行内部模型的监管体制之间还存在不一致——如果资本要求与精准的风险评估和可用于金融机构的管理技术相一致，那么信用风险将能更加准确度量。巴塞尔委员会认为必须指定规则，因为信用风险模型并不够可靠，他们可以通过评估模型特定参数的每个技术细节来监管银行是否违背了内部风险评估的基本假设。

不管是在框架的修订协商期间还是发布后，巴塞尔新资本协议中嵌入的许多假设引起了经济学家的质疑。[①] 例如，将具有更高违约概率的资产整合到协议的相关性假设中可能会导致损失分布极值的出现，从而减少宏观经济因素的对资本的影响。同时，惠誉国际评级公司认为如果分析师从某些个别资产类别的相关性经验得出对整体相关性的假设，这种方式与风险管理的审慎性原则是相背离的。在这些资产类别中，相关性作为违约概率函数的一个输入参数增加了模型的不确定性，从而直接违反了巴塞尔新资本协议的假设（惠誉国际评级公司，2008）。同样的研究也预测到，次贷危机期间发现的相关性与长期数据得出的相关性经验假设是不一致的。

同样，修订框架的背后隐含了另外一个重大假设，即违约概率与违约损失率的相对独立性，能够分别进行估算，然后再插入公式进行资本的估算。事实上，理论和实证研究表明，抵押品的价值与基础贷款的违约概率是负相关的（Thomas 和

---

① Kupiec（2006），Thomas 和 Wang（2005）以及 Crouhy、Galai 和 Mark（2005）对这些批评进行了审查和补充。

Wang，2005）。在巴塞尔新资本协议公式中其他有争议的假设，包括对高质量、低违约的风险暴露的修订上，这些表面上高质量的风险暴露比其他一些风险暴露恶化的可能性更大，其他的风险暴露主要指中小企业的贷款，其初始质量更差且贷款期间内的特殊风险因素相对更为重要。[1]

委员会自身的信用风险模型大量简化并背离现在的商业信用风险模型反映了委员会自身的信用风险建模技术水平相对还不成熟。如果采用这种模型的话，反而会违背委员会最初的意图，即鼓励银行采用自身相对较为精准的银行内部信用风险模型。随着风险加权公式的引入，还有一种可能性就是，如果委员认为即使是最好的模型也不能充分的对信用风险进行度量，那么它将用复杂市场参与者的判断来取代模型的判断，并认为这一做法对于所有银行是最佳的。随着模型经验和技术的进步，委员会可能会放弃这种参与者判断的方式[2]。就目前来说，银行监管当局大部分采用的是银行风险管理部门的内部风险度量方法，当然监管当局也会使用自己的主观判断来取代银行的度量方法。但是，巴塞尔新资本协议的提案，由于存在目前这种做法与新体制规定的理由不一致，银行再次看到了在真实信用风险度量体系与监管的信用风险度量体系之间的分歧[3]，从而为监

---

[1] 美国银行机构在其协议规则预评估中对这一假设提出质疑（美国财政部货币监理办公室等，2003）。不过，这种对中小企业而言特别的公式（这对德国来说是非常重要的）在经修订框架的最终版本中是没有改变的。

[2] 这是因为委员会会担心银行把这种制度当成儿戏，这种可能性将在下节进行讨论。这种反应同样与巴塞尔新资本协议背后的监管原则不一致。

[3] Kaltofin，Paul 和 Stein（2006）很好地阐述了这一可能性，他们解释了银行如何在巴塞尔新资本协议下分割零售信用风险来减少他们的资本要求。他们同时确定了如何使这一做法与零售风险概况表现的真实风险相一致，以及执行中如何揭示这种可能性，即"行为将会隐藏在银行观点背后"。（Kaltofin，Paul 和 Stein，2006，21）。

管套利创造了新的可能性。

有两个例子可以说明这一点：第一，修订框架中抵押品被认可为减少信用风险，采用风险加权公式来对风险进行度量，但是主要大型银行抵押品的度量方法似乎相对较为先进和健全。第二，人们普遍认为，巴塞尔新资本协议规定的风险加权公式已被大型银行最精准的风险管理技术取而代之了。特别地，一些大银行认为投资组合构成因素现已成功纳入了其信用风险模型。也就是说，更先进的模型认识到伴随着银行整体资产的信用风险并不是每一个资产风险简单的总和。正如整体市场风险可能会通过投资组合多样化得到分散。因此，整体信用风险可以通过银行账面资产的某些组合而降低或增加，而不是所谓的风险加权公式所假设的那样。

由于没有考虑到信用风险模型中资产组合的相关性，巴塞尔新资本协议可以说是偏离了它的既定目标——使真实风险和监管资本更加密切结合。美国银行机构通过对 A - IRB 公式的投资组合恒定性特征来回应这一批评（美国财政部货币监理局等，2003）。此外，尽管这些机构宣布，一家保守银行的建模做法与出于监管目的建模做法是不可比较的。此外，许多观察家继续对排除在 A - IRB 模型之外的因素表示质疑。尽管银行大都认为如果将这些因素包括在模型中，将更进一步减少资本要求，但独立的分析师如惠誉国际提出相反的意见——银行信用资产组合在特定地域市场中的相关性可能比巴塞尔新资本协议假设的更高，从而导致最低资本需求的低估（惠誉国际评级公司，2004）。巴塞尔委员会工作小组最近的一项研究得出的结论表明，信用风险相关性较高的资产在资本要求上可能存在重大问题，特别是事业部的层次上，工作小组将其定义为包括地域风险暴露和行业风险暴露（巴塞尔委员会，2006e）。

一个明显的例子说明了 Hobson 设计 A - IRB 方法，并且这个例子对证券化风险暴露进行了适当的处理。这些规则过多地依赖于外部评级机构如穆迪公司、标准普尔或惠誉国际对其进行的评级，甚至依赖于银行使用的内部评级方法。经修订后的框架要求对证券化风险暴露采用外部评级，另外，在证券化实体发行的商业票据上的风险暴露，如流动性或信用增强，可以利用内部评估对风险进行评级。尽管在此，银行的内部评级必须"映射"到外部机构的评级，这同样也适用于商业票据的风险暴露评级（巴塞尔委员会，2006g）。

在2007年夏季，与商业票据和抵押贷款证券化市场有关的金融风暴表明了任何一种替代方法都在一定程度上有些不足。抵押贷款证券化的外部评级证明了这一严重的误导，风险暴露的内部评估和其他特别目的证券化机构虽然是非公开的，但整个行业遭受的损失表明了，这些评估没有反映真实风险的预期。上述证券化风险评级例子可能会导致这样一种疑惑，即无论是银行内部风险评估，还是外部评级都不能作为监管资本系统可信赖的基础。[①] 因此，风险评级本身精度是整个巴塞尔新资本协议中一个薄弱的环节。

巴塞尔委员会曾暗示巴塞尔协议最终将接受完整的模型方法，这大概也包括了投资组合分散风险因素和未来的改进。监督者希望能有一个至少初步的模型方法经验，传统的监管方法的改进在这个进程当中是非常重要的。巴塞尔新资本协议的支持者对模型方法的有效性可能会有两种观点：第一，A-IRB法是否是模型方法的有效改进还无法得出结论；第二，无论目前

---

① 还有许多问题是由于内部、银行自创或外部机构评级的使用所产生的。对于后者有一个很好的例子，即银行或其客户"评级购物"的潜在性。由于主要评级机构对公司（或资产证券化）的评估采用不同的技术标准，发行人可以修改某些功能以便从一个机构获得所需评级水平的资格，从而更有资格获得更为有利的资本待遇。

的信用风险模型的缺陷是什么，模型方法都是巴塞尔协议简单风险加权规则的改进。

　　尽管这些观点有一定的参考性，但他们并没有回答关键的问题，即巴塞尔新资本协议获得资本充足率风险敏感度的改进是否是有价值成本的，以及是否能在实践中得以实现。目前的提案是复杂的，它需要一些许多简单化的假设，这些假设与大型银行使用他们自己的信用风险模型的实际做法是不一致的。持续的和激烈的关于信用风险模型的争论，特别是在捕捉极端事件中的困难在银行系统中是最令人担忧的，这表明一套完整而准确的行业实践原则在实践上是非常难以统一的，即使能够统一，意义也不大，因为单个隐含机构所面临的风险暴露都是不同的。不过，在对 A－IRB 模型有效性作出评判之前，最重要的是详细研究巴塞尔新资本协议合规进程可能会取得的效果。

资本水平的影响

　　审查巴塞尔新资本协议 A－IRB 方法的出发点决定了资本要求改变的方向。资本要求的急剧下降引起了人们对基于 IRB 法估算的资本充足率是否维护国际金融体系稳健性的关注。另外，如果资本要求的底线在巴塞尔新资本协议之后改变很少，可能有人会质疑，企业是否值得推行高成本的巴塞尔新资本协议进程。事实证明，A－IRB 法对资本水平的影响有多大在协商期间是很难回答的。关于这一点的不确定性不仅使巴塞尔委员会对协议影响的了解程度提出了质疑，而且还揭示了第一支柱资本充足率要求提供的监管目的是相当含糊的。

　　资本水平中风险加权公式的影响和巴塞尔委员会设定这些公式的意图还存在不确定性。至于意图，委员会已经确定了两个目标——最低资本要求"大致维持不变"和"为银行提供采用内部评级法的激励机制"[①]。委员会并没有说明如何将这些潜在的冲突进行调和。很明显，银行的最有效的激励是采取内部评级法以后资金需求的减少，从而允许提供贷款增加导致盈利水平增加超过了 A - IRB 评级法的增量成本。这些成本是巨大的，跟前期的资本要求相比必须需要一个巨大资本要求降低的奖励才会有银行愿意实施。

在不同时间的官方声明中，对以上两个目标的强调程度是不同的，并且似乎在同一时刻不同的官方声明中也是不同的。在 1999 年 6 月第一咨询文件（CP - 1）发布时，巴塞尔委员会清楚地说道：新的框架至少可以维持当前银行系统中的总体资本水平（巴塞尔银行监管委员会，1999b）。2001 年 1 月在第二次咨询文件（CP - 2）附释的"解释性说明"文件中，巴塞尔委员会表示，在不同的条件下，它的目标仍然维持不变——对于采用标准化方法的国际活跃银行既不增加也不降低总的监管资本对于使用内部评级法的银行，委员会表示，其最终目标是确保该监管资本要求足以解决根本的银行风险，并包含对银行的鼓励措施，使其由标准法向内部评级法转移（巴塞尔委员会，2001e）。给定 IRB 法从 CP - 1 中单纯的概念转向 CP - 2 中的提案，尽管这一重点转移可能看上去很自然，但委员会在 2002 年做了再次改变。在对评估 IRB 法的影响进行解释时，委员会提及其目标——既不明显增加也不明显减少银行体系的总体监管资本水平。[②] 至于处理内部评级方法的说法，任何涉及区分标准

---

① 委员会在许多其公告中将这两个目标并列在一起。例如，巴塞尔委员会（2003c）和国际清算银行，"巴塞尔新资本协议提案的共识"新闻发布，2004年 5 月 11 日。

② 巴塞尔银行监督委员会，"巴塞尔委员会就新资本协议问题达成协议"，新闻稿，2002 年 7 月 10 日。

法和 IRB 法的都是非常模糊的。这种公式化再次被修改，用来计算维持最低资本要求总体水平，并与修订后的框架连接起来，同时提供采用修订后更先进的风险敏感方法的激励机制（巴塞尔委员会，2004c）。

委员会基本目标公式化中的变动反映在美国银行业监督者完全不同的陈述中。同样，乍一看机构立场既简单又统一。2003 年 8 月，联合机构发行的"提案规则制定的预先通告"明确地指出，"机构并没有预料到新协议的执行将导致美国银行系统总体资本要求的大幅下降"（美国部财政部货币监理局等，2003，459010）。2006 年发布的拟议规则引用这种说法，这一规则与修订框架中引用的委员会公式是一致的，并重申四个联邦银行机构对这些目标的承诺（美国财政部货币监理局等，2006a，55839）。同样，最终规则确定了"机构的意图"以避免通过采用先进方法风险资本要求的大幅削减（美国财政部等，2007，69295）。但是，正如第四章所述，这一最终规则本身就是银行机构之间非常谨慎的折中办法，反映了一些人对担心 A - IRB 法会导致资本要求重大削减。

在协商期间，巴塞尔新资本协议目标之间的矛盾关系在美国银行机构对其不同的强调中得以证明。或许最明显的例子就是在 2003 年 6 月的国会听证会上，就在"提案规则制定的预先通告"正在起草时，美联储副主席 Ferguson，在 Mc Donough 卸任后担任了巴塞尔委员会中的领导角色，他认为实施更具有风险敏感度的框架仅仅以巴塞尔协议的资本水平来最终体现是没有什么意义的。他最后总结到："为了健全良好的银行管理框架，如果对最低监管资本的适量削减与改善的风险管理是一致的，那么这是可以忍受的。"他还补充说道"如果有证据表明资本下降太多，美国联邦储备委员会将坚持对巴塞尔新资本协议进行调整或重新校准"，尽管他没有详述判断资本是否下降"太多"的标准。① 审计长 Hawke 在 Ferguson 陈述之后立即进行了证实，他提供一个完全不同的观点。他对巴塞尔新资本协议的整个基调是谨慎的，甚至带有怀疑。关于整体资本数额的影响，他明确地表示，"在对巴塞尔新资本协议开始起草时，巴塞尔委员会的第一个目标是校准最低资本要求，以实现资本水平与目前巴塞尔协议的全球要求相当。"②

我们不需要对巴塞尔委员会和美国银行机构声明的区别进行讨论，因为其中的细微差别可以通过巴塞尔新资本协议越来越清晰的框架来进行讨论。但是，巴塞尔新资本协议公式的测试运行——定量影响的研究——提出了数量从多的许多问题。这三个最近的研究——QIS－3（2003），QIS－4（2005），QIS－5（2006）——都透露了巴塞尔委员会监督者不能确信一旦 A－IRB 模型执行，该模型将产生哪种最低资本水平。

QIS－3 是从 74 家银行收集到的数据计算得出，其中大部分来自非巴塞尔委员会成员国（巴塞尔委员会，2003b）。③ 这些银行利用他们的内部评级作为委员会风险加权公式中的相关变量。现在，这一结果作为巴塞尔新资本协议资本水平的预测值从根本上说是毫无意义的，因为 CP－3 和框架的最终版本在 A－IRB 公式中做出了比较显著的改变。尽管如此，QIS－3 的一些经验还是能够展示一定问题。

结果表明，个别银行最低资本要求中 A－IRB 方法的影响已

---

① 详见 Ferguson，2003 年，在金融机构小组委员会和金融服务消费信贷委员会之前的证词，美国众议院委员会，2003 年 6 月 19 日。

② 详见 Hawke，在金融机构小组委员会和金融服务消费信贷委员会之前的证词，美国众议院委员会，2003 年 6 月 19 日。

③ 其中有 57 家银行是来自巴塞尔委员会国家。尽管许多成果结果是汇总的，大概是为了保护个别银行信息，但看上去大部分运行 A－IRB 法的银行都指定为研究中的"第一小组"银行，即资产超过 30 亿欧元的银行。

经广泛地扩散开来，有的银行最低资本要求增加到46%，有的降低了36%之多（巴塞尔委员会，2003d）。即使每个人都希望在这些方面有一些影响，但这其中扩散的广度还是让许多人感到惊讶。不过，加权平均的变化是令人欣慰的——只下降了2%。不过，更进一步的检查才发现了一种不同的景象。虽然银行测试 A - IRB 方法的总资本要求只下降了2%，但单独对信用风险的资本要求却下降了13%。① 这一百分点的差别要归咎于操作风险的资本费用。正如第四章，巴塞尔新资本协议首次征收了操作风险的费用，② 包括大致与信用风险中相当的三种变型。操作风险扮演的便捷的补偿性角色令人想知道操作风险标准是否能以一种万能牌结束，以确保整体资本水平不会过度下降。这种操作风险资本要求的潜在万能卡角色由随后的高级度量法（AMA）的发展所逐出，且 AMA 法普遍地适用于使用

---

① QIS - 3 的结果显示，在美国，银行信用风险的最低资本要求减少百分之十七。这一数字是联邦存款保险公司（2003）认为可以反映比历史经验的建议更严格的信用风险损失假定。后一点是随着标准普尔的结论而存在的潜在的赔率（2003 年结束）。标准普尔认为参与银行使用过于宽松信贷损失的假设。这些意见可能是一致的，如果非美国银行使用特别宽松的信用风险的假设。关于影响美国银行资本水平的其他信息是由美国银行机构颁布的"事先通知有关法规草案"中提供的，它其中提供了在 QIS - 3 确定为20家大型美国银行中关于资本要求的变化信息。为弥补公司风险所需的资金将减少百分之二十六（而不是对包括在 QIS - 3 的 A - IRB 部分中所有的银行下降百分之十四）；对中小型规模的公司的风险敞口，这将减少百分之三十九（与所有的银行百分之三的跌幅相比）；住宅抵押贷款，这将下降百分之五十六（与所有银行下降百分之五十八相比）；无抵押零售贷款风险，将减少百分之二十五（与所有银行下降百分之四十一相比），以及循环零售风险，会增加百分之十六（与所有银行下降八个百分点相比）。

② 巴塞尔委员会的文件已经表明，操作风险的资本要求在巴塞尔协议中是"隐含的"。事实上，1988 年的协议完全没有提及操作风险，甚至在协议实施后也没有提及。至于所陈述的它的"主要"方向是资本风险，委员会目前的描述是值得商榷的，但仅此而已。

A-IRB 法的银行。AMA 至少减少了一些或大部分这些银行预期操作风险的资本要求。

QIS-3 的结果与随后 A-IRB 公式中的改变会导致更低的资本水平，促使巴塞尔委员会采取额外的步骤来处理关于巴塞尔新资本协议中最低资本要求的不确定性。第一，CP-3 为银行资本要求分别在 A-IRB 体制的第一年 90% 和第二年 80% 的巴塞尔协议水平上创造了一个底线。按照初始设计，巴塞尔新资本协议资本水平从第三年起将没有太大的影响。第二，在 2004 年 5 月发布就重大显著问题达成一致的宣告上，委员会重申了其两个目标并且从根本上承认了对第一支柱规则资本水平的影响是不确定的这一问题。因此，委员会表示，它"准备采取必要的行动解决这一问题"——具体来说，在资本计算过程最后一步中，引入"比例因子"，可以调整资本要求。因此，当前操作风险资本要求的万能卡是不可用的，委员会采用了一个显然是很主观的比例因子来解决这一问题。尽管委员会详述了其对比例因子"当前的最佳估计"，但没有说明对这一因素的选择标准（例如，在 A-IRB 开始执行的第一年已经设定了维持资本 90% 的底线）。它也没有透露比例因子是否是临时的还是永久的。

自从修订框架发行之后，各界对它的评估并没有解决 A-IRB 模型最低资本水平影响的不确定性。2004 年，美国、德国、南非已经开始在现有基础上着手研究 QIS-4。2005 年，开始利用来自巴塞尔委员会国家以及 19 个非委员会国家的银行数据（美国除外）对 QIS - 5 进行评估。① 尽管巴塞尔委员会尽可能地汇总了 QIS - 4 和 QIS - 5 的结果，但许多美国的数据资料在技术上与 QIS - 5 方法不具相容性，因而不能包括在许多的分析当中。幸运的是，美国源于 QIS - 4 的结果分别由四家联邦银行机构进行了报道（美国财政部办公室货币监理等，2006c）。

QIS - 5 对使用 A - IRB 法大银行的结果显示，巴塞尔协议要求的最低资本水平下降了 7.1%。一级资本要求将进一步下降，约为 11%。② 这一数字，作为 QIS - 3 的结果，包括了对操作风险和信用风险的资本要求。此外，这一数字反映了比例因子 1.06 的应用。如果没有比例因子，那么，最低资本水平的下降将为 12.4%，这与 QIS - 3 发现的相比下跌了许多。

由于 QIS - 4 草案在修订框架发行之前就发布出来了，它并不包括比例因子和某些 A - IRB 法的一些改变。因此，有观点认为，26 家美国银行的总的最低基于风险调整以后的资本将会下降 15.5%，这包括 QIS - 5 第一组银行的 12.4% 的非比例数字。作为整体 QIS - 5 银行的结果，美国 QIS 一级资本会下降更多，总共约 22%。总资本下降和一级资本要求的分别为 26% 和 31%。

在 QIS - 4 下产生的资本水平，其削减似乎令美国银行当局

---

① QIS - 4 和 QIS - 5 努力的合并包括了来自 356 家银行的数据，其中 56 家是最可能在 A - IRB 法下运营的大型（一级资本超过 30 多亿欧元）国际多样化活跃银行。还有 84 家银行，包括一些较小巴塞尔委员会国家的银行和 10 家在 A - IRB 法下的非委员会国家的银行（巴塞尔委员会，2006d）。综合讨论引起本文关注于来自巴塞尔委员会国家的 56 家"第一组"银行。

② 这一结果与这一事实相关，即巴塞尔新资本协议作出了两个改变，有区别的调整一级资本和总资本比率的分子：第一，直接扣除一定的风险暴露类型；第二，基于银行预期损失储备的关系，以一种新的方法确定一级资本和二级资本包括的适当储备量的数额。

惊讶。为了获取更多的时间来更好地评估 QIS-4 的结果，银行当局在 2005 年 4 月推迟了其巴塞尔新资本协议实施拟议规则的计划通知。[①] 这种令人不安的状况可能即将发生，即使在达成经修订的框架协议之后，监督者仍然不知道在 A-IRB 方法进行测试时他们会发现什么，共享的绝对资本水平可能不如银行之间汇总的结果那么麻烦。QIS-4 的结果透露了，经过资产的组合以后的资本要求削减了 30 或更多个百分点。这看上去非常不可能，因为大资产组合的真实风险在一定程度上有所不同，如大型银行持有的住房抵押贷款。[②]

参与 QIS-4 研究的许多具有代表性的银行认为，资本要求的预期下降是有误导的，这相当大程度上是因为 QIS-4 使用的数据产生于商业周期中最有利的时点，当时信用风险是处在最低状态。这种观察提出了 A-IRB 法潜在的不良循环周期性的问题，这将在下文进行讨论。银行还指出，机构没有提供许多重要方法论的详细指导方针，因此 QIS-4 的结果可能与那些实际实施之后的情况不一致。从某种意义上说，银行的建议加强了怀疑，有人实际上知道巴塞尔新资本协议的影响将会是什么。尽管监督者对不同 QIS 结果的反应是不同的，但还是能在一些重大问题上取得一致，例如解决运作 A-IRB 法资本要求不确定

---

① 详见"银行机构应在与巴塞尔新资本协议相关的提议规则制定通告发行之前履行附加分析"，FDIC-PR-37-2005 联邦储备系统理事会，联邦存款保险公司，货币监理局，以及美国储蓄管理局联合新闻发布，2005 年 4 月 29 日。

② 当时 FDIC 主席 Powell 提出的证词中提供了许多实例。利用一个报告机构的结果作为大型公司信贷的样本，其与许多参与银行有着同样的借贷关系，其他银行报告了其作为同等的信贷的最低资本要求，从低于 30% 到高于基准银行的 190%。对具有代表性的按揭产品，参与银行报告在同等风险暴露基础上赋予了从 5% 至 80% 的风险权重。详见 Powell，在银行监督委员会，房屋委员会和城市事务，美国参议院之前的新巴塞尔资本协议发展的准备证词，2005 年 11 月 10。

性的唯一途径是通过稳步实施来推进。当然我们有理由相信，银行和监督者将来的工作将会淘汰在 QIS 进程中发现的一些异常状态。然而，巴塞尔委员会国家已经开始着手实施，但没有保证监督者会意识到整体或个别银行即将强加的监管模型资本要求的影响。

这些情况所呈现出的景象并不可靠。巴塞尔监督者说，除了少量作为采用内部评级方法激励机制的数额，他们不希望资本要求有大幅度的下降。然而，对于过度层、比例因子以及其他模型本身之外的工具来说，这将很明显地导致指标的大量削减。因为他们声称不打算进行这些削减，他们也没有对为什么更低的监管资本水平是合意的这一说法提供合理的解释。然而，在 A-IRB 法下运作的大型银行明确提出，监管资本下降的原因将是模型实施的结果。监督者还没有证明他们对自己创造的规则已经熟练掌握，因此他们甚至还不知道 A-IRB 法在最低资本水平上的影响是什么。然而他们坚持认为，这一风险度量框架必须进一步推广，因为这是对他们过去工作的肯定以及决定将来工作的基础。总的来说，尽管巴塞尔新资本协议已经推行了一段时间，该协议作为制定巴塞尔委员会国家和整个世界金融体系在安全性和稳健性上的根本性突破还是非常不显著的。

实施和监控的困难

当前有对 4 个方面的问题值得关注：①银行的合规成本；②设计和评估信用风险模型对的银行监管提出的挑战；③在监控银行巴塞尔新资本协议进程的风险评估时的监管挑战；④监督者自身对资本充足体制的疏忽所担负的责任。

实施 A-IRB 法的成本非常高。模型和合规系统必须符合巴塞尔委员会标准所规定的计算方法，至少需要汇总五年的可靠历史数据作为风险评级的基础，并且银行必须使用合格的有三年数据积累的 A - IRB 评级系统，同时这个系统必须得到监督者的认可。另外，一旦符合规定的系统运行，就会产生对测试、数据保留和其他验证程序不断改进的要求。

我们很难确定大型银行要花费多少才能运行合格的 A - IRB 系统。尽管银行在监管要求合规上的开支近几年来稳步上升，但协议本身并没有提出重要的新要求。Sarbanes - Oxley，银行保密案和公司治理丑闻的例子同样证明需要增加协议合规方面的投资。一家英国市场分析公司 Datamonitor 在研究中估计，银行可能在 A - IRB 方法的筹备阶段即 2004 年需要 20 亿美元，2005年需要 20 亿美元的花费。2007 年 10 月，一家美国咨询公司 Aite 在报告中估计，仅美国银行将在 2007 年斥资约 8 亿美元来进行 A - IRB 方法的投资，并预计这一开支将在 2009 年超过 10 亿美元（Aite 咨询集团，2007）。

虽然这些金额的绝对值是非常大的，但考虑到全球巴塞尔委员会国家的国际活跃银行的总资产时，大量资金花费是能够被他们承担的。初步估计为五千万美元至 1 亿美元的额度只是大型银行资产的1%，而这只是对个别银行启动成本的预期。在英国金融服务管理局委员会上，普华永道估计，大型英国银行将平均花费 5900 万英镑作为实施新信用风险系统的成本，花费9100 万英镑作为整体巴塞尔新资本协议实施的成本（普华永道，2005 年）。即使银行和英国金融服务管理局提供了数据，机构也不能对不断产生的合规成本进行可靠估计。美国银行机构调查了参与 QIS - 4 的银行，发现银行对最初的实施成本低估了——

每一机构约为 4200 万美元（美国财政部货币监理局等，2006a，55907）。[①]

当然，单单基于成本的评估并不能说明什么问题。如果银行基于更健全的信用风险评估能够使银行更有效地进行了资本分配，即使这些大型的启动费用将被视为是一种成本，但他还是会产生更显著的经济利润。但是在合规规则上花费资源的银行可能不会对净社会成本和收益的评估感到满意，这是可以理解的。正如一位美国主要银行的高级风险官说，"这给人一种交换物的感觉。如果我们将要执行巴塞尔协议，我们希望有较低的资本"（引自 Buerkle，2003）。如果能够使大型银行的监管资本大幅减少，那么数千万美元的开支也是值得的。

在一个运作良好的行政体系中，监管方法的社会总成本应与该方法的社会总福利相比。如果前者小于后者，那么该方法如果在行政上可行，则可以实施。事实上，社会福利超过社会成本的那一部分是一种盈余，可以在相关部门之间进行分配（只要再分配不会使盈余为负）。但联邦储备委员会和其他一些巴塞尔委员会成员似乎认为银行在任何条件下都应该接受该监管方法，并且将这种行为提升到平衡政治经济地位的重要程度上。因此，资本水平这一主要的剩余变量受到向下的压力，甚至有可能低于社会福利超过社会成本的那一点盈余。我们很难确定这一平衡实际上在新协议进程期间的进步或是后退。在实践操作中，对巴塞尔新资本协议提案进行过多次调整，如减少预期资本要求，且每次都给出了吸引人的理由来推行新的提案。

第二个关注领域是专业化监管技能。银行内部模型产生的

---

① 作出答复的银行告知这些机构，即使没有巴塞尔新资本协议，他们也将花费大约总和的 45% 在风险管理上。因此，这些机构认识到，增加的合规成本仅超过了 4600 万美元的一半。这与普华永道研究得出的结果是相反的。普华永道发现约 80% 的巴塞尔新资本协议成本是增加的成本费用。

稳定风险评级扮演着计算监管资本的核心角色，模型的构建和采用的监督方式就成为监管的核心。根据建立在 1999 年提案基础之上的巴塞尔新资本协议进程要求的信用风险模型，美国和其他国家的银行业监督机构却在这上面具有相对较少的专业知识。可以公平地说，只有一小部分银行审查员进行了评估信用风险模型的培训。当然，监督机构在巴塞尔新资本协议的修订过程中获得了金融模型的专业知识。但是一旦巴塞尔新资本协议生效，这些机构中研究新政策小组的一小部分金融经济学家并不适合于监督采用 A－IRB 法的银行的监管任务。在美国，这些机构已集结特别专家小组来评估使用 A－IRB 法银行的内部模型。建立这种特别小组的主要是需要审查使用 A－IRB 法银行的国家。

这种监管模式是否有效还有待观察，但三个潜在的问题已经十分明显。

第一，这些小组是在一个假设上构建起来的，即有限数量的银行将适用于 A－IRB 法。如果是 A－IRB 法的优点（突出更低的资本要求），那么 10~30 家银行可能试图较快地使自己具备使用 A－IRB 法的资格，这样，特别小组肯定会进一步延伸，以满足这种需求。

第二，这类专业知识在整个金融服务行业是非常有需求的。政府和私人企业之间的支付具有相当大差别。因此，这些机构在寻找足够一流的、包括重组公共服务的金融模型专家时可能有一定的困难，因为这些专家可能放弃监管机构的工作，来为支付更高薪酬的部门工作。有迹象显示，根据其他国家的监管经验表明，一个更大的问题可能出现，即那些早期离开专业监管的工作人员，成为为私营金融机构服务的、专门对付监管办法的专家。

第三，即使在技术上过硬且有丰富经验的检查小组没有放弃对银行的一些谨慎监督，但他们可能根本无法有效地监督使用 A - IRB 法的银行。对这一点的认知已经由一位来自英国大型银行的管理者公布说明了，他描述了他对监管资本下降的期望和他所在的银行对如何最佳地利用这一新体制的计划。他接着娓娓谈起自己的银行是如何"投入了相当大的努力与监管机构保持联络"。这一过程"证明了不仅获取解释和指导是非常宝贵的，而且它对于形成监管者在实际实施问题上的观点也有着相当重大的价值"（Wilson，2004）。

在评估和补充模型方面，跟监管专业技能紧密相关的是对于继续监控银行的风险评级的必要性。这里有两种截然不同的危险，一种危险可能是：银行的员工或顾问在巴塞尔新资本协议风险加权公式输入数据（违约概率、违约损失率、违约风险暴露以及期限）时，基础的数据资料累计和分析可能会出错。对于非专家而言，要识别这些错误可能是很困难的，因为它们可能涉及模型背后的金融理论，而不是简单操作层面的错误。同样他们可能也很难确定，因为在风险加权中的显著性差异可能是涌现于分类或中间公式的散错误的结果。2004 年发布的经修订的框架长达 250 页之多，① 其中处理了公式的技术方面以用于各种风险加权方法。这种 A - IRB 法"麻木思维的复杂性"，正如前任通货监理官 Hawke 所描述的，② 造就了一种极难的监督工作。

另一种危险是，银行的风险管理模型有一种激励效用来操

---

① 经修订的框架的综合性版本发布于 2006 年 6 月，它比 2004 年发布的那个版本还要长 100 页。它包含了 2005 年 7 月的巴塞尔新资本协议对交易活动的应用纲要和对双重违约影响的处理，1996 年市场风险修订案，以及一部分未在巴塞尔新资本协议进程中进行修订的巴塞尔协议。

② 详见 Hawke，评论于柏林的美国学院，2003 年 12 月 15 日。

纵相关参数的估算，以便于降低银行的总体资本要求。例如，银行官员可以在发展他们的模型中积极地做出存在争议的，但对他们有利的假设。QIS－4进程的分析结果显示，银行监督机构本身预期结果的看法可能不一致。机构关于QIS－4的声明表明了源于共识性的资本要求异常得低，因为这项研究是机构在相对温和的经济条件下，大多数未能妥善地将低迷条件纳入到他们违约损失估计中（美国财政部货币监理局等，2006c）。然而，一份FDIC工作人员的分析报告，包括当时FDIC主席Powell反对一些出现在国会听证会资料的一个附录上的假设。这一分析指出，银行在QIS－4报告中的损失估计远远超过了1992年以来银行实际经历的损失。Powell直截了当地总结到："联邦存款保险公司鼓励银行采用保守估算基于风险的资本要求。然而，正如银行可以持有比监管最低要求更多的资本，他们制定的QIS－4的假设比巴塞尔新资本协议框架要求的假设更加保守，因此一旦新框架开始进行，将要求更加夸大的最低资本。"①

巴塞尔委员会在IRB法发展初期就认识到了这一危险，并在CP－2中详细说明了出于监管目的的风险输入必须在银行业务运营中产生作用。最后的修订框架保留一个要求，即"内部评级在信用审批、风险管理、内部资本分配以及银行公司治理的职能中发挥关键的作用，"（巴塞尔委员会，2006g）。评级系统"专门为具有使用IRB法资格而设计及实施并且仅用于提供IRB输入数据"是不可接受的。但是，正如巴塞尔委员会本身所承认的，修订后的框架详尽地"解释"了这一原则，而不是以"指令性的语言"（巴塞尔委员会，2006f）。委员会的指导强

---

① 详见附录B，Powell准备好的证词，关于"在银行委员会、房屋委员会以及城市事务委员会，美国参议院之前新巴塞尔资本协约的发展"，2005年11月10日。

调灵活性和由监督者在现场决定资本要求的估算是否满足 IRB "使用测试" 的重要标准。因此，最终，人们不禁怀疑，银行是否会出于监管目的建立一套不同的账户，而不是出于它们自身的业务发展的需要，从而重新引出了银行操纵资本要求的可能性。

市场对实施资本充足率监管的 IRB 法是否会增加监督者的难度持保留意见。在金融市场上普遍存在的信息不对称问题，这同样也扩展到了银行监督的领域。如前所述，金融机构大多属于不透明的上市公司。相对于大多数其他类型的企业来说，局外人对银行资产的质量评估更重要且更困难。监管者有限的资源使他们对银行资产的了解比对银行内部通过对这些资产精确评估的了解还要少，但是他们能获知大量投资者、国会监督委员会、学者以及其他外人无法获得的信息，从而很难判断银行监督的绩效问题。19 世纪 80 年代的储蓄和贷款危机揭示了源于 "监管松懈" 带来的对金融体系的潜在破坏，监督者意识到，金融机构的不稳定状况对采取补救措施来避免机构的倒闭是不利的，希望事情会随着时间的推移而改进。同样的不透明性使得很难识别监管不力后果——例如在认识到问题后未采取行动的影响。[①]

为了在储蓄和贷款崩溃之后防范监管的松懈，国会通过了立法，要求监管者不论在什么时候只要银行资本水平低于了巴塞尔协议的最低要求（适用的简单的杠杆率），就要迅速采取补救措施。尽管一些所谓的监管措施规定在法院或其他代理人强制执行下没有多少意义，但投资者对这些监管措施建立了期望，

---

① 当然，同样的信息不对称使得对过度严格的银行监管外部评估更加困难。然而，在这种情况下，银行管理将外部机构或专业人员来进行评估，建立监管的激励机制——例如，华盛顿的审查监督者或国会支持成员。

希望这些措施能适用于银行倒闭后的状况。这项法规（独立于机构的其他文件）要求联邦银行机构与负责倒闭银行损失监督的检察长对联邦存款保险基金进行调查。国会听证会将在收集的足够监督不力证据之后举行。

巴塞尔协议中资本充足率绝对不是一个前瞻性的度量银行潜在风险万无一失的指标。由于资产以账面价值一直保留到管理层根据重大决定做出修正之前，从而对可能出现的损失或资产完全减值拨出部分储备金，因此资本比率能在一家银行重大困难发生的前几周很可能是符合协议或监管要求的。从这个意义上说，A－IRB法在银行的外部监控中要做出一些改善。初始违约概率更准确的分配使资本比率成为银行资产质量更有意义的指标。定期的重新评估信用风险模型产生的违约概率可为银行资产类别的潜在问题提供更早的指示。因此，在这种状况下的资本充足率比在巴塞尔协议下的资本充足率更不会被误导。然而，如前所述，A－IRB法的复杂性使得银行在计算资本比率时有更多的空间去操作或和更多的机会发生误差。监督者在探测这类潜在问题时会遇到不少困难的，而这些困难将使监督绩效的评估更加困难。例如，在破产后检测监督的绩效，对测试监管容忍度几乎是没有任何意义的。根据巴塞尔协议，由于资本要求的计算比较简单和方便，资本比率更容易推广和应用。但在A－IRB框架下，对于独立的实体，如政府责任办公室，构建一系列信用风险模型来对监督的绩效进行评估是极其困难的。

信用风险的共识

巴塞尔委员会的官员已经表示，A－IRB的监管模型"将允许银行，监管和市场以共同的语言来传达风险"　　（Himino，

2004）。这一想法是，巴塞尔新资本协议建立了标准化的方法来定量风险度量，这种做法既考虑了未来的发展，也反映了过去事件的影响。其潜在的好处是，大大依赖于 A - IRB 法成功地把银行引向精确评估信用风险暴露的度量。假设这一努力取得成功，共同的语言或风险可直接和间接地增强银行的安全性和稳健性。

统一监管标准意义重大，即使巴塞尔新资本协议不能达到社会最优的监管资本水平，但因为其方法论仍然可以揭示了国际活跃银行的相对健全性，从而有助于识别银行的问题，即使监督者尽可能获得关于信用风险的银行内部信息，并且解决这些信息在银行之间很难进行比较的问题。标准化的巴塞尔新资本协议类别和公式可为进行这些比较提供基础。这种标准化的信息可能对外国银行机构评估和来自多国机构的监管合作行为是特别重要的。

风险的共同语言同样增加了市场参与者可用的相关信息——无论是对银行的投资者，还是对银行的交易对手来说。反过来，增加的信息流可能会间接地通过不同的方式为银行安全性和稳健性做出贡献。正如在证券法下提供的数据，一个信用风险信息共同的模板可以使投资者更深入更有效地评估银行的业绩和前景。在这种情况下，健全银行的资本成本相对于那些风险暴露和资本状况有更大问题的银行来说是降低了。[①] 可以想象，投资者甚至可能在公司治理机制下采取行动，以改变他们发现的有承担过度风险的管理做法。[②]

---

① 一位与巴塞尔新资本协议发展有密切合作的美联储官员认为，共同语言同样也有利于银行的交易对手，因此也有利于银行。Hendricks（2004）认为，巴塞尔新资本协议创造的通用工具和词汇，通过克服集体行为阻止共同风险度量和评估的发展，大大推动了更具流动性的信用风险交易市场的发展。

② 对关于银行市场纪律的更健全形式的潜力将在第七章进行更彻底的探究。

但是，在考虑这些好处有多大可能实现之前，有个问题值得大家停下来去考虑：无论是出于自愿使用还是强制的披露，为什么政府行为是必要的？解释这个问题的出发点是，金融机构似乎是最不透明的公司。调查发现，债券评级机构在他们对银行和保险公司的评级中比在其他任何类型的公司中的分歧更多（Morgan，2002）。尽管有人可能认为资本充足的银行有动力透露信息，这样可以安抚投资者，但可能有集体行为和内部激励阻碍了这一结果的产生。

　　通过集体行为，银行显然确实透露了一些相关信息，但其形式与其他银行发布的类似信息是不能兼容的。没有银行有动机去使其信用风险评估的信息符合其他银行使用的方法。银行还担心，对某些信息的披露要充分利用它的竞争对手，其利润减少会比任何非存款借贷成本的减少更多。同样还存在对信息披露和推广的阻碍因素。银行管理可能倾向于仅仅透露利好的信息。银行雇员在贸易、贷款或其他经营时不希望有过于完整和细节的信息，更不用说银行的投资者和交易对手。如果他们的绩效是基于他们自己的部门的盈利性，或者如果他们只是简单地希望避免高级管理人员的监督，那么他们有动机来掩盖损失或风险。

　　因此，监管者有充分的理由为了精确的信用风险评估而创建共同的框架，以及要求对框架产生的一些信息进行公开地披露。巴塞尔委员会官员认为，第一支柱的 IRB 方法创建了适当的框架，而第三支柱要求的披露确保了这一框架得以正确传播。但是，在促进市场纪律方面，这些披露要求的效用还存在分歧。

　　Herring（2005）认为第三支柱的特点是"软弱"，有三个原因：第一，他批评其忽略了相当大的与数据有关的风险，如资产和负债国外/国内的货币解体。第二，他认为银行在 A - IRB 模型下被给定了这么多的规则和实施选择，即使披露所有有关的基础数据，银行之间的资本比率也实在不能相比较。无论是对于监督者还是市场参与者来说这一点是巴塞尔新资本协议在创建关于银行风险的共同语言的潜在好处上的一个有效的反驳。① 第三，Herring 对披露可以产生真实的市场纪律表示怀疑，原因是市场相信超过 400 家国际活跃银行有极高或者很高的概率接受外部支持。因此，市场参与者对银行行使市场纪律中方案的激励是有限的。

惠誉国际评级公司对巴塞尔新资本协议的分析报告中呈现出一种不同的看法（2004）：它认为协议信息披露的要求是很"强劲"的，通过基于资本要求的风险管理是有效的。此外，惠誉国际评级公司的报告进一步提到了银行还应当披露对压力情景下的银行评估以及基于评估的资本水平管理情况。但是巴塞尔新资本协议还没有明确要求披露该信息下。标准普尔似乎不认可惠誉的看法，它发布了一套对银行披露的详细建议书，其远高于巴塞尔新资本协议下的要求（标准普尔 RatingsDirect，2007）。②

第四章指出的，对于还没有充分详尽说明的要求，我们必须等待实际披露的经验，以决定真正的披露范围。银行成功规

---

① 2003 年在 CP－3 发布后，风险管理协会官方对这一要求的有效性提出质疑，即银行披露其信用下降到每一违约概率类别的百分比，在此基础上银行用不同的方法达到他们违约概率的度量。Garver. 巴塞尔新资本协议的其他问题：披露［N］. 美国银行家，2003－5－5（1）. 然而，正如 Herring 评论中所反映的，那种观察实际上可以适用于第三支柱下要求的所有信息披露。

② 同时指出，第三支柱下要求的信息，"如果是一致的，风险集中且十分详细"，则可以促进更好的市场纪律，标准普尔认识到，最优的披露做法超越了第三支柱的要求。值得注意的是，标准普尔在主要围绕每一类量化信息的信用风险区域的增列项目中，据报道说银行的抵制包括在第三支柱中。例如，标准普尔认为，一个合理的信息披露应该包括：在信用风险缓释之前和之后的风险暴露，违约风险暴露的数额，每类风险池解体的风险暴露数量，加权平均违约损失的数量，以及相关的监管资本要求的数量（标准普尔，2007）。

避了 CP-3 中提议的一些形式的披露要求，尽管监管机构对他们的重要性比较肯定①，但我们对这些要求的必要性是持怀疑态度的，因此国家监管机构将给予第三支柱要求强有力的解释。事实上，第三支柱关注的信息披露要求还比较缺乏，即使美国银行机构发行的拟议规则，也完全不能够超过巴塞尔新资本协议自身第三支柱关注要求披露的信息项的个数。

改善风险管理的动机

A-IRB 模型第三个潜在的利益是促使银行采用精确风险管理技术的一大动机。监督者担心商业银行的高级管理者不再了解在许多公司日益增加的复杂业务中的风险。在遭遇次贷危机后，这种担心就被验证了。银行总裁必须具备风险意识，特别是在大型银行的重要业务的风险暴露意识（如按揭贷款、消费、企业等）。随着资产负债表外业务的增长与创造性的证券化和其他金融创新产品的激增，以及商业银行与其他金融机构之间的业务，最勤奋的高级管理人员都不可避免地未察觉到一些重大风险的性质和范围。

当然，即使没有监管诱因，大型银行已制定或采用内部信用风险模型。在巴塞尔新资本协议进程的早期阶段，这些银行就在巴塞尔委员会上推出这一模型。高级管理者宣称他们将在这种精确的风险管理技术下进行投资。然而，当监督机构的工

---

① 例如，CP-3 对信用降低至每类违约概率的百分比的披露提出了要求（巴塞尔委员会，2003a）。前面脚注中提到的违约概率类别，银行对其进行了强烈的且很成功的抵制。它没有出现在最后修订的框架中。有些监管者声称，这对投资者来说是特别有用的数据，因为即使评级的基础在银行之间是不同的，但这类信息将会告知观察者银行整体风险状况。

作人员在大型银行的风险管理部门查看关于交易对手的风险度量情况时，他们对所获得的经验感到很惊讶。虽然对新的风险管理技术给予很多的关注，但这些技术的执行情况却不容乐观。

乍一看来，在采用精确的风险管理系统中银行的坏账看上去有些出人意料。毕竟，一家具有健全和盈利的特许经营的银行应该有强大的业务体系来采取必要方案，以维护其专营权。其部分的原因可能出于一个简单的事实，即高级管理人员通常被眼前的问题所困扰，这些问题中一些有影响力的参与者或支持者要求采取立即行动。在这种情况下，中（长）期必要的改善风险管理系统可能会从实施优先权清单中撤出。此外，每一个机构组织都面临着资金的竞争性需求。如前所述，在整体银行利益和雇员利益之间是有分歧的。运营部门的管理者并不希望对自己的风险作出准确的评估和管理。如果他们的绩效是与他们部门的收益或估算的利润是相联系的，他们就有动力从事高风险，高回报的贷款。在这种情况下，风险经理是一个显然不受欢迎的"多事者"。

以上背景情况的介绍有助于理解一个看上去不同寻常的论点。该论点是于 2003 年由美联储副主席 Roger Ferguson 提出的针对巴塞尔新资本协议的提议。该提议与改善资本标准的提案一样，也是增强风险管理的建议。[①] 实际上，巴塞尔委员会成为了大型银行之间风险管理者的同盟会。通过在议案中设置有法律效力的内部模型和关联的风险管理系统的资本标准，委员会为了他们自己的金融机构中能够获得更多的资源和优先权，从而给予风险管理者更强的立法基础。

有信息表明，巴塞尔新资本协议的要求确实是银行在信用

---

① 详见 Ferguson, Jr.，评论于 2003 年 ICBI 风险管理会议，日内瓦，2003年 12 月 2 日。

风险管理和风险暴露系统中加速投资的一个重要因素。① 促使银行风险管理改善的目标已设立，央行行长和监管者对该目标的实施富有最终责任②。同时，为了给银行 A - IRB 法合规提供一个激励机制，该方法对资本要求有一个显著的降低。这一激励对所有银行是一致的。正如之前章节所讲述的，这些激励的报酬在巴塞尔新资本协议进程期间似乎已经增长了非常多。考虑到 A - IRB 法的这一趋势和其他批评，一些观察家只能半开玩笑地认为巴塞尔新资本协议对促使银行在风险管理上花费更多的目的已经实现，因此有没有必要实施这一修订后的框架。

总之，巴塞尔新资本协议已经产生了对银行风险和其管理技术——至少在监督者与银行高级管理人员之间——的逐渐增加的关注。这种关注已经使银行在风险管理系统中增加了投资。但不清楚的是，这些合规的效果是否值得监管资本降低水平。这是许多银行在使用修订的框架以及 A - IRB 法固有的复杂性要求的。同时，我们也不清楚这种鼓励不断改善风险管理框架的进程是否是必要的。

---

① 安永金融服务公司的非学术调查发现，超过六成的受访者表示，巴塞尔新资本协议在他们最近的投资活动中成为了主要的或是重大的驱动力。当然，对自我选择的受访者来说这种调查是完全适用的。彼得戴维斯和贺贝伦斯总结了调查的结果，"商业银行看见了巴塞尔新资本协议光明的一面，"美国银行家，2004年4月2日，11。在随后的几年，随着修订框架的颁布，银行在风险管理上的投资可能由编写适度的巴塞尔新资本协议合规需要所驱动。通常认为这种编制情况比预期的要慢。QIS - 4 和 QIS - 5 的巴塞尔新资本协议标准最近的一些相关类别试验数据使人们相信这个结论，即银行还没有准备好实施 A - IRB 法。

② 详见 Knight，"全球银行业：模式转变——管理的过渡"，发表于印度商业和工业联合会——印度银行协会会议，盂买，2007年9月12日。

内部评级高级法的潜在负面影响

除了关于 A－IRB 模型有效性的讨论，相关人员已经确定了内部评级高级法的两个潜在重大弊端——监管资本固有的周期性影响和非 IRB 银行的竞争性劣势。当然，非 IRB 银行的竞争性劣势并不是委员会的初始目标。尽管委员会没有列出一组银行相对于其他银行的优势，但它制定了三个不同监管资本方法。事实上并非 IRB 银行处于竞争性劣势。在任何情况下，对这两种影响的重要性都存在不同的意见。此外，这些批评早在巴塞尔新资本协议进程的初期就已经被提出了，委员会表示他们会减轻——尽管没有消除——IRB 法的推行力度。

宏观经济的重要性

巴塞尔新资本协议模型引起了大量的学术讨论，主要是关于该模型是否会使资本充足监管引导的周期性影响更加恶化。第三章解释了为什么长期以来资本充足率的要求对增强周期性趋势一直备受质疑，这在贷款模式中是不可避免的。关于巴塞尔协议本身是否有这样的影响，特别是在 1990—1991 年的严重衰退环境中，目前还存在持续的争论，且这一境况随着巴塞尔协议的实施而愈演愈烈。如前所述，资本要求如巴塞尔协议中的要求似乎对某些类别的借款人有种可度量的影响，但对宏观经济的影响程度仍然不确定。

对巴塞尔新资本协议的担忧是，A－IRB 方法的三大特征可能会导致更显著的周期性影响①。

首先，内部模型的使用目的在于给银行资产信用风险的改变带来更高的敏感度。A - IRB 要求的模型以一年为时间框架来决定贷款的违约概率。经修订的框架详细说明了评级应至少每年更新，包括对更高风险借款者或当获得相关新信息时进行更加频繁的评估②。在经济衰退期间，评级将在相对短时间框架内增加违约概率，从而导致更高的资本费用。这与巴塞尔协议和巴塞尔新资本协议标准法形成鲜明的对比，巴塞尔协议根据风险类型分配贷款，除非出现重大的不利判断或事件，否则不再进一步调整。而巴塞尔新资本协议的标准法是利用外部信用机构来进行评级。后者的分配伴随着一些对企业整体业务信誉的关注，从而对宏观经济变动更加缺乏敏感度。

其次，第二个关注的问题是，作为关键参数的违约损失可能具有放大的效应，一方面是因为违约借款者的情况在衰退期间显得更为不利；另一方面是因为抵押品价值由于某种资产价格的普遍降低而削减。如果内部模型反映了一种预期，即经济

---

① Goodhart，Hofmann 和 Segoviano（2004），站在历史的角度来看巴塞尔新资本协议。他们认为银行部门的自由化和资本充足率要求已经增加了银行贷款的周期性，并且巴塞尔新资本协议将大大加剧这些趋势。

② 巴塞尔委员会（2004c）。在最初的巴塞尔新资本协议建议规则制定的联合预先通知中，美国银行机构同样规定，银行应该拥有一项政策，即需要一个动态的评级认可，以确保债务人和损失幅度的评定等级能反映当前的信息（美国财政部货币监理办公室等，2003，45，956）。

衰退期间的损失不仅会更频繁地发生，而且还会平均增大①，结果就是产生更大的资本费用②。

再则，尽管第三支柱下的披露要求是恰当的，但这些要求自身会影响银行的行为，因为管理层考虑到对投资者和交易对手不利的资本充足率信息的影响。这些因素累积起来可能会显著地增加资本费用，当与真实损失引起的资本削减相结合时，资本比率将会有较大幅度的下降，接近于（或由下文可以理解）最低监管要求。之后银行管理便会受到贷款限制，甚至是对那些信誉良好的借款者。

刚刚假设的情景，不应被误解为巴塞尔新资本协议将稍微增加资本要求周期性。尽管 Estrella（2004）；Goodhart, Hofmann 和 Segoviano（2004）；Kashyap 和 Stein（2004）；Pennacchi（2005）；Persaud（2008）都找到证据认为顺周期性可能大大恶化，Gordy 和 Howells（2006）以及 Saurina（2008）对此也表示怀疑，认为巴塞尔新资本协议将产生重大的边际顺周期性效应。尽管可以认为信用风险模型有可能倾向于顺周期性，但 Allen 和

---

① 我们质疑，违约损失参数是否将使顺周期性恶化，Gordy 和 Howells（2006）引用了两项研究说明了银行改进它们的问题贷款抵押品状况的趋势。如果这些结果得到全面普及，他们认为，随着违约概率的上升，违约损失可能会减少，而不是两个变量的同向移动。然而，Allen 和 Saunders（2004）通过对文献资料的审查使人们对这种情况产生怀疑。他们越来越达成"共识"，即违约损失率与违约概率呈正相关的，这样损失会增加，违约也会增加。是否很好地建立了这种共识是另一个问题——一种更审慎的立场，可能是有足够的数据得出的唯一的初步结论。

② 经修订的框架认为，违约损失的价值可以在接近一种贯穿业务周期的基础上来计算，从而减少对顺周期性波动的怀疑（巴塞尔委员会，2004c）。不过，对违约损失的调整可以是明确预期的（巴塞尔委员会，2004c）；取决于银行如何对其进行调整，他们可以有效地使最近的经验占有更多的权重。在这里，如同巴塞尔新资本协议中的许多内容，结果将取决于银行的谨慎和监督者监管的结合。

Saunders（2004）假设，这一效应可能在大型金融机构中通过市场风险模型的顺周期性偏向在某种程度上得到对冲。决策者们同样认为，通过鼓励银行采取更好的风险评估管理系统，巴塞尔新资本协议将会对银行自然顺周期性行为产生抑制的效应①。

此外，在答复关于 CP - 2 中对内部模型方法顺周期性影响问题时，委员会作出了许多改变，这些都列入了 CP - 3 中，并最终列入经修订的框架中②。最重要的是，对风险加权公式根据对顺周期性的影响进行了改进。资产相关参数随着违约概率的增加而下降，从而降低了资本要求随着违约概率增加而上升的速度。这种方法中平坦的曲线可以减轻顺周期性的影响。另外，巴塞尔新资本协议包括许多符合 IRB 法的要求，这样银行就可以进行完善的压力测试项目，也可以考虑到经济或行业低迷的影响（巴塞尔委员会，2006g）。在第二支柱中，要求监督者着眼于外部风险因素来决定每一银行的资本水平，如业务周期影响和宏观经济环境（巴塞尔银行监管委员会，2006g）。这意味着，在实施第二支柱原则时，监管机构应预期银行普遍在最低资本水平上运营，这些监督者将要求这些压力测试结果指示的

---

① 详见 Saurina（2008）以及 Caruana，"巴塞尔新资本协议——银行业监管的新途径，发表于第四届金融部门政策挑战国际研讨会，华盛顿，2004 年 6 月 1 日。同时 Viñals，"金融系统和监管的顺周期性"，发表于金融系统管理顺周期性会议，香港，2004 年 11 月 22 号。

② 为了调查这个问题，国际清算银行（BIS）在 2002 年 3 月召开了主题为"风险随时间推移而改变"的会议，与会人员包括中央银行行长，监督者，学者和市场参与者。这促使一些国际清算银行研究的发展，如 Allen 和 Saunders（2003），Amato and Furfine（2003）。最近由此产生了一些关于这个问题的学术工作论文，并影响了文中描述 IRB 方法的修改。

额外资本①。决策者如 Jaime Caruana 所强调的第三个改变,② 促使银行——尽管并没有完全要求——在分配风险评级上采用较长期的时间框架,以便考虑经济衰退对信誉的影响。③ 也就是说,委员会试图在 IRB 法中纳入标准法中的不同周期的评级元素,因为它依赖于外部机构的评级。

当然,这些变化对他们自身来说是有一定成本的。平滑的风险曲线使得资本要求对银行一些特殊的信用风险更加不敏感,从而加大了经济资本与监管资本之间的差距。也就是说,这些经验表明,违约相关性是随着违约概率的增加而增加的④。监管当局利用银行压力测试的结果再次声明了提高资本要求的重要性,这一检验方式从未通过严重的经济衰退来进行测试。Gordy 和 Howells(2006)认为,通过贯穿业务周期的评级破坏了 IRB 资本要求跨越时间的可比性,因此,要防止市场参与者从资本比率来推断银行投资组合风险的改变。

A - IRB 对资本比率对宏观经济影响程度没有一个明确的评估或说明,或者 A - IRB 法有可能将自己定位于一个现实世界实验。英国金融服务管理局(2004)的一个工作人员在论文总结到,第一支柱要求的"令人感到极端忧虑的"波动性将会通过

---

① 英国金融服务管理局(2006)已提议一项在适当情况下这种做法的途径。

② 详见 Caruana,"货币政策与巴塞尔新资本协议",第 33 届经济会议,维也纳,2005 年 5 月 13 日。

③ 经修订的框架的第 414 - 416 段规定,"期望银行在分配评级的时候利用长期的范围"以及多种可选的方法来这样做(巴塞尔委员会,2006g)。而这种期望被执行的程度显然是一个国家监督权的问题。委员会考虑到要求跨周期的评级,但在经修订的框架公布之前,要对这项义务进行简化。

④ 对适用于零售贷款的这一提案的证据可以在银行和金融专刊中的数篇论文中找到——Allen, DeLong 和 Saunders(2004);Cowan 和 Cowan(2004);Deitsch 和 Petey(2004)。

评级方法的组合来削减，这些方法产生了对违约概率和违约损失率的周期性估计。但事实上，部分银行资产组合可能非常不具有周期性。另外，该工作论文承认，这也可能是一个潜在的非常严重的问题，部分原因是银行本身似乎普遍无法衡量他们自己评级系统的周期性效果。英国金融服务局随之而来地发表了一份关于增加资本费用作为对周期性衰退缓冲的提案，该提案指出，对巴塞尔新资本协议潜在宏观经济影响的争论仍然"很活跃并还未解决"（英国金融服务管理局，2006）。由于次级抵押贷款危机的爆发，经济的增长放缓了，尤其是在美国，因此通过监管机构来观察巴塞尔新资本协议资本要求的影响周期的目的只能推迟。

顺周期问题的争论在一定程度上缓解了不少。巴塞尔新资本协议增强顺周期效应将是监管机构意想不到的后果，至少这是不曾预料到的。一个关键的问题在于，有关顺周期性问题的争论实际上就是关于审慎性要求和经济增长关注之间的平衡问题在资本要求上的体现。如果是这样，顺周期性就类似于其他在经济监管中出现的问题，其在两种社会迫切需求之间的最佳平衡点很难通过一种精确的方法来进行度量。另外，导致次贷危机的事件引出了另外一种可能性，即 A－IRB 法自身的顺周期性效应的放大机制对静态的监管政策提出了怀疑。例如，如果风险相对较小，那么住房市场的投资需求和投资价值就会上升，从而会导致住房抵押贷款的风险进一步下降，那么就会产生抵押贷款较低的资本要求（以及抵押贷款支持的证券）。还有，如果拐点发生以后，出现一种突然且持续不变的市场低迷，则可能无法给银行提供充足的时间来建立资本，从而响应大幅增加抵押资产的风险。

当新体制开始实施时，监督者将会一直关注巴塞尔新资本协议的周期性效应。巴塞尔委员会通过发布和分享资本要求周期性影响的信息来企图解决这个问题①，并作为监督的一部分来响应次贷危机。同时委员会还表示，将会分析 2008 年年底可用的数据以确定是否需要进一步的校准（金融市场稳定论坛，2008）。事实上，对于解决这一问题的方案协会已经有了一定想法，这些想法可以在不牺牲太多风险敏感度的前提下减缓顺周期效应。一个是根据不同经济状况，使用不同的风险曲线公式来计算资本要求（Kashyap 和 Stein，2004）。因此，例如，负的GDP 增长率会自动降低资本要求，相反，在 GDP 稳定增长期间资本要求又会上升。另一个相关的构想是，对自回归规则，这将直接使来自衰退期的资本公式得出的结果变得平稳（Gordy 和Howells，2006）。第三个建议是更多地依赖于基于风险的存款保险费以及更少的依赖于资本要求（Pennacchi，2005）。第四是使用会计准则来加强反周期贷款损失的准备金（Jiménez 和 Saurina，2006）。

　　这些和其他的解决办法一样还是有其自身的问题（例如，申请使用不同资本要求计算公式的滞后时间等问题），但至少我们可以想象与基本模式一致的解决方案。然而，任何这样的解决方案在最大的可能性就是可能使一个本身已经很复杂的资本规则更加得复杂化。此外，就像将在第六章中讨论的那样，许多对 A－IRB 法的修改似乎与巴塞尔新资本协议的国际特色是不相吻合。

---

① Benford 和 Nier（2007）描述了英国金融服务管理局和英国央行为了监控与商业周期波动相关的资本要求而开展的活动。

平等竞争

巴塞尔委员会提出的三种计算监管资本的方法引发关于在同一监管系统中不同等级的银行是否会具有竞争优势（或劣势）等类似的问题。由于内部评级法还在不断进行修改，以降低资本要求，规模较小的银行越来越关注相对于使用 IRB 方法的银行他们是否将处于不利地位。根据巴塞尔协议，每家银行都必须对一定的数量特殊客户贷款设定同样数量的预留资本。根据 A - IRB 法，许多贷款或许多不同等级贷款的资本要求比巴塞尔协议下以及巴塞尔新资本协议标准版本所要求的更少，因此采用 A - IRB 法的大型银行的这些贷款时会享受更低的监管成本①。因此，对许多住宅按揭抵押贷款的资本要求在 A - IRB 法下会大幅下降。规模较小的银行发现，在经济上花费必要的资源来建立风险评估的内部模型系统并申请系统合规是不可行的，而且他们很担心自己没有能力实施这类模型，从而最终会放弃采用 A - IRB 法。同时许多后果可能接连产生：

第一，没有采用 A - IRB 法的银行可能会遭受其收入和利润的下降，因为它们对某些业务线的定价太高。

第二，未采用 A - IRB 法的银行可能成为 A - IRB 法银行具有吸引力的收购目标。前者可以看到他们获利的商业机会在减少，而后者会在巴塞尔新资本协议实施之后立即倾向于增加他们不受妨碍的资本。所记载的 QIS 的结果揭示了 A - IRB 银行并

---

① 如下文所讨论的，IRB 初级法对一些投资组合产生了比在 A - IRB 法下大大不同的资本要求，而这一事实使这种情况更加复杂化。这种新难题并不适用于美国，因为美国不允许其银行选择基本的方法。

购非 A - IRB 银行将大大降低总体资产组合的资本要求，也将即刻使得这些资产在 A - IRB 银行的手中变得更有价值①。然而，美国银行数量的进一步降低似乎是不可避免的②，同时，监管机构的干预也是无效的。

第三，非内部评级的银行可能会通过承担更多高风险资产来适应。在小型银行中对低质量资产的集中不一定必然地降低那些机构的安全性和健全性。在高风险类别中，充足分散性和考虑更高信用风险的适当溢价在理论上将包含任何银行偿付能力的风险。或者说，银行可以通过使用短期存款来接受更大程度的利率风险以筹集固定利率的抵押贷款。然而，历史就这几点来说是很清醒的。20 世纪 80 年代臭名昭著的储蓄与贷款危机，是在机构承担了更高风险资产和更大利率风险的环境中产生的，至少部分原因是在利率管制之后。且不说这些机构管理者基于道德风险（或明目张胆的欺诈行为）的战略，管理更具风险的投资组合所需的专业技能可能会远远超过机构管理者的自身素质。

第四，拥有更高风险贷款的银行将可能不会进行巴塞尔协议合规而是向监管盲区的产品或业务倾斜。从银行安全性和健全性角度来看，这种情况的发生很可能在其他领域导致一些问题。例如消费者保护，次级借贷的广泛滥用极大地可能导致了

---

① 在欧洲，有不少人提议，银行采取内部评级法也可发现自己的并购目标。这个建议背后的理由是，银行在资本要求降低最多——如抵押贷款——贷款类型的大量业务将发现他们自己增加的资本缓冲区，这样他们就无法通过有利可图的贷款机会来使其迅速回落。因为监督者可能会不同意对股东进行红利分配，这将直接与减少的监管资本相关联，这些银行对那些可快速通过额外贷款来利用资本缓冲区的银行来说可能成为其有吸引力的目标。

② 在过去 20 年，美国社区银行的数量已减了一半，由 14 000 家降至 7000 家，而前 10 大银行持有的存款比例增加了一倍多，从 16% 上升至 40%。

2007 年的危机。

第五，一些地区和社区银行表示担心，非内部评级的银行将被有关投资，外部信用评级机构，以及高级的客户视为"第二等级"①。

关于以上五个问题有两个方面的考虑：①他们的表现形式是什么？②这五个问题的影响是正面还是负面？

就表现形式来说，最后三个问题很难进行量化，部分原因是因为大多数的解决效果取决于监督者、其他政府部门以及市场参与者的反应。其中政府应该可以预防或控制风险资产的迁移和监管的跨区规避等问题，不应该直到重大的伤害已经造成才出面解决问题。第五个问题——对非 IRB 银行二等地位的潜在可能性——似乎存在投机的问题，结合第一个和第二个问题共同评估时，我们发现这很容易受到一些量化指标不够显著方面的影响。例如迄今为止对其实证研究相对较少，这或许是因为 A - IRB 公式在巴塞尔新资本协议起草期间频繁地改变，并且作为 QIS 研究的基础，公式所带来的影响一直难以进行准确度量。不过，作为一个初始起点，QIS - 5 的研究肯定了市场预期，即资本要求计算的三种不同方法对相同的投资组合可以产生三种不同的资本要求结果（巴塞尔委员会，2006d）。例如，大型银行可能采用 A - IRB 法的结果显示，他们可以在 A - IRB 模型下持有低于在标准法下要求的 20% 的资本。

在大多数巴塞尔委员会国家（和许多非委员会国家）中潜

---

① 在 A - IRB 银行中同样存在竞争的影响。例如，对同样客户的同样期限和同等数额的贷款会产生不同的风险权重，这种风险取决于两个不同的 A - IRB 银行的模型和经验评级。例如，监管异常需要处理以防产生银团贷款，并且它可能会激怒内部评级金融机构。之前讨论的 QIS 的结果恰好揭露了这样的异常。不过，A - IRB 风险权重可能因为银行的特殊性质变得带有随机性，但是一个足够完善的内部评级系统可以改善这种情况。

在的不平等竞争在一定程度上可以通过基础内部评级法（F－IRB）的采用而得到缓解。中等规模的银行似乎准备大量地采用这种方法。F－IRB 和标准法对某些类别资产的资本要求估算的差异比较大，这些银行会避免大银行贷款领域，因为大型银行可以采用 A－IRB 方法，从而计算出较少的资本要求，这样的话，中等规模的银行就会在贷款的风险定价上处于劣势的地位。在美国，其中唯一的选择就是在 A－IRB 法和 IRB 初级法，因此，不平等竞争的情况只会加剧。

美国联邦储备委员会的研究员已经注意到了这种影响[1]。贷款市场中，大型和小型银行存在直接且剧烈的竞争。例如中小型企业贷款和住房抵押贷款。[2] Berger（2006）得出结论，认为一般而言，规模较小的银行对同类型中小型企业的贷款无法同大型银行竞争，但较大的非 A－IRB 银行相对于 A－IRB 银行可能确实处于不利地位。[3] 这项研究发现，社区银行倾向于给基于

---

① 这个事实本身是有趣的。它可能会导致更大的制度激励使联邦政府鉴于当前政策的争论观点讨论这些问题，尽管存在这么多尚存的不确定性影响的困难。具体来说，行政命令 12866 要求联邦机构对"重大管制行动"的监管影响分析。来自美联储的研究人员认为如果他们有机会获得 QIS 研究的原始数据的话，他们研究的准确度将有一个质的飞跃。有趣的是，似乎在欧洲已经有更多的研究是关于不同的巴塞尔新资本协议方法对应不同的资本水平。这项研究大部分都是针对中小型企业的小型贷款，而不是在抵押贷款，也许相对于美国，对许多欧洲大陆国家而言，抵押贷款的重要性程度相对较低。最近的一个论文试图跨国家比较对巴塞尔协议在澳大利亚、意大利和美国对小型和中小型企业贷款的影响（奥特曼和萨巴托，2005）。

② 美联储研究人员最近的一项研究表明，信用卡借贷的资本要求可在标准法下比在 A－IRB 法下更低（Lang，Mester 和 Vermilyea，2007）。但是，研究指出，极少的小型银行拥有信用卡这项业务。这种差异对于那些将使用标准法的区域银行是非常大的，尽管这一优势可能会被其他形式风险暴露的劣势所抵消。

③ 虽然 Berger 关于中小型企业信贷市场的论文直到 2006 年才发表，但早期版本作为美联储的工作论文于 2004 年发表。

传统关系标准的中小型企业发放贷款，如本地信息，与公司高层人员熟悉等。另外，未采用 A－IRB 法的更大的银行主要是依靠财务信息来进行贷款，正如 A－IRB 银行所做的。

在所有规模银行的抵押贷款中存在直接的竞争。由于能够获得的研究成果比较有限，研究结论也是喜忧参半。以下两篇论文得出的结论稍微有所不同。Calem 和 Follain（2005）的结论认为，A－IRB 银行和其他银行在高质量抵押贷款的资本要求上差异比较大，这一差异对 A－IRB 银行来说将转化为大约 10 个基点的成本优势。在此基础上他们预测，A－IRB 银行将获得的年利润在 1.16 亿美元到 2.79 亿美元之间，而其他银行的年利润的损失在 6.55 亿美元到 8.8 亿美元之间（这一结果负总和的特征归因于来自更激烈竞争中消费盈余的增长）。Hancock 等人（2005）研究 10 个基点的差距是否会在抵押贷款市场上出现许多问题，在这一市场上的利率通常以 0.125% 或 12.5 个基点的上浮来对贷款进行定价。更重要的是，他们认为，对于许多美国的抵押贷款市场有效的资本比率已经低过了巴塞尔协议水平，由于背靠政府企业在这个市场上大量的存在，如房利美等，导致这些企业具有相当低的资本要求。①

通过对比以上两项研究，Flannery（2006）认为目前就下结论还不够条件，特别是在杠杆比率仍然有效的情况下。他倾向于这种观点，A－IRB 银行的成本优势将对市场有一定的影响。他假设，可以这样做的小型银行可以通过将他们的抵押贷款组合转化包括低信誉高收益的抵押贷款来规避竞争劣势的问题。因为巴塞尔新资本协议对所有的住房抵押贷款使用相同的资本

① 政府支持企业的资本要求，如房利美，在次贷危机和 2008 年 7 月国会通过的补救法规之后几乎毫无疑问的增长了。然而，目前他们的资本要求比商业银行还要低，这一差距也可能继续维持。

费用，不论他们的潜在的信用风险如何，这一战略都允许小型企业通过抵押贷款而降低他们的资本要求。Flannery 指出，一些还未涉足这类贷款的小型银行出于银行监管资本要求的影响都可以重新平衡他们的投资组合。他还认为，当大型银行采用 A‒IRB 法时，政府支持的企业很可能是净输家。[①]

至于未采用 IRB 法的银行将成为 A‒IRB 银行并购目标的可能性，美国联邦储备委员会的工作人员研究表明，新的资本标准不太可能加快银行并购的步伐（Hannon 和 Pilloff，2004）。作者指出，监管资本在过去很少被作为银行并购的激励机制来引用，并且推断监管资本不会被行业参与者多度看重。基于过去高度资本化银行并购倾向的调查以及在合规体系下加强杠杆比率约束力的影响，他们发现，在资本标准和并购之间没有统计学上的显著相关性。正如 Flannery（2006）所指出的，不同银行根据巴塞尔新资本协议对不同信贷资产的资本要求来作出并购决策的方式还未得到实证研究上的确认。因此，我们仍有许多地方是凭直觉，缺乏直接而确凿的证据。

就目前的情况来说，我们缺乏令人信服的证据下一个最终的结论，即小型银行是否会在实践中处于不利的竞争地位。但是，如果一些未采用 IRB 法的银行的影响在实践上变得显著的话，那我们可以合理地认为 A‒IRB 模型中的一个基本的问题，即平等竞争的问题。平等竞争问题历来在美国银行政策中起着重要作用——州立银行与国家银行之间，银行与非银行金融机构之间，以及美国银行与外资银行之间。在其他一些国家也存在着类似问题。在德国，国民银行的监管影响是一个很大的政治问题，同样也是重要的经济问题。当然，只要存在银行监管

---

① 抵押贷款市场，包括政府支持企业的角色，在次贷危机后看上去与事先预计的非常不同。这些变化本身可能会影响在文本中研究讨论的相对重要性。

的不同口径，不同等级的银行之间的竞争条件唯独只有通过消除特许机构的独有权利和修改其他机构不同监管口径才能做到真正的平等。在美国，特许机构和其他机构之间的竞争的现象是众所周知的，在州立和联邦机构之间，以及联邦银行机构之间都是存在竞争的。

关于目前与银行规模大小相关的监管差异，我们认为这种差异是适当的。社区银行和花旗银行可能同时采取保险存款和发放贷款，但本质上的相似到此为止。尽管他们在一定程度上可能为了存款而竞争，但他们对资产的竞争——除了住房抵押贷款——是相对受到限制的。他们一般在不同的产品市场中都会起作用。花旗银行的活动包括外国主权贷款，大型银团贷款，掉期以及许多其他在有着最优运营能力和最有利可图的社区银行之外的业务活动。

同时，监管的目标也是不同的。一个非常大型银行的倒闭将对系统性影响构成威胁。几乎每年都有小型银行的倒闭，并且有时会对联邦存款保险基金产生损失，但对金融体系没有产生风险。出于对系统性风险的担忧和针对庞大复杂货币中心银行运营的特殊性，联邦银行机构已经为大型银行的监管制定了特殊的监管体系。美国联邦储备委员会已联合其他联邦监管机构，为监管大型且复杂的银行机构制定了一套程序（DeFerrari和palmer，2001）。货币监理局办公室将其监管业务划分成两条线，一个是针对全国最大的24家银行，另一个是针对所有剩余的国家银行。除其他事项外，监督小组对大型银行基本上是进行实时审查和监控，而对小银行的审查则是一年一次。联邦存款保险公司已着手进行一项改革，将联邦存款保险制度进行分拆。大银行的保费将反映系统性风险因素，但不反映关闭小银行的成本，而小银行的保费将反映关闭的成本，但不反映系统性风险溢价。因此，为保持一般的准则，同等对待意味着同等评估相似情况的参与者，但并不明确的是，银行法应避免大银行与小银行之间的法制差异。

这将是一个有误导的公共政策，这一政策无法对大型银行采取有效的监管模式，仅仅是因为该政策对小银行是不恰当的。但是，正如美国监管者所发现的，这一误导政策产生的根源在于忽略了潜在性的特殊贷款资本要求的重大差异性。此外，关于在 A－IRB 法下对抵押贷款资本要求大量削减的预期，例如，小银行正确地指出，其利害关系不是笼统的平等竞争观念，而是一个在某一特定具体的贷款市场中非常现实的竞争优势。一个监管政策不应该采取任何歧视手段给予小型银行重大监管劣势，这是一个无法争辩的实际情况。如果去掉这个不利因素的话，中小银行完全可以在这个市场与大型机构进行竞争。

这也许是对社区银行影响的一个实际证明，即他们的潜在竞争劣势可以通过联邦银行机构（大型银行）向实施 A－IRB 法迈进之前进行弥补。他们首先针对未采用 IRB 法的银行提出了所谓的巴塞尔 IA，这种方法减少了住宅按揭贷款的资本要求（美国部财政部货币监理办公室等，2006b）。2007 年他们计划采用经修订过的标准法，该方法将采用许多调低了的资产风险权重，以避免对类似的资产组合过多的资本要求。因此，巴塞尔新资本协议在实施时产生的最有争议的平等竞争问题可能最终会解决，但会以所有银行降低资本要求为代价，而不仅仅是 A－IRB 银行。这是巴塞尔新资本协议合规进程中导致监管资本水平普遍向下压力的重要原因之一。

总结

巴塞尔新资本协议两个理想化的核心目标是：①统一的资

本要求更紧密地与银行实际承担的风险联系起来；②促使银行采用最佳的且可行的风险管理方法。然而，巴塞尔新资本协议 A－IRB 提案能否达到这些目标还值得怀疑。这种方法需要对资本要求的计算方法做出重大改变。然而，这对实际资本水平改变的影响还并不明了。此外，虽然大多数监督机构同意适度下调 A－IRB 银行的资本水平，但他们没有提供关于他们认为目前的银行资本水平没必要这么高的原因分析。

同样令人关注的是，A－IRB 模型尽管相当复杂，但它对银行和国家监管决策来说充满机会，而且与银行因商业目的而实际采用的最先进风险评估和管理系统间接相关，这就可能产生不同形式的监管套利——包括基于监管目的重新对 IRB 进程进行改造。因此，巴塞尔新资本协议似乎存在这样一种可能的结果，即为了使资本水平难以监管，将资本要求的计算过程设置为一种十分复杂和难以渗透的过程（仅仅只有银行和监管机构的极少数人才能够理解），同时通过这种方式计算出来的资本要求并没能监控真实风险暴露和敏感度。整个过程对实际管理提出严重的问题，如果 A－IRB 法假设监管套利是一个现实的问题，那么这一问题就必须克服，从而导致在非常不透明的金融中介行业中银行监管工作会面临更多的困难。因此，A－IRB 模型提出了关于技术调整、银行合规和监管问责机制方面更多的问题。

巴塞尔委员会的官员对巴塞尔新资本协议的批评作出了一定解释，他们宣称第一支柱资本计算只是整体监管模式的一部分。他们指出，第二支柱的重点在于对银行风险管理系统监督，对第三支柱（监管方法和市场纪律）的问题却没有较多的解释。第一支柱和第二支柱这两个重点在不整体考虑 A－IRB 法的情况下是可取的。但是事实上，资本规则本身不仅很重要，第三支柱中包括的更多创新监管方法和市场纪律也是必须考虑的，否则过去 10 年对第一支柱和第二支柱的投入可能将是没有任何作用的。

银行仍然会采用 A‑IRB 法的另外一个原因可能在于，它可以使银行更好地适应某一种监管方式，使复杂、模棱两可、不透明的方案仍然可以获得审批。在巴塞尔新资本协议协商期间呈现的国家监管优势，这使监管者行使第二支柱和第三支柱中涉及的有效监管是有积极作用的。在近期内，次贷危机的出现将有可能为进一步的监管行动创造条件。正如随着拉美债务危机导致了巴塞尔协议的产生，以及储蓄贷款危机又促使了美国法律提出迅速的纠正行动要求，最近的金融危机将在一段时间内给予监管者政治支持，要求必须在审慎的问题上采取坚定立场。但是，正是由于巴塞尔新资本协议非常依赖于持续的监管而不是更传统的规则实施，随着危机效应的消散，持续的监管有可能会被慢慢地淡化。

总之，作为国内监管模式，从巴塞尔新资本协议进程中呈现出来的 A‑IRB 法可以解决很多问题。但这仅仅只是巴塞尔委员会的结论，即总的来说，巴塞尔新资本协议对于银行监管来说是最好最实际的可行办法。下一章我们将讲述巴塞尔新资本协议作为国际协议的价值，接着我们将会考虑是否存在更有吸引力的替代模式。

附录 5A

表 5A.1   1992—2006 年美国十大银行的风险加权资本（RWC）比率

1992 年		1993 年	
银行	比率	银行	比率
花旗银行	9.37	花旗银行	11.13
美国银行	10.83	美国银行	11.89
汉华银行	10.67	汉华银行	12.84
摩根银行	12.68	摩根银行	11.85
曼哈顿银行	10.66	曼哈顿银行	12.24
信孚银行	12.29	信孚银行	13.47
富国银行	11.03	富国银行	14.14
美国住房储蓄银行	12.99	美国住房储蓄银行	12.52
纽约银行	11.39	PNC 银行	10.91
大西银行	10.54	田纳西国民银行	8.82

1994 年		1995 年	
银行	比率	银行	比率
花旗银行	12.68	花旗银行	12.24
美国银行	11.75	美国银行	11.28
汉华银行	11.86	汉华银行	11.49

1994 年		1995 年	
银行	比率	银行	比率
摩根银行	12. 78	摩根银行	11. 24
曼哈顿银行	12. 23	曼哈顿银行	11. 74
信孚银行	13. 31	国民银行	10. 20
美国住房储蓄银行	12. 17	信孚银行	13. 21
富国银行	12. 70	美国住房储蓄银行	12. 42

1994 年		1995 年	
银行	比率	银行	比率
PNC 银行	10. 63	芝加哥第一国民银行	11. 28
芝加哥第一国民银行	12. 51	富国银行	13. 27

1996 年		1997 年	
银行	比率	银行	比率
曼哈顿银行	11. 36	曼哈顿银行	10. 75
花旗银行	12. 12	花旗银行	12. 18
美国银行	10. 98	美国银行	11. 30
摩根银行	11. 72	国民银行	10. 98
富国银行	11. 72	摩根银行	10. 91
信孚银行	13. 25	第一联邦银行	10. 20
国民银行	10. 41	信孚银行	12. 36
PNC 银行	10. 39	富国银行	11. 18
纽约银行	10. 26	PNC 银行	10. 55

1996 年		1997 年	
银行	比率	银行	比率
芝加哥第一国民银行	11.18	关键银行	11.00

1998 年		1999 年	
银行	比率	银行	比率
国民银行	10.27	美国银行	10.90
花旗银行	12.60	曼哈顿银行	11.04

1998 年		1999 年	
银行	比率	银行	比率
曼哈顿银行	11.28	花旗银行	12.35
美国银行	10.81	第一联邦银行	10.22
第一联邦银行	10.43	摩根银行	12.17
华盛顿互助银行	12.11	富国银行	11.22
信孚银行	13.38	美国第一银行	11.48
富国银行	11.20	Fleet	10.38
Fleet	10.84	汇丰银行	18.08

2000 年		2001 年	
银行	比率	银行	比率
美国银行	10.85	美国银行	12.55
花旗银行	12.66	JP 摩根大通银行	11.20
曼哈顿银行	10.88	花旗银行	13.60

2000 年		2001 年	
银行	比率	银行	比率
第一联邦银行	10.73	第一联邦银行	11.68
摩根银行	12.30	华盛顿互助银行	10.93
Fleet	11.49	Fleet	10.57
华盛顿互助银行	11.36	U.S. 银行	12.65
富国银行	11.94	美国第一银行	12.65
美国第一银行	11.14	富国银行	11.79
太阳信托银行	10.77	太阳信托银行	11.00

2002 年		2003 年	
银行	比率	银行	比率
JP摩根大通银行	11.12	JP摩根大通银行	10.43
美国银行	11.33	美国银行	11.31
花旗银行	12.58	花旗银行	12.56
美联银行	11.80	美联银行	11.72
华盛顿互助银行	11.37	美国第一银行	13.71
美国第一银行	13.45	富国银行	11.24
富国银行	11.42	FLEET	11.30
FLEET	11.29	U.S. 银行	10.84
U.S. 银行	10.81	太阳信托银行	10.85
太阳信托银行	10.91	汇丰银行	11.82

2004 年		2005 年	
银行	比率	银行	比率
JP 摩根大通银行	10. 27	美国银行	10. 90
美国银行	12. 60	JP 摩根大通银行	11. 04
花旗银行	11. 28	花旗银行	12. 35
美联银行	10. 81	美联银行	10. 22
富国银行	10. 43	富国银行	12. 17
FLEET	12. 14	U. S. 银行	11. 15
U. S. 银行	12. 11	太阳信托银行	11. 22
汇丰银行	13. 38	汇丰银行	11. 48
太阳信托银行	11. 20	关键银行	10. 38
纽约银行	10. 84	道富银行	18. 08

2006	
银行	比率
美国银行	10. 85
JP 摩根大通银行	12. 66
花旗银行	10. 88
美联银行	10. 73
富国银行	12. 31
U. S. 银行	11. 49
太阳信托银行	11. 36
汇丰银行	11. 94

2006	
银行	比率
FIA Card Services	11. 14
地区金融银行	10. 77

资料来源：美国联邦金融机构检查委员会呼吁报告，附表 RC – R。

第六章 作为国际协议的巴塞尔新资本协议

前面的章节中提到了一个重要的问题，即巴塞尔新资本协议的高级内部评级法（A－IRB）是否适用于国内银行监管。对这个问题的回答虽然对决定巴塞尔新资本协议是否是一种可行的政策创新是必不可少的，但这仍然不能终止人们对它的质疑。毕竟，巴塞尔新资本协议是一个国际协议，是银行监管国际委员会的产物，这些监管者的存在即证明了一定程度的银行监管协调是必要的。因此，对巴塞尔新资本协议的最终评价也取决于是否能促成有价值的国际合作。本章探讨了作为国际协议的巴塞尔新资本协议和将作为国内法律实施的巴塞尔新资本协议监管模式之间的关系。

作为一个国际协议，而不是作为由该协议创建的国内监管模式，巴塞尔新资本协议是资本充足和监管要求的一个统一集合，至少对于 IRB 方法，基本上是通过国际谈判从无到有发展而来的。这些详细而复杂的统一要求将由国内银行监督者组成的非正式机构进行监督。巴塞尔旧资本协议也是资本充足率要求的统一集合，但那是一个非常简单的协议，在巴塞尔委员会非正式成员国内实施。然而，与巴塞尔新资本协议不同的是，它不包括任何明确的预期，比如希望各国政府如何执行对银行的资本要求。也就是说，旧巴塞尔协议只是制定了原则性的规则，即在国家层面上对银行所应有的约束力，而不是监督的一个特定方法。此外，旧巴塞尔协议协商的起点是美英两国的双边理解，这种理解本身就是建立在对风险加权资本要求的基础上的，而这些要求在许多国家已演变了一段时间。

巴塞尔协议对建立国际统一的资本要求的潜在好处（再次特别强调 IRB 方法）可分为四个类别①：

第一，共享资本规则可为各国提供保证，保证其他国家的银行运营良好，不会对本国银行造成巨大的对手风险，甚至引发国际金融危机。这个潜在好处在巴塞尔新旧协议中均存在且很明显，因为它适用于巴塞尔委员会成员国自身的大型国际活跃银行。在某种程度上，如果非成员国效仿这些合理的统一标准，就会产生另外两项好处，即增加了来自非成员国大型国际活跃银行健全运营的保证以及降低了由其国内银行危机引发新兴市场金融风险的几率。

第二，资本协调可能使得不同国家银行间的竞争条件更加平等。如第三、四章所讨论的，这也是巴塞尔旧资本协议和巴塞尔新资本协议一个强大的激励因素。

第三，统一规则、标准和监管程序的运用，能促进对跨国银行进行一致和有效的监督处理。在这里强调进行国际监管合作，部分源于在银行风险头寸方面国际社会和各国国内有共同的利益，基于他们在巴塞尔旧资本协议下的经验，银行风险头寸管理对监管者来说更加重要。

---

① 在第一咨询文本中委员会对目标的说明包括继续促进金融体系的安全和稳健，增强竞争力平等，对风险的更全面理解（即"三支柱"方法）。伴随着 IRB 方法的转变，委员会明确增加对其一系列目标的正风险敏感性（巴塞尔委员会，2002a），委员会已表示了其打算将整体资本水平维持在现有的水平，并为银行采用 IRB 方法提供激励措施。其实，对风险和增加风险灵敏度一种更全面方法的目的是追求加强安全和稳健总体目标的具体目标。

第四，统一监管可能对非政府参与者产生直接好处。接受跨国监督的跨国银行发现，如果单一的资本要求都适用于所有的子公司和分支机构，那么它们的管理负担将大幅度减轻。为监管目标而发展的统一标准可能会促进信用风险的交易和投资者对银行的审查。这些影响也可能间接有利于安全性和稳健目标的实现。

在进行国际监管标准化的同时，我们也应该考虑，统一监管是否适合所有国家。这是针对巴塞尔新资本协议的一个特别突出的问题，即巴塞尔新资本协议试图在一个比先前任何监管领域、任何国际谈判都更详细的水平上进行协调统一。与此相关的研究由两部分组成。第一，巴塞尔新资本协议从统一银行监管中如何有效实现预期的利益？第二，从统一监管中获得的这些好处是否大于为接受国际统一标准而取代各国特定情况及自主管理的成本？本章其余部分考察了国际合作每个潜在收益的相对重要性和巴塞尔新资本协议实际能实现这些收益的可能性。

如前章节所述，巴塞尔新资本协议大部分是预测的，因为政策决策明显具有前瞻性。事实上，巴塞尔新资本协议是一种新的国际协议，现有协议的经验对它没有直接的启发性。我们必须依靠我们所知道的来预测巴塞尔新资本协议的影响因素——银行监管的现状、监管者的能力和政治限制、巴塞尔委员会的体制特点以及谈判历史。然而，对于其所有难以把握的地方，都必须回答巴塞尔新资本协议是否具有建设性的问题。巴塞尔新资本协议的首创性也使得其成为一次相当有趣的尝试，即如何管理国际经济活动或考虑用新的贸易协议替代原有的协议，作为减少国际贸易摩擦和投资壁垒的机制。

安全性和稳健性

巴塞尔新旧协议的目的都是加强国际活跃银行的安全性和稳健性。其理念是出于对国际环境下一家大型银行的倒闭可能对其他国家银行造成巨大影响的考虑。在极端的情况下，导致系统性危机的爆发。实际上，在1974年纽约富兰克林国民银行和科隆赫斯塔特银行破产后、国际金融海啸时，巴塞尔委员会本身就是由各国的监管机构组成的。

此外，值得注意的是，无论是巴塞尔旧协议还是巴塞尔新资本协议都没有专注于资本监管安全性和稳健性的精确目标。资本监管公认的理论依据的缺失不仅仅是一个学术界的问题。正如第二章解释的，对银行激励、安全网影响以及银行监督理由的不同意见会产生对资本要求非常不同的模式。由于没有这样的说明，因此只能从修订后的框架本身去推断巴塞尔协议的理论基础。

资本充足率监管的实施可以视为强制银行持有资本的一种方法，市场将在政府安全网缺失时要求银行的资本充足率水平，以此作为防止系统性问题的措施。系统性问题是由于银行破产所造成的，或两者兼而有之。第一支柱中的A－IRB方法反映了第一条理由。它要求构造预期在特定时期会发生可能损失的概率密度函数，然后指定资本的特定水平。该资本水平将在99.9%的置信水平下降低破产概率。不可否认，这是一个相当高的标准。然而，美国银行监管机构已经认识到，因为计算输入值的错误以及组合集中度考虑遗漏的可能性，这种名义目标可能夸大了实际达到的置信水平。根据定义，在任何情况下，这种计算资本充足率的基础不包含极端的"尾部事件"——即在银行保持合规的资本水平情况下，损失仍然导致银行破产。

对于大多数行业的大多数企业，对极端尾部事件投保的机会成本非常大，从而防止对实际经济产生误导。但是，对于商业银行，极端尾部事件与系统性危机大致一致。因为各银行之间通过银行间拆借市场和支付系统都有密切的关系，一家银行的极端事件可能会对整体经济产生大规模的负外部性。鉴于这些考虑，2003 年 12 月，美国联邦存款保险公司（FDIC）的研究人员认为"银行持有的社会福利资本通常会超过预计的资本水平，银行会计算这些社会福利资本水平，以满足自己的需要"（2003 年联邦存款保险公司）。鉴于对发生金融危机的担心，一名评论员甚至认为应该有两个审慎的资本标准，一个旨在通过美元保险存款最大预期损失率来保护纳税人，另一个是大银行的额外破产概率规则，因为大银行的破产将造成系统性风险（Mingo，2000）。

也许人们会认为国际协议的资本要求将直接关注可能威胁全球金融体系的系统性风险。尽管这个问题还并不太明确，但巴塞尔新资本协议似乎并不针对系统性风险，和 1988 年的巴塞尔旧资本协议一样，巴塞尔新资本协议给出了最低资本比率的公式。如前所述，各国监管政策为许多银行规定了更高的监管资本比率，并且按照第二支柱的监督原则规定，监管当局"应希望银行的资本高于最低资本监管标准比率，并应有能力要求银行持有高于最低标准的资本"（巴塞尔委员会，2006g）。摘要部分强调关于最低资本水平是基于"个别银行的不确定性"。委员会指出，第一支柱包括一个关于"围绕第一支柱制度影响银行业整体的不确定性"的缓冲区。因为第一支柱中计算的资本比率建立在传统信用风险建模技术的基础上，不是对相关系统性风险的一个具体评估。当然，如果资本率的设定水平仅高于存款保险基金保护的基本要求，那么我们可以说，缓冲区提供了一只有助于防止系统性问题的"眼睛",但是,这一结论假设与银行操作有关的系统性风险在某种意义上与信贷风险成比例。

沿袭格林斯潘在第二章中叙述的意见,参照修订以后的巴塞尔新资本协议,虽然不能起决定性作用,但总归是一个比较好的方法。控制系统性风险是央行在其最后贷款人功能上的职责。但是,如果将控制系统性风险排除在巴塞尔新资本协议之外,这就让人非常疑惑。尽管银行安全性和稳健性对监管当局非常重要,目前也以安全和稳健资本管制为主要目标,然而,巴塞尔新资本协议在促进这一目标中的作用并没有它所标榜的那么显著。乍一看,人们可能会认为,通过要求每个参与国采用更好的银行监管模式,一项国际协议能够促进本国银行系统的安全和稳健。执行这样的范式应将风险的非流动性或破产降低至可以接受的水平,相应的会包括其他国家对手银行总部的风险。然而,此刻问题是如果这一管理模式是如此的优越,为什么参与国家必须要通过形成一项国际协议后才会去执行它?因为为了各自的利益他们可能会各自单方面采用此管理模式。

作为协调国际资本标准更有说服力的观点,与系统性风险相关的负溢出效应并不是最前沿和最主流的观点,这取决于监管当局对此的关注程度。每个国家的监管当局都在一定程度上对本国银行采用更宽松的资本标准以支持本国银行的竞争力。然而,监管当局虽然采用了固定的标准,但后来大都没能严格执行它们。总之,可以说各国政府是间接助长了它们各自国内银行的风险(White,1994)。Dell'Ariccia 和 Marquez(2006)就这一问题提出了一个变通的方法,并提出了他们的观点,即一个地区的高资本标准对其他地区会产生正的外部性。其他地区的国际活跃银行享受递增收益,不仅因为它们有能力用可用资金的额外收益发放更多贷款,还因为资本标准高的地区对当地银行的限制将减少对边际贷款的供给,从而会提高利率。这样,拥有更少限制的银行就可能从中获益。如果这个作用很明显的话，较高的利润将使资本要求较低的银行更安全。这看起来十分具有讽刺意味。同时，在监管相对严格的地区，更高的资本标准可以提高当地银行的安全性，因而能降低对其他国际活跃银行的交易对手风险。

虽然其中一些影响有可能遭到理论界和实务界的质疑，但基本的一点是毋庸置疑的，即监管当局会放宽审慎监管规则以使他们的银行拥有竞争力优势。我们不难想象监管机构有与国内银行相互勾结来推动国内银行事业发展的动机，或者更可能的是在立法者或政府官员的压力下这样去做。这些外部压力，源于国内政策对银行的影响，可能会为了给国内银行寻求国际竞争力优势，或为了现有管理层或银行所有者的利益而放松管制。当然，如果其他监管当局都通过放宽他们自身的标准而"满足竞争要求"，那么任何一个国家的银行竞争优势都将会丧失，而国际银行系统将会变得更加脆弱。一项通过指定每个国家最低资本水平的国际协议可以帮助监管当局免受国内压力从而避免国际银行系统的竞争力下滑到更低的水平[①]。和在旧巴塞尔协议的情况下一样，这种由于提倡使用统一标准方案而导致的问题来自于非监管者关心的其国家银行的竞争地位。另外，如同巴塞尔新资本协议的情况，监督者本身也可能会寻求一项国际协议从而减少预期的遵循资本监管"单边主义"转变的国内压力。

按照这样的理解，关于巴塞尔新资本协议安全性和稳健性的理由和下面讨论的公平竞争理由是密切相关的。从任意一个

①　正如文中所述，国际协调协议的这一理由假定最佳资本标准都将是由国内监管过程产生，在国际竞争缺失和银行系统的稳健性和资本对经济作用失衡的情况下，同样适用于每一个国家。即使放宽这些简单的假设，与监管资本减少的潜在可能性有关的基本观点仍然有效。

角度来看，其他国家的监督者为应对竞争优势（或平等）的要求或代表他们银行的利益，可能会放宽审慎监管标准。因此，随后的一些讨论也适用于巴塞尔新资本协议的公平竞争理由。但是，一个重要的区别是安全和稳健的观点要求对统一标准的有利条件进行可行性分析。管理者可以通过使用任何标准为其银行追求平等的竞争力，只要对来自不同国家的银行有同样的效果，但审慎监管的目标要求对监管模式如何很好地实现这些目标进行一个评估。事实上，基本上可以认为，与公平竞争动机相比，安全和稳健动机在巴塞尔新资本协议中是无法与之比拟的。

　　巴塞尔新资本协议对一个国家国内银行系统安全和稳健的贡献将主要（虽然不是完全的）基于和其他国家联合对银行进行的监管。严格来说，这些影响应通过比较作为监管范式的修订后框架和每个国家在缺失国际协议情况下颁布的监管政策来进行衡量。在达成国际协议前，每个国家都有自己的监管政策。在这种环境下，人们的评估至少可以在对监管的现状有一个总体了解的情况下开始（虽然需要假设监管有可能下调的压力）。然而，在巴塞尔新资本协议的 A－IRB 方法下，没有类似的国家规定。事实上，A－IRB 方法多少都是巴塞尔委员会从无到有制定的，任何试图去比较这一监管模式与在国际协议缺失的情况下普及全球的体系的努力都是徒劳的。因此，这里的讨论直接集中于巴塞尔新资本协议 A－IRB 方法作为资本监管模式的效用。

国际统一监管的国内成本

　　协调不同国家的国内法规难免会产生一些费用。这些费用主要用于处理国际统一标准所产生的分歧，如哪些是最合适每个国家的行业结构、金融监管制度和政治倾向。例如，我们已经注意到，美国的法律中关于风险加权资本要求的相对重要性部分取决于其他资本要求，例如杠杆率是否也受到限制。同样，为了补偿资本要求，高风险敏感性的存款保险制度将处理一些相同的道德风险问题。

　　与统一监管有关的缺点是，它可能限制各国政府官员调整监管实践以适应本国具体情况的能力。也就是说，划归每个国家资本监管的底线受到严格限制，通过谈判达成的一套条例将阻碍统一规则的调整。尽管巴塞尔新资本协议的许多因素由各国自行决定，但有些因素却是一成不变的，尤其是随着时间的推移，会产生明显的缺陷。例如，巴塞尔新资本协议公式中相关资产的价值假设在各国都是一样的，这至少在部分实证研究中是不成立的（Fitch，2004，2008）。此外，正如欧盟专员在巴塞尔新资本协议欧盟执行范围内指出的一样，对平等竞争的考虑影响了灵活性和可比性之间的平衡（Ayadi，Ross 2003）。

　　在巴塞尔新资本协议背景下采用这种限制说明跟顺周期问题有关。一些关于如何改善这个问题更有创造性的想法将用于一个国家的宏观经济状况发生显著变化时对资本要求的调整（Kashyap，Stein，2004；Gordy，Howells，2006）。然而，考虑到偏差的存在，特别是考虑到事先制定公式的困难（这个公式将宏观经济条件和资本要求联系了起来），一般会允许不同银行根据本国经济状况制定不同的资本规则。国内监管者监测这种偏差范围的困难在巴塞尔新资本协议监测问题上占了很大的比重，这些问题将会在下文进行论述。此外，这种关注周期性的解决方法提升了经济衰退国家银行的前景，因为这些国家拥有更低的资本要求，从而可能在国际借贷市场上面对强劲经济竞争对手时处于有利地位。最终将是一个折中的结果：巴塞尔新资本协议如果不是以安全和稳健为目的，那么肯定以平等竞争为目标①。

另一种成本，和经常在各式各样的国际协议中看到的一样，是它很难产生渐进的但重大的变化。数量相当可观的相关参与者和一致的有效要求（或至少是一致意见）使得修正一项国际协定比纯粹地修正国内规则制度更加困难。巴塞尔新资本协议的最终版本反映了两个复杂的契约集合：第一，国内监管者和国内的参与者之间（银行，立法机关等）；第二，各国监管机构与其他国家监管机构之间②。这些折中方案本身也存在相关性，一个国家的国内政策建议必须能够在提议的国际规则中带来谈判上的变化，从而可以要求其他国家重新商讨制定其国内政策的方法③。这一动态过程不仅会改变最后的协议内容，而且会创造一些不同的方法，不过它也使得协议更加难以修改。改变一个规则可能会破坏两个协议层次之间的平衡从而需要更大范围内的修改。有人可能担心，任何适当的变化都可能会产生新的问题，而这些问题初看来是难以解决的。

因此，如果巴塞尔新资本协议采用以规则为基础的方法，那么它很可能将会阻止一些重要细节的改变。如果是这样，国内监管者将有两个并不怎么有吸引力的选择。一种是单方面背

---

① 卡什和Stein（2004）进一步表明，在一个事前机制缺失的情况下为减少在恶劣的宏观经济时代资本要求，监管机构将会采取临时措施去抑制，"伴随着各种形式的监管道德风险的所有可能……因为监管机构按照他们认为合适的尺度去放宽规则，也许是在一个高度主观的基础上，没有任何以前施加的限制"。这种见解引起了对巴塞尔委员会的监管相对缺乏能力的注意，这将在后文进行讨论。

② 美国监管机构未能获得国会的非正式认可。巴塞尔新资本协议的建议首先直接导致了需要在谈判过程中改变方向，然后，更严重的，一旦修订框架完成，想要施行这个修订框架的机构将会遇到很大困难。

③ 这是一个动态的"两级游戏"，并在第四章的结论进行讨论。

离巴塞尔规则，从而承担协议解体的风险。另一种是接受协议的约束效应。美国监管机构似乎已选择在巴塞尔旧协议下的两个选择。因为它比巴塞尔新资本协议更简略，在不违反旧巴塞尔协议要求下，国内监督者有充足的空间补充资本以满足信用风险资本比率①的要求。同时，美国或任何其他国家在单方面放弃过时的巴塞尔旧协议方法上的失败，表明国际协议有某些"黏性"。

在某些情况下，这种黏性可能对一些国家的变化是一个有效的核查。在巴塞尔新资本协议中，这一特点很可能会适得其反。伴随着 A－IRB 方法实际运作的极大不确定性，风险评估和管理技术的迅速发展导致了这种问题。虽然有些委员会官员宣称打算定期针对技术变革调整巴塞尔新资本协议，但风险权衡公式或资本充足计算的变化似乎不大可能对银行和其他有关各方产生有用的技术。美国大银行对联邦银行的提议规则做了很多准备，这些准备比修订的框架内的相同规则更加严格，甚至是单方面的"巴塞尔＋"措施都将比在巴塞尔旧协议下更加难以实施。因此，对 A－IRB 方法的修改很可能将大大落后于风险评估技术的进步。

国外统一监管的好处

第五章讨论了巴塞尔新资本协议作为美国一个监管模型的显著缺点。鉴于对其国内实施旷日持久的争论，在国际协议缺失的情况下，美国的国内监管进程是否会产生 A－IRB 方法，这

①　例如，美国银行监管当局对衍生工具和证券化的资产规定具体的资本要求，这是在巴塞尔旧协议中间接处理的两类资产。

是值得怀疑的。当然，对资本充足要求进行国际协调意味着对国内目标统一要求的次优性可能会被其他巴塞尔委员会国家更好资本监管的有利影响所抵消。如果巴塞尔新资本协议在监管资本调整方面更接近于实际风险，即使不完全等同，国际活跃银行所在国制定和有效执行巴塞尔新资本协议也可以推动安全和稳健目标的实现。

正如人们看到的那样，不清楚美国银行机构是否有能力适当评估内部风险模型并监测其行动，特别是几十个银行都自行决定 A－IRB 方法的情况。尽管美国银行监管活动相对活跃，人们仍然关注此类问题，这依赖于在评估银行业务时的大量监管判断。每家银行每年至少要完成一次现场检查。对于那些由美国监管机构强制其使用 A－IRB 方法的大银行将拥有驻点的现场检查工作队。

对大多数其他巴塞尔委员会国家来说，它们只会更加质疑巴塞尔新资本协议内部模型方法在美国资本监管领域的可取性，而其他地区的银行监督相对来说只会更加减弱。一些国家，包括意大利、日本和英国，不需要年度现场检查（Nolle，2003）[1]。更能说明问题的是，货币监理局计算人员发现，美国的银行资本与监督人员数量的比率比其他任何巴塞尔委员会国家少近百分之五十，这表明其他地方的监督过程不太针对银行风险管理系统的漏洞[2]。一般来说，其他国家的监督者更加依赖

---

① 在日本，现场检查是每隔一年进行，而在意大利则每隔五年进行一次。在英国，金融服务局可自行决定定期现场检查的日程。

② 美国是每个监督人员 11.4 亿美元的比例，日本是每个监督员 179 亿美元，瑞士是每个监督员 187 亿美元（Nolle，2003）。当然，这些只是粗略数字，不会因为银行机构相对规模、工作人员部署的方式以及其他监督工具的相对效力（例如外部审计）等因素而调整。不过，分歧仍然是很大的。

于对银行所提交信息的审查，并由审计师复审①。这种方法和巴塞尔旧协议及巴塞尔新资本协议标准化做法相当一致。这看起来似乎非常不符合监管模式，虽然这种监管模式建立在银行的内部风险管理系统基础上，但不是一个固化的风险集和权重。

对国内监督者的能力以及对社会公众监测其监管表现能力的关注似乎是另一种对巴塞尔新资本协议中第一支柱最低资本比率规定过分重视的表现。虽然巴塞尔新资本协议在第二支柱条例内规定了将最低资本比率作为一个主要的原则，即监管者应"审查和评价银行内部资本充足率的评估方法和战略"，但是，监督检查可通过五种方法的"一些结合"（巴塞尔委员会，2006g）来进行。由于已将现场检查列入此表作为一个项目，随着"非现场审查"和"外部审计师所做的复查工作"的出现，很可能现场检查将继续发挥辅助监督作用，即使是对采用A－IRB法的银行也是如此。基础IRB方法的使用也得到了人们类似的关注，因为银行概率缺省值的内部计算是确定资本比率的核心要素。

第二支柱对各国监管者提出了一系列期望，但是它忽略了监督能力和传统存在的巨大差异。因此，巴塞尔新资本协议本身并没有直接加速监管专业知识和实践的发展。这些实践将是监督银行内部模型基础上的资本制度所必需的。在实施协议时，所有巴塞尔委员会成员国可能都会提出变革的需要，对一些国家来说甚至是监管革命。事实上，有消息表明德国正在改变其监管模式作为实施A－IRB方法的一部分，尽管其他一些国家迄今为止很少有改变。即便在最好的情况下，监督文化的转变也将是一个渐进的和不平衡的过程。此外，巴塞尔新资本协议几乎超越现实，即将使用的A－IRB方法使"监管革命"可能被

---

① 见世界货币基金组织德国监督系统的评估（2003）。

实现①。

　　强调所有国际活跃银行的安全和稳健是一个有价值的目标。然而，这一目标是否能被一个基于概念性且存在争议的方法所实现，这存在相当大的疑问。因为这种方法在美国执行起来非常困难，并且与整个地方的监督文化格格不入。在第五章中，对国内监管环境中存在的监测问题只在国际协议中被放大。如果没有巴塞尔新资本协议要求的存在，美国当局一定会怀疑其他国家监管人员是否能够充分监测银行的资本计算。（相反，如果几十个银行都采用 A－IRB 方法的话，其他国家的监督者可能会对美国的监管效能进行怀疑，另外次贷危机所体现的监管失败也加深了他们的怀疑。）

　　即使国家监管者能够充分监督，银行也不愿意他们这样做。每家银行模式都具有高度的个体化特性，这使得国家监管者更难对银行进行监管。国内监管者对其政府和公众越不负责，巴塞尔委员会的同行就越难对其进行监管。A－IRB 方法所固有的不透明性和复杂性造成了各种情况下的有效监测问题，但这些问题至少通过机构监督机制的某种形式减轻了。然而，修改的协议本身并不会产生任何此类机制。在巴塞尔新资本协议谈判期间，委员会确实创建过一个协议执行集团（AIG），本章稍后将更详细地描述。正如其名称所示，协议执行集团和它的三个子集团的重点一直在执行方面有困难。由于迎接共同的执行挑战和审议国家监督执行之间没有明确的界限，随着时间的推移，AIG 可能将在监测方面发挥作用。但这只是一种可能性，而不

---

　　① 　一份有关巴塞尔新资本协议效力的其他问题是，资本要求的系统是否得到国家监管的充分监管。在审查了美国资本执行的有限的可用记录，Wellons（2005）发现，"监事会倾向于识别某些问题，但未能坚持到底"。因为没有其他一些国家哪怕是有限的强制执行公布的数据，很难评价旧巴塞尔协议资本标准实施的如何。

是巴塞尔委员会的意图。的确，在委员会发展的整个历史过程中，也许因为它坚持认为该协议不具有法律约束力，委员会回避任何类似的进程以促进和巴塞尔协议的协调一致。

巴塞尔委员会成员国也可能会从巴塞尔新资本协议对非成员国家银行的调控作用中受益。大约有 100 个非巴塞尔委员会成员国，由于各种原因已采用了巴塞尔旧协议。欧盟的非成员国执行巴塞尔旧协议的约束接受资本充足率标准。国际货币基金组织（IMF）、世界银行呼吁许多发展中国家同时采用巴塞尔委员会核心原则和资本协议。各国都想向市场、海外机构和外国监管者展示，它们的银行有与 10 国集团银行相同的资本要求。这些类似的动机也在巴塞尔新资本协议背景下起过作用。事实上，虽然委员会并没有在 1988 年去预期该资本框架在全球被采用的范围，但在巴塞尔新资本协议实践中，它明确阐述了新框架对其他国家的适用性（巴塞尔委员会，2004d）[1]。财政稳定研究所（2006）报告说，82 个非巴塞尔委员会国家打算以某种形式来执行巴塞尔新资本协议[2]。

巴塞尔委员会国家从更广泛应用巴塞尔新资本协议中获得的潜在利益之一，是获得与 10 国集团自身采用巴塞尔新资本协议相同的安全性和稳健性效果，通过降低来自其他国家银行的风险，将银行问题国际化（以及相关平等竞争的影响）。即使一

---

① 另见 Jaime Caruana，"巴塞尔新资本协议概述和其对金融稳定的影响"，巴塞尔新资本协议对金融稳定和执行的国际会议发言，伊斯坦布尔，2005 年 5 月 16 日。

② 根据金融稳定机构（2006）进行的一项调查结果显示，这些国家在当时的计划得以实现。这些国家银行资产比标准化方法计算的资产将更多地被基础 IRB 方法所涵盖。虽然在这些国家只有百分之十五左右的银行资产将由 A－IRB 方法涵盖，但在管理目标中有相当大的地区性差异。例如，在拉丁美洲，监管机构在报告中称他们打算在未来十年让近三分之一银行资产采用 A－IRB 方法。

个国家的银行在国际上活跃程度不高，其稳定性的提高将有利于 10 国集团国家避免可能由外国银行危机造成的潜在的外交和经济政策的逆转。

尽管有这些潜在的好处，人们仍有理由怀疑他们是否能被广泛使用。事实上，有理由相信，对于一些发展中国家，采用巴塞尔新资本协议可能会降低银行体系的安全性和稳健性。与拥有非常先进的银行体系和管理能力的非巴塞尔委员国家相比，早前提出的巴塞尔新资本协议对巴塞尔委员会国家银行的适用性问题可能会更加严峻。即使巴塞尔委员会提供完善的监测机会，监督一个国家修订后的资本充足框架的实施情况也将仅限于其他国际机构①，如评级机构和市场。虽然这些机构能够提供一些非常明确的资本规则的有效监测，比如那些包含在标准化方法中的资本规则，但它们不可能洞察 A－IRB 方法生效和使用的过程。

名义上广泛采纳巴塞尔新资本协议的好处在存在许多新兴市场和发展中国家背景下变得更加不确定。即使是标准做法也是由委员会从 10 国集团的银行发展而来的。Powell（2004）指出，在标准化方法中确定的一些条款并没有反映发展中国家银行的特点。例如，操作风险的基本指标法需要资本总收入 15%的储备资金。但是，正如 Powell 指出的，发展中国家银行的总收入往往比巴塞尔委员会成员国的银行高。Powell 质疑，在一个更加基础的水平上，标准化方法对于许多发展中国家而言，究竟是否是一种对巴塞尔旧协议的改进。因为在这些国家，外部评级对大多数贷款根本不适用。减少抵押贷款的风险权重方法

---

① 其中最重要的是国际货币基金组织，现在把金融监管作为对其成员国定期审查的一部分。但是，该组织并不认为有必要彻底监管它的资本充足规则，尤其是复杂的、已执行的资本规则。

对大多数发达国家是合适的，但其在许多发展中国家法律环境下的适用性遭到了质疑。

在后来的研究中，Powell（2006）表示，根据他们对巴塞尔委员会国家银行信贷投资组合的研究，IRB 曲线对大多数发展中国家可能校准得不够准确。Powell 在他先前的论文中指出的原因与这一结论相关。此外，虽然因为新兴市场或发展中经济体的违约风险之间的相关性通常比发达经济体更高，但作者发现，该规则不会在两者之间产生相同的保护。

国际清算工作人员在检查巴塞尔新资本协议在亚洲银行的实施情况后提出的一份报告中突出强调，可能在世界许多地方巴塞尔新资本协议的方法都不太适合银行监管系统。Hohl，McGuire 和 Remolona（2006）的报告指出，亚洲国家希望能够采用和迅速实施巴塞尔新资本协议。这种渴望部分是因为巴塞尔委员会监管者的共同目标，即期望巴塞尔新资本协议推动银行风险管理的进步。但它也受到政治压力的影响，使这些国家的银行具有较小的资本要求的优势，这在巴塞尔委员会成员国内是非常正常的。根据他们对银行和监管行为的理解，作者非常质疑依靠第二支柱来处理系统风险及其他风险的效果。与欧洲国家相比，放贷的历史模式使得系统性风险更多来自于内部。例如，通过加剧资本流动的周期性进入该地区的趋势。作者引用这些国家许多银行管理者的被动行为来证实监管者是否迫使银行去评估和应对他们自身的系统性风险①。

---

① 对其中一些问题的间接支持可能具有讽刺意味的，这个可以在 Choi 的演讲中发现。Choi 是香港金融管理局的副行政长官，他指出，许多亚洲银行缺乏发展必要的内部资源和验证评级系统。相比之下，在监督 IRB 方法的实施情况上，亚洲国家的监管人员没有 10 国集团的同行准备充分。参见 Choi，"巴塞尔新资本协议在亚洲的施行"，在 BCBS/FSI/EMEAP 的开场白，香港，2007 年 10 月 17 日。

Lenwell（2006）扩大了对巴塞尔新资本协议方法在世界范围内的适用性的批判，认为，巴塞尔新资本协议中重点强调的规则可能在许多国家适得其反。在广泛借鉴世界银行的有关150多个国家银行监管实践数据库的基础上，他们发现在有力证据缺失情况下，银行更高的稳定与更高的资本标准紧密相连。因此，他们提出关于第一支柱在许多国家银行系统运用的问题。他们对许多国家第二支柱的应用的批评更直接。对于这一事实人们可能会感到惊讶，因为第二支柱可以概括为：建议强化官方监督。但他们认为，在高度成熟的制衡原则支持的政治体系之外，额外增加的监督权力往往会阻碍流向信用企业的资金，并导致更大的银行贷款腐败；相反，其认为，在许多发展中国家，银行监管应该更加依赖市场规律，而不是已经建立的行政体系①。

如果这个观点被进一步的研究和分析所证实，那么将引起对巴塞尔新资本协议在世界范围内相当大的部分地区的适用性的质疑。

平等竞争

尽管旧巴塞尔协议的原意是美国和英国监管者旨在追求公平竞争以及随后对这一问题仍非常关注，但资本规则和竞争力

---

① Lenwell 的观点得到了发展中国家的运用巴塞尔核心原则对银行进行有效监督的研究支持。Kewllt（2006 年）发现，一个拥有更健全的银行的国家要求定期给他们的监管机构和市场参与者提供准确的财务数据报告。因此，他们建议，在实施的核心原则中的优先权给予那些信息的提供者。也就是说，这项建议降低了监管银行监管模式的重要性。而在银行实践中，这一模式中的监管者有无规则、反复和大量的精力投入的特点。

之间的关系并没有被很好地理解。一方面，毫无疑问的，资本缓冲中每增加一美元，就加大了银行将其贷出并赚取利息的压力。因此，较高的资本持有限制了银行创收活动。此外，如前一节所述，在一个国家，较低的资本要求将会导致在该国境内国际活跃银行相对于那些受到更严格资本要求限制的银行更能赚取超额回报。另一方面，正如在对巴塞尔新资本协议在美国的实施情况进行讨论时经常指出的那样，在过去 10 年发行的修订框架中，美国银行是世界上资本化最好并且受益最大的银行之一。其中一个原因可能是，较高的资本水平表明对交易对手而言是一个强烈的信号，因此他们可能愿意以较低的风险溢价将资金转向银行。更高的监管资本要求可能同样暗示交易对手，银行的监督者更注重于防止银行遇到流动资金或清偿能力问题。

总之，较高或较低的银行资本要求对银行盈利能力的影响可能取决于各种不同的具体因素。当然，如果一个国家大大降低资本要求，同时保持其他因素不变，包括安全网因素（安全网是银行交易对手和投资者相信政府会对银行进行保护），那么该国的银行将获得比以前更具优势的竞争力。为什么 IRB 方法显著降低资金要求的特点促使非巴塞尔委员会成员国采用巴塞尔新资本协议，以及为什么美国在实施这一进程中远远落后于欧盟时，美国大型银行如此被关注，这就是出现以上现象的原因之一。但是，相同的资本监管规则能在多大程度上使得不同国家银行最终的竞争地位趋于相同，这个结果并未被提及。也许，这里最能确定的就是不同资本制度之间的相对效果。

总体上讲，很难确定巴塞尔新资本协议是否能比巴塞尔旧协议在更高的水平上深化平等竞争的目标。在本质上，这并不是对巴塞尔新资本协议的批评。如果两种资本监管制度对平等竞争的影响相差不大，那么巴塞尔委员会监管者将保护其政治两翼以及竭力谋取巴塞尔新资本协议可以产生的任何好处，从而获得有效的审慎监管和国际监管合作。问题是巴塞尔新资本协议的结构和动态性本身也引发了对新规则的竞争力影响和提供的机遇持续关注。从某种程度上讲，国家监管机构为了提高自己银行的竞争地位而产生的压力会损害一些本来可以因审慎合作而实现的利益。

如第三章所述，为消除巴塞尔旧协议对公平竞争产生的影响而进行的努力并未实现其目标（杰克逊等，1999）。Scott 和 Iwahara（1994）认为，尽管巴塞尔旧协议对其实现平等竞争能够自圆其说，但是人们对其从现存信息进行推断而不是通过数据直接检验该国际协议的作用存在更大的争论。他们的观点仍然使那些过分强调国际资本标准对平等竞争的影响的人重新进行了思考。

回想一下，在巴塞尔旧协议中美国和英国的共同目标是抵消由日本和法国政府提供的安全网，因为这个安全网使得投资者和交易对手享受他们国家银行较低水平的资本要求。即使有类似资产的银行持有资本额得到有效均衡的情况下，通过提供额外的保证，异常严密的安全网的维护也可以降低银行的资本成本。在这种情况下，竞争力优势会持续下去。此外，即使银行的资金成本大致相等，不同国家税收制度或会计制度的不同也会导致不同程度的竞争优势。最后，巴塞尔旧协议下国家监管的灵活性为追求国家竞争优势而放松监管创造了机会。

在一个关于国家因素对银行竞争力地位的有趣但非权威性的研究中，Zimmer 和 McCauley（1991）发现，六个成熟经济体（加拿大、德国、日本、瑞士、英国、美国）的银行权益成本确实存在相当大的差异。但是，这种差异似乎与这些国家所有企业股权资本成本的显著差异相当。显然，这仅仅是一个描述旧巴塞尔协议实施的研究。但它的确表明了其他国家特点，诸如国家的投资差别可能比严格的资本要求更能决定银行的资本成本。

　　总之，很难推测巴塞尔旧协议如何给不同国家银行的竞争水平进行划定，更不能确定巴塞尔新资本协议如何在这一点上进行平衡。如上所述，即使不能在绝对数量中衡量各自的效果，至少可以获知相对于巴塞尔旧协议，巴塞尔新资本协议是否可能增加资本标准的平衡效应。这仍然无法最终确定。但是有一些理由证明，新规则将使竞争条件更加平等，但也有证据证明也许并非如此。

　　有理由相信，国际统一的资本标准可以在平等竞争中发挥更重要的作用。公平的竞争环境还取决于其他影响银行资本成本的因素，一家银行资本成本与20世纪80年代末相比可能存在更少的国际差异。人们普遍认为在过去20年来投资者之间的国籍差异已经大大缩小（但绝不会消失）。Zimmer 和 McCauley 的研究揭示了不同国家所有企业的股权资本成本差异变得更小。要想公认的国际会计准则的长期努力要取得成功，另外一种国家差异的来源可能逐渐变得不再重要。然而，在此期间，其他银行的监管要求或税收政策在干预期间一直没有明显改变。面对公众对政府安全网对银行交易对手行为的影响的典型质疑时，巴塞尔委员会国家并没有什么举措。

　　即使私人投资喜好和会计政策的改变使得资本管理不同模式的分歧成为不平等竞争的重要原因，这些外部因素会影响到任何资本监管的潜在作用。这些长期而缓慢的转变，不会使人们相信巴塞尔新资本协议将比其他的经济规则具有更好的平衡作用。如果巴塞尔新资本协议能如它预期的那样，因为银行持有特别资产而使得监管成本更接近于它们的经济成本，它将在银行（不论其国籍）中引发更有效的竞争。巴塞尔新资本协议对细节进行扩展，部分是由于一些国家监督者想获得更高水平的平等竞争而进行的努力。但是对银行同业竞争的主要影响和国家政策分歧无关，如政府安全网或税务制度和会计政策的特殊影响。因此，除非有充分证据证明监管和经济资本成本的融合受到了不同国家具体情况的影响，否则这种融合将无助于提升国际竞争环境。

尽管 A - IRB 方法对细节非常关注，但重大国家差异影响资本比率的确定是 A - IRB 方法内在的特点。例如，"违约"的定义在巴塞尔委员会国家之间就有很大不同，而违约概率的计算显然是至关重要的。针对贷款减值认定的一般储备和一般银行做法的会计定义在各个国家也不相同①。更普遍地，巴塞尔新资本协议修订框架留给国家监督决策的几十个问题意味着，即使在正式的条件下，显著不同的资本"规则"也会被应用于不同国家的银行。此外，模棱两可或不完整的规定将需要国家监督者指导银行，这是造成规则不同的另一来源。一个典型的例子是杰克逊（2006）根据事实提出，对于很多模型银行只有几年的数据，而他们将使用这些模型去计算其内部评级。因此，从这些数据得出的统计推论的可靠性非常有限，这增加了银行和监管机构进行判断的必要性，即判断利用有限数据构造模型得出的结论在实际中是否是可行的。

当然，在实施的初期，对处于相似处境的银行而言，无法判断不同国家资金要求水平差异的重要性。在多数情况下，考虑到不同国家的银行有着不同的金融和监管环境，这些差异对安全和稳健的目标是很敏感的。换句话说，牺牲一些一致性的目标可能会换取安全和稳健的监管。事实上，资本监管理论上

---

① 这些分歧的存在是原因之一，为什么巴塞尔委员会已建议考虑在风险加权公式中的预期损失，以及意想不到的损失。如前所述，该委员会 2003 年 10 月修订了其提案以排除计算中的预期损失。对于国内银行监管差异的更广泛调查，见巴特，卡普里奥（2004 年）。

的变化可以弥补由政府为银行提供的实际的或想象中的安全网的缺陷。然而，国家干预的程度和 IRB 计算的不透明程度为追求国家竞争优势和稳健经营的监管决策实践创造了无数的机会。

当然，在巴塞尔旧协议下可能存在投机或逃避责任的现象。例如，监督者也许允许银行用历史价值来计量应当注销的资产从而来维持它们的资产负债表，以产生资本费用。然而，巴塞尔旧协议规则的简单性意味着，外人通常可以从银行本身的会计报表中推导出机构资本要求相当大的一部分。很少有外部观察者认为日本银行在过去 10 年如它们的报告显示的那样有良好的资本化，更不用说巴塞尔委员会其他成员国了。由于日本银行危机加剧，以及日本经济停滞，这看起来不像是为了获得国际竞争优势而进行的逐步努力，而更像监管瘫痪。

A–IRB 方法的应用使得对投机行为的包庇更难被侦测到，特别是在非危机时期。在这里回顾一下在这一章较早时提出的论点，这个论点对统一国际资本标准是一个强有力的论据是国家银行监管建立的一个正式自我约束体系。是这个论点在双重假设前提的基础上是精确的，即监督者寻求这样一个政策效果，以保护他们银行的安全和稳健，但他们经常受到来自内部和外部的压力，为本国银行获得竞争优势而放松监管。那么，为了有效施行统一标准，应该限制这些开口，通过这些限制可以适应这些压力。因此，A–IRB 方法的巨大监测困难也与平等竞争效果有关。正如前面所提到的，即使获得有关监测的记录，银行内部评级的国内监管评估也将是一个挑战。由国家监管机构发现银行的缺陷进而去纠正银行的缺陷评级将更加困难。因此，A–IRB 方法的复杂性和不透明性破坏了巴塞尔新资本协议作为国际资本标准的条件。

无论是巴塞尔旧协议对平等竞争影响力的有限评估，还是巴塞尔旧协议和巴塞尔新资本协议 A–IRB 方法之间的差异，两者都不能表明后者将提升国际活跃银行间的有效竞争。巴塞尔新资本协议在实践中的运用引发了人们对平等竞争的讨论。可预见的是，这将引起极大的争论，即国家监管机构不应该执行巴塞尔新资本协议附加安全和稳健规定，因为这些规定对一国银行国际位置有不利影响。总之，巴塞尔新资本协议可能不会促进平等竞争，而且还有可能通过促进国家投机主义来损害平等竞争。在这本书即将完成之时，巴塞尔委员会监督者在面临巴塞尔新资本协议重大问题时进行了空前地紧密合作，这些问题随着次级抵押贷款和证券化问题而在 2007 年夏天全面爆发。一旦这些问题得到解决，人们可以期待着国家的竞争压力再次使得他们承担在巴塞尔新资本协议中塑造的角色。

跨国银行的合作监管

巴塞尔新资本协议中资本标准国际化的另一潜在益处是加强了各国银行监管机构之间的监管合作。虽然提高在监管过程中的合作明显与确保国际活跃银行的安全和稳健这一总体目标有关，但是这与通过制定协议规则的方式来加强合作是不同的。1974 年，巴塞尔委员会成立了，其成立的动机主要是认为国际活跃银行需要国家监管机构之间更大程度上的合作监管。10 多年来，巴塞尔委员会努力缩小银行的母国管理和对该银行海外机构的东道国管理之间的监督差异，这便形成了委员会的工作准则。现在这些准则仍然是委员会工作的必要组成部分。事实上，在巴塞尔新资本协议进程之前，许多参加巴塞尔委员会会议的国家监管者也许会认为，其最重要的功能是促使各方在对国际活跃银行进行监管时遇到的共同问题交换意见，并在此过程中建立各国银行监管者之间的信任。

2004 年		2005 年	
银行	比率	银行	比率
JP 摩根大通银行	10.27	美国银行	10.90
美国银行	12.60	JP 摩根大通银行	11.04
花旗银行	11.28	花旗银行	12.35
美联银行	10.81	美联银行	10.22
富国银行	10.43	富国银行	12.17
FLEET	12.14	U.S. 银行	11.15
U.S. 银行	12.11	太阳信托银行	11.22
汇丰银行	13.38	汇丰银行	11.48
太阳信托银行	11.20	关键银行	10.38
纽约银行	10.84	道富银行	18.08

2006	
银行	比率
美国银行	10.85
JP 摩根大通银行	12.66
花旗银行	10.88
美联银行	10.73
富国银行	12.31
U.S. 银行	11.49
太阳信托银行	11.36
汇丰银行	11.94

2006	
银行	比率
FIA Card Services	11.14
地区金融银行	10.77

资料来源：美国联邦金融机构检查委员会呼吁报告，附表 RC - R。

是巴塞尔委员会的意图。的确，在委员会发展的整个历史过程中，也许因为它坚持认为该协议不具有法律约束力，委员会回避任何类似的进程以促进和巴塞尔协议的协调一致。

巴塞尔委员会成员国也可能会从巴塞尔新资本协议对非成员国家银行的调控作用中受益。大约有 100 个非巴塞尔委员会成员国，由于各种原因已采用了巴塞尔旧协议。欧盟的非成员国执行巴塞尔旧协议的约束接受资本充足率标准。国际货币基金组织（IMF）、世界银行呼吁许多发展中国家同时采用巴塞尔委员会核心原则和资本协议。各国都想向市场、海外机构和外国监管者展示，它们的银行有与 10 国集团银行相同的资本要求。这些类似的动机也在巴塞尔新资本协议背景下起过作用。事实上，虽然委员会并没有在 1988 年去预期该资本框架在全球被采用的范围，但在巴塞尔新资本协议实践中，它明确阐述了新框架对其他国家的适用性（巴塞尔委员会，2004d）[1]。财政稳定研究所（2006）报告说，82 个非巴塞尔委员会国家打算以某种形式来执行巴塞尔新资本协议[2]。

巴塞尔委员会国家从更广泛应用巴塞尔新资本协议中获得的潜在利益之一，是获得与 10 国集团自身采用巴塞尔新资本协议相同的安全性和稳健性效果，通过降低来自其他国家银行的风险，将银行问题国际化（以及相关平等竞争的影响）。即使一

---

[1]　另见 Jaime Caruana，"巴塞尔新资本协议概述和其对金融稳定的影响"，巴塞尔新资本协议对金融稳定和执行的国际会议发言，伊斯坦布尔，2005 年 5 月 16 日。

[2]　根据金融稳定机构（2006）进行的一项调查结果显示，这些国家在当时的计划都得以实现。这些国家银行资产比标准化方法计算的资产将更多地被基础 IRB 方法所涵盖。虽然在这些国家只有百分之十五左右的银行资产将由 A‑IRB 方法涵盖，但在管理目标中有相当大的地区性差异。例如，在拉丁美洲，监管机构在报告中称他们打算在未来十年让近三分之一银行资产采用 A‑IRB 方法。

国际影响

要进一步讨论市场纪律的替代性，审视强制性次级债券要求的国际影响是非常重要的。作为一个实际存在的问题，巴塞尔委员会成员国普遍通过银行发放次级债券（巴塞尔委员会，2003e）。在这些国家所有银行近一半的资产由发行次级债券的银行持有。次级债券的平均持有数量相当于银行组织风险加权资产的3.6%，远高于可用于目前监管资金用途2%的次级债券限制。尽管美国和英联邦的次级债券公众市场远比其他国家大得多，巴塞尔委员会其他成员国的次级债券市场持有量也不容忽视①。

因此，强制性次级债券要求的实行在巴塞尔委员会银行的资本市场活动中不需要一个完全的创新方法。正如在美国，大型银行是 A－IRB 方法的可能实施者，它们发行基于季度基点的次级债券以拥有相当于至少2%资产的数量，对于这些银行这似乎不会有很大困难。与对美国银行的研究相比，对欧洲和日本银行次级债券蔓延到银行风险的敏感性研究相对较少。因此，不能确切说在这些地方间接市场纪律的潜在作用和美国一样大。例如，在环球银行用银行债券收益率作为一个可靠的机制来评价投资组合风险时也许存在太多的干扰信息。一些国家的公共债务市场相对不发达的特点也可能是一个障碍。尽管如此，这些国家的市场差异似乎并不比银行业务和监管制度在 A－IRB 方法选择上的差异更明显。实际上，在揭示风险敏感度的研究时，

---

① Sironi（2002）认为，控制违约风险，对于其附属债务，美国银行支付了明显低于平均利差的数量。

它们表现得并不是那么重要，并且强制性定期债务的发行将有可能加快公共债务市场的发展。

作为一种体制问题，对监管者而言次级债券要求的实施相对于 A - IRB 方法显然更容易。在现实中，这一监管要求将有助于各巴塞尔委员会成员监测其他巴塞尔委员监管者的整体表现，因为次级收益率利差将是一个衡量外资银行条件低成本手段，这些条件是相对独立于监督影响的。可以肯定的是，次级债券的要求不会促进共同监管的标准，这一标准可能使巴塞尔监管者在修正框架下花费的大量时间。但是，如第八章中讨论的，仍然有办法促进实行 A - IRB 方法监管机构之间的更多信息共享以及相互信任。

事先承诺方法

资本要求的事先承诺方法来源于十多年前美国联邦储备委员会两位经济学家的一份文件。文件中出了当时正在讨论的一种市场风险资本要求的替代方法，并最终通过了巴塞尔委员会的决议（ Kupiec 和 O'Brien1995）[1]。虽然随后几年的发展专注于市场风险。有一位美国联邦储备银行的官员建议，该事先承诺方法也可应用于信贷风险[2]。在巴塞尔新资本协议进程中，这一建议被 Charles Taylor 采纳，他把提案命名为资本充足率的"新一代方法"，作为鼻祖 Kupiec 和 O'Brien 的一个"直系后裔"提

---

① Kupiec 和 O'Brien（1997）完善和详细阐述了他们的建议。

② 这一建议由美联储理事 Phillips 提出，时任银行监管和调控美联储委员会主席。Seiberg. 联储认为彻底改革基于风险的资本要求 [N]. 美国的银行家，1996 - 12 - 13. 然而，后来的美联储主席 Greenspan 明确排除银行的记录，而不是交易资产的潜在应用（Greenspan，1998）。

案（Taylor，2002）。

该事先承诺方法是激励相容管理制度的一个例子。银行将确定其持有的资本数额，以应对证券交易中的市场风险，并致力于管理其投资组合以确保在监管的特定期间内其交易损失低于其持有的资本数额。银行可能会在每次间隔末增加或减少它的资本分配。如果银行的实际市场损失超过其资本分配，将对该银行进行处罚。有各种各样的处罚，包括罚款、惩罚性资本费率、公开披露银行违反了其损失目标或强制启动快速纠正措施。

美国联邦储备委员会要求对这一提案发表意见，与此同时美国银行机构提出了执行巴塞尔协议市场风险的规则[1]。市场反应不一。或许可以预见的是，纽约大银行将非常欢迎采用这一做法，但是一些地区银行和规模较小的银行将会持保留意见。到1995 年年底，美联储表示，它已决定不采取任何行动，表面上是基于它已收到的公众意见。然而，该建议似乎从一开始就不合时宜，因为其他巴塞尔委员会国家刚刚确定了风险价值（VaR）方法应对市场风险。欧盟国家需要对欧盟的资本指导达成一致意见，因此并没有打算重新提出市场风险的问题。这可能是一个代表国际制度安排对国内监管选择影响合适的例子。

尽管放弃了正式考虑事先承诺的方法，但美联储依然继续支持对这一提案的研究工作[2]。上述做法不难理解。类似一个内部模型方法，事先承诺方法开发银行使用先进的风险评估技术的基础上。然而，不同于旧巴塞尔协议的市场风险修正提案，

---

① 该提案被列入理事会的联邦储备系统（1995）。

② 例如，1998 年 2 月的一个会议关于资本共同主办，由纽约联邦储备银行、日本银行，以及英国银行共同主办包括阐述预担保方法的许多文件。在那次会议上，Greenspan 提到的办法称为"具有潜力的"规则的应用，即监事应将市场策略纳入监管政策（Greenspan，1998）。

事先承诺方法允许将银行风险管理者的主观判断纳入其资本计算中。与其他特点比，该特点将允许银行根据事实调整内部模型方法，通过把模型放在一个更长的时间范围内进行检验，从而有效推断短期的风险价值数学模型。此外，事先承诺方法的支持者认为它可以有效地针对每家银行的具体情况，从而避免将实行标准化的参数强加于内部评级的做法。与此同时，内部模型监管验证固有的困难将大大减轻，因为为银行创造了一个激励机制以使它们的银行模型尽可能准确。最后，该方法可应用于涵盖与一组特定资产相关的所有风险，包括操作风险和法律风险以及市场风险。

纽约清算协会——其成员当时由 11 大银行组成，在美国、日本和瑞士（富士银行和瑞士银行公司也参加了）进行了为期一年的试验研究，认为事先承诺方法向国家监管机构"提供进一步的信息和经验"[①]。参与机构的研究结论是，事先承诺方法是一个可行的办法，是巴塞尔委员会针对市场风险基于风险价值资本要求的最好替代。同时，银行认为用于弥补内部模型有限时间范围的 VaR 方法乘数要求太高了。

市场风险的事先承诺方法最明显的困难在于当一家银行的损失超过其既定的资本预留时，将强制实行调整处罚。惩罚必须足以抵消对银行管理者设定很低资本水平的激励，但它不能太过于苛刻使得银行低效率地持有高资本，而该资本本来可以用于其他用处[②]。如果调整取消，该计划依赖的激励措施将被认为是不适当的调整。此外，由于没有规范的事前资本水平，银行在发现自己已经陷入困境时，可能采取在某一时期内设定极

---

① Considine（1998）对这个试点计划有所描述。

② 这个问题的一个解释在 Kobayashi 的论文中提到，出现于 1998 年 2 月关于资本监管会议上（1998）。

低的资本水平，赌银行将赚钱而不是亏钱。

如果事先承诺方法适用于银行账目资产的信用风险，这些问题将一样严重或者更严重。因为银行账目资产仍比交易证券占总资产更高的比例，一旦有信用风险，监管者将面临更加严重的时间错配问题（Jakson 和 Perraudin，2000）。也就是说，当一家银行的市场损失已经超过其资本分配时，其可能从根本上仍然是健全的，而银行的信贷损失大于上述可比资本分配时很可能会面临严重的流动性或偿付能力问题。在这种情况下，监管者可能不愿意实行惩罚（不论是罚款或强制性披露其上述资本损失），因为惩罚本身可能使得银行破产。另外一个问题是，缺乏一个透明的定价机制来计算给定区间的信用"损失"，相对应的是现成的每日证券交易价格。虽然账面价值的削减或额外储备相对透明，但仍在运作的贷款信贷质量的恶化本质上是不透明的。当然，这种情况是转向信用风险模型的原因之一。因此，如果运用于信贷风险，事先承诺方法在这方面并没有明显优于巴塞尔新资本协议内部评级法。

针对新兴 A - IRB 方法的复杂性，通过为监管处罚设立两个标准，这两个标准触发效果是负相关的，Charles Taylor 试图解决在一个事先承诺系统中恰当调整激励措施的核心问题（Taylor，2002）。每个银行将为其所有业务种类总和提出一个资本门槛。任何资本水平低于这一限额的银行将受到监管措施。与此同时，监管部门将建立一个损失参数，以一个银行资本门槛的百分比表示。一家损失高于损失门槛的银行也将被实行监管措施①。因此，如果一家银行提出保持一个相对低的资本门槛——

---

① 对于违反资本或损失阈值的情况，Taylor 反对罚款而支持迅速采取纠正措施作为唯一的制裁。

从而释放资本用于贷款——它将受到损失门槛相对较低的约束①。

Taylor 的提议有很大的吸引力：

第一，在损失参数创造的内部管理结构限制下，它允许银行在权衡风险和资本时作出自己的决定。Taylor 指出，他的做法避免了巴塞尔新资本协议过度的运用。事实上，他认为，巴塞尔新资本协议不会激励银行去执行超越 A-IRB 计算需要的国内风险管理技术。相比之下，根据他的方法，银行将有持续的动力改善其风险管理技术以优化资本门槛/损失阈值的权衡。此外，由于这种方法允许在风险管理中存在多样性，巴塞尔新资本协议下羊群效应的担忧可以得到缓解。

第二，其特点是该方法为"一般化"的方法，Taylor 的提议是有可能适用于所有的银行风险的。此功能极大地简化了资本监管。例如，它避免了在巴塞尔新资本协议中发现的对操作风险要求的各种人为因素。从根本上来说，它充分考虑银行操作的复杂性，而不是建立一个本身都非常复杂以至于使遵守成本高而效率低的监管体系，不仅难以进行有效的监测，并且监管者的问责机制也难以实现。它还承诺，与巴塞尔委员会定期大幅度修正 A-IRB 要求的意图相比，该监管体系将不会进行不断地修订。

第三，因为它的普遍适用性和相对简单性，新的一般做法比巴塞尔新资本协议可以更好地促进银行间的竞争平等。Taylor 特别强调，它不区分不同种类的金融活动或机构。它是完全适用于所有的银行，从美国的一家社区银行到瑞士的一家国际银

---

① Taylor 随后改写他 2002 年的提议为"现代化的杠杆比率"，但他核心概念似乎没变。Taylor. 为了一个更好的风险路径，更新杠杆比率 [N]. 美国银行家，2007-5-18.

行，并且因此减少了在巴塞尔新资本协议下可能累积到后者的竞争优势。

第四，因为它的相对简单性，它承诺在制度上优于巴塞尔新资本协议。在国内，它可以帮助银行监管当局进行监测，因为实际银行损失将来自于银行定期公布的财务报表。同样，国家管理机构可以比较轻松地根据他们的损失阀值监测外资银行的表现。Taylor 承认，通过在额外宽松条件下执行这一新的一般方法，国家监管机构可能会为其银行寻求竞争优势。他同时还提议，"异常"损失参数也会由其他监管者评估，这些监管者可以在巴塞尔委员会对监管放任者提出警告。

不幸的是，至少在目前的形式下，Taylor 提议似乎并没有兑现其承诺。事实上，仔细考究发现，它并没有解决原始事先承诺提议中提到的关键问题。在较早提议中，超额损失惩罚的确定实质是创造适当的激励。在 Taylor 的方法中，损失参数的计算承担相应的重要角色。虽然他阐明了在建立损失参数中应考虑的因素并给出了例子，但他还没有提出实际参数值。事实上，他甚至没有在各种可能办法中选择一个适用于"全球"的包括巴塞尔委员会成员国的单一损失参数，根据当地条件选择不同的本国参数，或者甚至是建立在系统性风险之上的银行参数。有人怀疑说，虽然参数本身可能是资本的一个简单百分比，但其推导将需要大量研究和实证检验，也许和要求 A – IRB 公式推导一样重要。如果不进行类似 A – IRB 公式各种定量影响研究的模拟，新的做法显然不会被采纳。

Taylor 的提议同样无法解决因为账面价值减少而导致损失的不透明问题。原因就是在于他假定利用"真实的"资本，而不是历史的资本。Taylor 定义真实资本为资产和按公允价值或市场价值计算负债之间的差额。这个假定听起来理论上是可行的，它要求广泛调整非交易资产的价值，比如贷款。Taylor 有意降低了作这些"常识性的调整"的难度，然而在实际中这个过程可能需要设计一些与信用风险模型类似的方法，这些模型曾是A－IRB办法的出发点。至少，监管者需要评估这些会计处理，而银行正是通过这些会计处理来评估非交易资产的。

最后，如 Taylor 承认的，虽然他的双触发办法在大多数情况下解决了系统性风险问题，但它并没有阻止银行管理层通过在某一管理期间设置一个低资本门槛而"想孤注一掷去赌机构的未来"。如果管理层够幸运，这一赌注将获得回报，也不会违反损失门槛。但是，如果事情没有进行得那么顺利，银行的资本也许就不能弥补损失。Taylor 的回答是他的做法不是"机械式的"，而监督人员也需要在采纳该方法前审查银行的拟议资本门槛。这是一个完全合理的回答，但是当加入选择损失参数和计算真实资本时，新的一般做法的表现和它最初的设想相比就并不是那么简单了。最终的结果是，Taylor 提议的透明度的优势、成本效益和管理灵活性将不可避免地丧失了。

我们应该敬佩 Taylor 的努力。他致力于在一个可以处理的管理框架内给银行最高奖励以使其完善风险评估和风险管理。使用跟修订框架相同的标准来评估他的提议，这在某种意义上是不公平的。毕竟，修订框架是通过无数位银行监管者几十年的研究发展而来的，而前者是一位分析家对资本管理合理化办法的单方面努力。如次级债务的建议，Taylor 的方法也许会花费相对更多的时间和资源——已经演变成了巴塞尔新资本协议的一种高级替代方案。

创建国际监管角色

本章到目前为止已经考察了 A－IRB 方法的替代方法，这在一定程度上取决于银行管理资本水平或银行安全和稳健的不同实务范例。因为我们正在考虑最优的国际银行监管框架，同时也因为巴塞尔新资本协议固有的一些重要缺陷，所以在评价替代方案时，还需要考虑国内和国际监管制度之间的显著性差异。通过处理一些在第五和第六章中遇到的管理问题，这可能会增加巴塞尔新资本协议的优势——第五章和第六章介绍了国内专门知识在评价高科技银行模式方面的缺陷和在 A-IRB 系统中监测国内管理表现的困难。

一种可能性是把巴塞尔委员会从一个国内管理者的合作性集团转变为一个国际银行管理者。这种转变将在巴塞尔委员会产生一个相当于超国家银行监管机构的机构。这种机构将直接监督巴塞尔委员会成员国家间银行，或者监督采用 A-IRB 方法的大型银行。尽管在政治上使国内政府让渡其银行直接监管权在可预见的将来是容易实现的，但是如果欧盟国家——通过它们的共同机构和金融法律的大量协调——不能达成一个稳定的单一监管者监督机构，这种国际创新的前景似乎非常暗淡。

如果一个国际机构更合适更直接的作用是评估银行内部风险评级体系的使用，这些银行涵盖了使用 A-IRB 方法的银行，那么银行内部信用风险模型就会产生重要影响。评估机构可能评估所有运用 A-IRB 方法的银行。这个国际实体将由技术上先进的银行监测人员和信用风险建模专家组成。这些监测官员和专家将定期监测银行，以确保银行的技术能力和执行这些模型的可能性。国际实体可以设在巴塞尔的国际清算银行，并且向巴塞尔委员会以及向相应的国内监管者报告其具体的检测结果。这个国际实体并不会取代基于资本充足率的国内银行监管，而是通过向巴塞尔委员会国家提供更多的信息，使得这样一个国际机构成为各成员国之间协议的一个管理工具，来保证在这些国家的 A - IRB 方法正在被严格地始终如一地执行①。

但是由于存在一些政治上和技术上的障碍，即使我们扩大这个国际实体的应用范围，使其包括了行政、执法以及银行监管的一些实质性问题，国际监管机构的这一变化目前也并没真正成为资本充足监管的一种替代方法。尽管如此，我们还是应该认识到这种做法的一些潜在的好处：

第一，它将汇集现有的最好监管人才，监督 A - IRB 方法的资本监管执行情况。如前面几章所述，至少在短期内相当有理由怀疑一些国家的监督人员充分评估银行使用信贷模型的能力。一个国际机构可以提供对这些国家使用 A - IRB 方法的银行更彻底的审查，因为这些国家在该评估方面相对比较缺乏经验。并且这一国际机构的高级监管者和信贷模型专家们由国内监督机构推荐，给那些来自相同国家的国际机构监管者传授经验和专门知识。当监管者和专家返回他们各自的国内机构时，他们反过来又可以传授这些最先进的监管技术。

第二，一个国际机构能比较好的解释修订框架中要求和标准不一致的地方。这种不一致在一个单一的机构中也可能会出现，但分歧肯定比在 12 个或更多的国内监管者彼此同时独立操作时更小。因此，这一做法对于公平竞争的影响不大。

第三，对于从实质上和程序上调整监管要求和实践，将是一个更有效的过程——这些都包含在 A - IRB 方法中。修改后框架的复杂性和风险管理技术的不断演变决定了必须进行定期调整。单一实体将会被更方便地告知和执行这些调整。

第四，一个整合的国际机构应大幅度减少资本监管的

---

① 一个明显的问题是，除了美国的国内银行，国际机构是否也将审查其他银行，这些国家采用基础性 A - IBR 方法。答案可能取决于这些银行的数量和监管银行的国内监督者的技术专长的某种组合。

A－IRB 执行的不一致，同时增加信息的对称性。国际审查小组的多国性质将降低国内监管机构在操作中过于宽松地评价银行信贷模式的可能性。

另外，即使一个有限领域的国际机构也存在缺点，且不说来自于任何主权概念基础上的国际机构合作形式。首先，建立一个单独且分离的机构去指导大银行监管的关键部分可能会造成在审查过程中一些监管资源的重复和低效率。因为国内监管机构对于大银行仍然有监督责任，他们肯定有义务去审查该银行的构成，以及计算监管资本信贷风险模型。显然，如果国际机构只在任何特定年份检查选定的银行，国内监管机构的以上功能将非常必要。此外，审查一家银行的整体风险管理系统以及 A－IRB 方法使用之间的界限必将是令人困惑的一个问题。国际监管团队和最初的国内监管机构可能都会评估一些相同的过程。即使国内机构派送了一些最有能力的监管者到国际机构，国内监管者为保持必要的专业知识以对 A－IRB 银行进行更有效的监测，可能会导致所需资源的净增加，同时也是对这些潜在稀缺资源的稀释。

其次，银行和其国内监管者可能不愿意签订这项协议，因为这项协议将导致潜在的敏感性和/或私有银行信息暴露给其他国家监管机构的监管者。银行本身仍有可能担心他们的模型或成本结构的私有信息可能被泄露给对手银行，因为这些对手银行也向国际监管审查小组派送了监管成员。但是就目前的情况看来，银行管理者的专业化水平和巴塞尔委员会成员之间的现有信任水平，使这个问题发生的可能性并不大①。

另一个需要担心的问题是，一个国际监管团队的成员知道

---

① 国家管理机构在反垄断及证券方面为了联系强化这些法律，已经彼此提供了机密和商业专有信息，通常是采用正式的保密协议。

某银行的严重问题后向其国内监管机构报告。为了提醒本国机构在银行活动中破产的可能性，他们不需要沟通具体的私有的信息，如银行特别借款人的经历。反过来，国内的监管机构会悄悄劝告自己的银行，减少与问题银行的业务往来。在最坏的情况下，银行本可能自己解决其问题，但因为这些集体性的破坏性反应，反而使得银行陷入更严重的境地。国内的银行业监管当局已经有了这样的考虑，这可能限制银行与其竞争对手信息交流的广度。当然，此类个案的数目很可能是极为有限的。不过，由于本位主义和沙文主义的原因，对大银行和金融系统潜在负面影响使得国内监管部门不愿意参与一个综合的国际审查程序。

第八章 结论和建议

　　次贷危机的发生引发了一场激烈的讨论，巴塞尔新资本协议的实施到底是降低还是加剧了次级抵押贷款证券化的相关风险，至今还没有定论。没有任何一方能够给出令人信服的论据——那些充分涵盖了这些风险的资本监管制度，一直将次级贷款视为一个问题，但从来没有被看做是一个危机。在过去的10年中，监督注意力主要集中在资本监管和银行本身的风险管理上，官方内部和外部的政策争论已延伸到其他学科。

　　在危机发生后，巴塞尔委员会承认需要更加重视流动性风险。许多银行表外业务损失的经验已经表明，需要认真对待声誉风险，因为这些表外业务给银行造成了实际风险。或许，最有趣的并且可能影响深远的是，针对危机提出的一些实际措施集中于限制某些金融产品的使用。危机发生后，抵押贷款和抵押贷款产品比以前更加规范。监管机构和银行一直在重新评估更广泛的证券化做法，包括考虑替代方案，比如加入债券。有市场人士自己都质疑，金融机构是否应该创造和交易金融工具，这些工具的复杂性使得评估构成它们的风险评估非常困难，同时具有高度投机性，特别是在熊市的情况下。虽然最终监管措施并没有彻底禁止或者严格限制银行产品，但肯定会对这些产品的使用增加监管力度。

　　因此，目前改革银行监管所涉及的内容比过去10年巴塞尔委员会成员所进行的改革还要更加宽泛。当然，在这本书里，巴塞尔新资本协议的分析并没有涉及这些新增加的问题，但它推导出了一个相关的结论。在这里提出的问题是关于巴塞尔新资本协议的作用，其作为国内调控规范和一个国际协议，除了强调资本监管以外，还需要加强对其他领域的监管力度。任何形式的资本监管都能够这样承担监管重任，虽然这看起来似乎有些不可思议，实际上如果不是出于某种意图，巴塞尔委员会在 10 年以前就实施这项措施了。有一个理论上完美的监管范式，不管银行交易的是什么金融工具，进行的是什么业务，这个范式都能够针对银行可能承担的任何信用风险敞口精确地校准银行的资本。不可否认，这个范式有很大的吸引力。但是在次贷危机中，这个吸引力至少对于一些巴塞尔新资本协议的创始者和捍卫者是很沉重的打击。人们希望次贷危机所带来的冲击能够引起巴塞尔新资本协议推崇者的注意。

尽管资本监管的效果低于一些人的预期，但它应该继续成为金融监管的重要组成部分。事实上，美联储 2008 年 3 月对贝尔斯登的部分救援已引起了争论，这很可能导致美国各商业银行资本金要求和其他金融机构不同，而这些机构的失败可能会造成系统性风险。因此，形成有效的资本要求仍然是金融监管改革的一个非常重要的部分。同样，巴塞尔新资本协议代表了协调国内经济监管重要领域国际进程的最高水平，它不仅证明了此方法对于资本监管的有效性，而且也证明了金融监管其他领域的有效性。本章还从前面章节的分析中得出结论，并对不断变化的巴塞尔新资本协议提出了建议。此外，也从监管合作与协调的实际经验中得出了一些结论，并以此作为本章的结束。

为了总结第一章中提到的方法，并应用在其后的章节，对国际协调有效性的评估既要分析国内协调监管的适宜性，又要分析其他参与国采用相同规则所获得的好处。作为后面调查的一部分，调查所有参与国是否能够实施及如何实施国际协议是十分必要的。为此，和其他协议相比，统一协调的成效相当程度上取决于统一规则或与机构能力和国际协议功能相关的监管程序的兼容性。最后，由于大多数协作安排——当然包括巴塞尔新资本协议——都嵌套在一个更广泛的国际合作框架中，有人可能会质疑这种安排将如何影响合作的总体格局。

第五章的分析提出了一些关于基于巴塞尔新资本协议内部评级高级法（A－IRB）的模型对最低资本要求适用性的问题。并非所有的负面结果都归因于A－IRB方法。例如，最低资本要求潜在规模的减少，是由于巴塞尔委员会在当时银行监管的政治背景下制定的特定公式所造成的，而并不是由于A－IRB方法本身所造成的。但是其他的问题——特别是与模型的可靠性和监测性相关的问题——存在于资本监管的任何A－IRB方法或完整模型方法中，这些问题是否严重到足以使A－IRB成为一个不合理或不可行的银行监管模型，这是一个至关重要的问题。持否定回答的主要原因是：第一，缺乏任何令人信服的替代模型。第二，一些监管者期望最终能在经验的基础上充分完善模型，使方法可行。虽然A－IRB监管过程的不透明性和仅在灾难性事件发生后才会显现监管失误的特性可能会延长测试期，但未来几年还是可能会揭示这些期望是否有充分依据。

当我们转而考虑它特定的国际特性时，巴塞尔新资本协议显得更欠考虑。巴塞尔新资本协议进程对监管的安全和稳健性作出了一些重要贡献。它使银行监管者——包括来自巴塞尔委员会的国家和世界各地其他国家——将注意力集中到调整资本要求和相关监管以更适应国际活跃银行可能承担的复杂异常风险的需要。反过来，监管者鼓励银行改善其风险管理制度，或更一般地说，更好地理解他们机构自身所面临的风险。可以说，巴塞尔委员会各成员国的国内监管者更容易以这个方向作为国际进程中的一部分督促它们自己的银行，更多地去关注风险管理可能会导致更低的资本水平。因此，即使是协议本身存在种种不足，如果能够达成这些结果也是有成就的。

此外，"三大支柱"概念的引进对国内银行监管和国际监管合作水平的提高做出了重要的贡献。第二支柱进一步从国内监管实践的角度仔细地阐述了协议的其他覆盖范围。类似的，第三支柱确立了市场纪律应作为安全和稳健监督整体战略的一个组成部分的原则。一个国际活跃银行风险的复杂性比银行监管的稳健性要求更高的风险溢价。第三支柱也赞成尽可能地寻求市场判断的帮助。然而，令人遗憾的是，第二和第三支柱没有得到应有的重视，每一个都没有了起初的雄心壮志。几乎没有机构或程序的方法去发展现代银行监管重要因素中的任何一个。

国际银行监管得到的好处比 A－IRB 模型作为合作协议基础的弊端更有价值。正如第六章所述，A－IRB 方法作为美国监管的一个模式的适用性问题在 G10 国家范围内变得更加严重，更不用说其他 82 个正在采用巴塞尔新资本协议的国家。而且，不管所有这些国家的监管能力如何，单监测 IRB 方法执行的困难就将使巴塞尔新资本协议制度是否能在实践中加强国际活跃银行安全性和稳健性的问题复杂化。更加不确定的是，有些人担心，正在进行的进一步完善 IRB 方法的工作将减缓巴塞尔委员会对重要事项的进展，如对第一级资本和流动性风险管理的定义。随着 2007 年证券化按揭贷款市场的崩盘，人们不禁怀疑中央银行家和其他银行监管机构在过去 10 年中投入于巴塞尔新资本协议的工作没有更好地用在对国际活跃银行新出现风险的评估上。

根据国内监管者的谨慎判断，巴塞尔新资本协议比巴塞尔旧资本协议在不同国家银行间产生更大的竞争力，这也不是很可能。然而，当国内监管者补充或加强这些规则以应用于国内时，非常详细的资本充足条例的开发和公布给了银行公平竞争的机会。银行业机构曾试图将本应是监管资本要求的底限变为资本要求上限。虽然这个提议难以通过，巴塞尔协议研讨和谈判的模式可能提高了行业游说的有效性，尽管这项政策的设计都是为了金融稳定和遏制道德风险。

建议

现实情况是，修订后的框架对所有的不确定性和弊端进行了一定改进。随着美国的执行，巴塞尔新资本协议度过了为期三年的不明朗期，将很快成为至少在各巴塞尔委员会成员国大型银行的执行资本标准①。巴塞尔委员会不可能很快就放弃 A-IRB 方法。撇开参与机构的实质性判断，这是最好的方法，并需要时间来充分发展，很少有巴塞尔委员会的成员经过 10 年艰苦工作后渴望重新开始。联邦储备委员会和委员会的一些其他成员在面对明显问题时固执地推崇 A-IRB 方法，这种现象在比较大的范围内引起了非常强烈的不满。事实上，对巴塞尔新资本协议的批评似乎已经引发了对部分官员的某种防御性。

外部政策分析家评论他们认为有缺陷的新政策时正是这一点面临着困境，要求实施一个分析家认为更可取的完全不同的政策，如果需要彻底放弃长期经过不断研讨和修改的政策，至少在中短期内，这种情况是不会发生的。但是，这种反应可以

---

① 在撰写本文时，美国银行机构都没有公布它们对银行资本要求是否选择采用 A-IRB 方法的修改建议。在欧盟，所有银行都施行巴塞尔新资本协议的三种方法之一。

有助于在实施时维持对官方新政策的一个焦点，或许在某些情况下有助于更早的改变它。第二选择是政策分析家去阐述整体政策的失误，但随后建议仅进行渐进式变革。这种提案可能更容易被决策者接受（不管其差别有多大），但其潜在有效性可能会以问题的模糊性为代价。

根据前几章的分析，在这方面政策建议的选择是确定的。虽然人们期望巴塞尔委员会在 10 年以前推崇其他方法，第七章的结论是，现有方案中没有一个是在目前情况下足够先进的监管模式，从而容易取代巴塞尔新资本协议的 A - IRB 方法。即使存在替代方法，也仍将存在问题即过分细节的约束是否是国际协议的最佳基础。因此，建议遵循并非是一个"最新的巴塞尔协议"，而是更容易理解的巴塞尔新资本协议过渡的一代。随着美国监管机构把它作为已经运作两年的修改后巴塞尔新资本协议修订版的一部分，现在可以有一个很好的机会来评估这些建议。

这个提案是一个临时的建议，它有三个目标。第一，它旨在通过弥补建立在统一 A - IRB 方法上的国际协议所出现的各种明显的问题来使国际协议更加完善。第二，它创造了一种机制，这种机制可能演变为对国内资本监管和巴塞尔委员会协议而言都更具凝聚力的方法，包括使巴塞尔委员会官员重点关注国际银行体系不断演化的风险。第三，它为包含在提案中的规则和机构制度提供了定期和严格的评估，这样既强化了第二个目标，又提供了一个增强监管透明度的更好的措施。

这里提出了五条建议。第一是关于巴塞尔委员会对资本种类的重新界定，这些资本被划分为一级或二级资本形式。第二和第三个建议是关于国际杠杆比率和次级债务要求的提议，这些都是基于第七章的讨论。这些提议都可以被采用而无须放弃 IRB 方法，虽然提供这些提议是因为这些提议为国际协议提供了一个更可行的基础。第四个建议是关于废除统一的、详细的A－IRB方法规则以支持一系列最佳的监管操作，包括一些基于风险的资本监管形式和要求，即每一个一定规模的国际活跃银行应建立和维持一个有效的信用风险模型。最后的建议是针对改善各巴塞尔委员会国家对银行风险管理的监管视野和这些监管视野的国际同行审议的监督过程。很明显，虽然它们的重点和作用将会转移，以致第三项建议被最终采纳，但所有这些措施都是可取的，无论是巴塞尔新资本协议的 IRB 方法保留与否。

这些建议是否都被采纳，巴塞尔协议 II 1 / 2 将依赖 4 个支柱而不是 3 个支柱。第一支柱将会被大大地相应缩减仅仅包括一个杠杆率要求和一些形式的风险敏感资本要求。第二支柱将包括重要银行系统性风险管理的适用原则，其中包括信用风险模型维护以及监督视野和预期干预的要求。第三支柱将扩大到包括次级债务要求，其披露要求也将重新审查和细化。最后，一个新的第四支柱将加强巴塞尔委员会的监测能力。

建议 1：加快重新定义资本的工作

巴塞尔委员会早已认识到有必要重新定义一级资本和二级资本。虽然委员会决定不在巴塞尔新资本协议中解决这个问题，但是它已经将定义资本作为后巴塞尔新资本协议工作计划的一部分。因此，第一项建议是对委员会议程的认同，而不是要求改变议程。然而，委员会已经开始进行检讨，认为相对审慎的节奏应该加速进行。次贷危机的发生再次强调了确保监管资本真正拥有稳定缓冲作用的重要性，这些作用发挥的关键是要确定核心资本。

此外，至少在一段时间内，危机改变了将银行置于防守位置的金融改革的政治环境，就像20世纪80年代的拉美债务危机所起到的作用一样。现在，正如那时一样，如果国内改革者迅速行动，他们也许会占有先机。同样，随着监管者在面对许多世界上最大金融机构大量风险管理失败的案例时更加注重共享审慎目标，国家之间的竞争将在巴塞尔委员会成员内暂时停止一段时间。然而，一旦危机消除，国内政治经济将恢复正常，伴随而来的是国际谈判动态性对银行监管模式的选择更加具有影响力。

当然，作为一个很重要的问题，如果这些比率分子的指定资本额是虚假的，无论是国内或国际对最低资本比率的规定都不会意味着更高。第三章叙述了旧巴塞尔协议谈判中涉及的一些如何在资本定义中满足一些国家的愿望的关键重要让步。例如来自股票的项目未实现收益。在随后的几年中，巴塞尔委员会国家已经允许他们银行的一级资本中包括各种混合金融工具，而这些工具原来没有包括在旧巴塞尔协议合格资本的定义中。

值得一提的是，相对于巴塞尔新资本协议 A－IRB 部分的极端细节，一级资本和二级资本允许部分的商讨定义相对简单。不像 A－IRB，标准的财务报表为利益相关方提供计算一级资本和二级资本水平的机会，一家银行的资本应该保持合理的透明度。虽然国家监管一定有机会有权利确定金融工具是否合格，但是对重要金融工具的审批应该向巴塞尔委员会报告，必要时能够在巴塞尔委员会中进行讨论。

建议 2：采用国际杠杆要求

第一支柱应加入对杠杆比率的要求。其主要优点是将设定透明的银行资本水平底限，而这个资本水平底限很难去操纵。

其简单性和相对透明度意味着遵守一个比 A - IRB 方法更容易监测的标准。因此，根据美国法律的及时纠正措施系统，它是监管干预的一个特别有用的基准线。在美国，巴塞尔新资本协议讨论的一个显著特点是，现任和前任银行监管当局对保留杠杆率要求作为主要监管工具重要性有着近乎一致的态度。唯一的例外是，两名美国联邦储备委员会的成员，他们简要表达了对一些银行认为这项规定将在后巴塞尔协议时期不适用的观点①。

当然，杠杆率简单性的另一面是它的直接性。这和一家银行对其经济资本要求的计算无关。根据定义，它排除了风险敏感性。根据目前美国的实际，它没有考虑到表外业务，这个可以从次贷危机中结构性投资工具的结局中体现出来。这在总体上构成巨大的信贷风险。单独来讲，任何形式的杠杆率以及目前美国的特别要求对于审慎的国内资本监管制度肯定是不够的。

然而，当与 A - IRB 方法的复杂性、随意性和不确定性比较时，杠杆率的优势就更加明显，尤其是作为国际协议关于资本监管的一部分。它的相对透明度在国际背景下显得更加重要。巴塞尔委员会委员、市场主体以及几乎任何人都可以很容易地根据考察银行的资产负债表确定杠杆率。如前所述，经过审计的财务报告减少财务数字被操纵的可能性，无论这种操纵是否得到了银行监管者的允许。

通过采用杠杆率的国际版本，巴塞尔委员会将会建立一个准则，虽然肯定是不完善的。但这个准则对保持最低资本水平至少提供了适度的保证。关于这方面的内容，回顾在第六章中

---

① 当时的主席格林斯潘建议更多的是概念性反思而不是具体建议取消此项规定。美联储总督比斯建议将杠杆比率取消，不仅是因为他们的工作是为了保证银行努力执行巴塞尔新资本协议，还因那时银行监管问题是他们的首要职责。如前所述，她随后在美国国会有影响力的议员的压力下表示同意使用杠杆比率。

讨论的问题是很重要的，它表明国际资本标准的安全和稳健部分依赖于其他国家的银行机构来自本国，或受到来自外部的压力，从而放松对本国银行的监管。这种动态性强调了监测国际标准在各国国内执行情况的重要性，因而假设国内监管机构可能违背国际标准是非常合理的。为此，巴塞尔委员会应选择一个国际杠杆率，不管它是否保留了 IRB 方法，也不论设置资本要求的这些方法在技术上是否是可靠的。内部评级进程和相关监督监察的不透明使得 IRB 执行情况的国际监测一直是一个问题。资本标准和透明度之间难免出现不平衡。杠杆率提供了一个虽然不完美但却有用的标准。

虽然杠杆率并不会是一个固化的管理工具，但它可以比目前的美国版本更好地进行修改和研讨。如第七章所讨论的，把表外项目排除在决定比率的因素之外，意味着这个标准遗漏了国际活跃银行承担的整个信贷风险庞大而不断增长的部分。对于纠正这种情况的三个方法没有一个是完全令人满意的。使用信用转换因子，例如那些在旧巴塞尔协议中把表外项目转为"资产等值"项目，显然需要表外风险的信息，从而在很大程度上丧失了杠杆率的简单性和透明度。此外，虽然银行对如何计算表外业务证券资产潜在风险敞口的资本要求没有完全确定，但对所有风险敞口是否实际包括在旧巴塞尔协议信用转换规则中仍然存在一些质疑。这些转换规则在 2007 年依然在美国银行中发挥作用。然而，使用更复杂的方法以获得更多的潜在风险只会进一步降低透明度。

第七章解释了将资本与收入比率作为传统杠杆率补充的可能性。2007 年的次贷危机揭示了这一比率的另一潜在优点，因为它将会反映各种活动，例如法律上独立的结构化投资工具的服务活动。这些活动给花旗集团和其他金融机构带来了严重的信誉问题。然而，很明显，一个甚至还没有被现有数据检验支撑的方法是不会被采纳的①。可能建立一个指标比单纯采用某个数字，如总收入，更有用。但是这个指标的选择比较困难，因为我们需要一个固化的但可行的由银行所有业务活动得到的信用风险指标，包括所有表外风险。这项工作需要解决和回答的问题比 A‑IRB 方法产生的问题可能还要多。这项工作应该着手进行。同时，为了避免巴塞尔委员会 1999 年的错误，即把精力付诸于一个不先进的方法，非常有必要重新考虑信贷转换系数的使用和围绕表外风险的信息问题。也许简单的方法，例如，风险的一定百分比就可以和杠杆率达到同样的目的②。

那么，基于现有的知识结构，这里有两个方面的建议。第一，巴塞尔委员会应临时采取在美国使用的那种简单杠杆率以及略有不同的加拿大银行监管形式。巴塞尔委员会成员应对比率低于最低水平的国际活跃银行采取纠正措施。第二，委员会应同时进行必要的分析工作以确定资本/收入比率的效用，表外风险的简单百分比以及任何其他具有相似透明度的方法。如果最后结果证明资本/收入方法是有效的，那么应该采用第二个最小值比率。如果表外风险的一个基本百分比看起来更能预测银行的问题，那么应将计算表外风险百分比纳入修改的杠杆率。在这种情况下，资产负债表的最低百分比可能需要向下调整。如果这些方法都不能证明自己是有用的，那么简单杠杆率将予以保留。

设置临时杠杆率的实际要求带来了另一个问题。根据美国

---

① 委员会的一些对操作风险资本要求更简单的方法可能会是一个有用的开始。

② 一个明显的问题是，如何保证有用和可靠的披露非资产负债表风险，使得杠杆率的透明度特点被复制。另外的是，这些风险的性质可以说是比传统不同信用度借款者的形式放贷多得多，因此，对整体风险使用单一比例将比一个杠杆率粗略得多。

的法律规定，银行被认为是"资本充足"的一个可行的起点是5%的资本水平。因为令巴塞尔委员会成员尤其感兴趣的国际活跃银行一般是多元化金融服务公司（美国法律规定只包含资本充足的银行）的一部分，5%的资本水平要求只会简单地将适用于类似花旗集团和美国银行的规则国际化。对这一建议的反驳是一个标准化的国际资本要求应是真正的最低值。就像美国法律规定4%的水平对银行而言是"资本充足值"的。

然而，我们面临这样一个事实：很多欧洲大型银行的杠杆率几乎只接近于3%，有时甚至还低于3%。与此同时，直到2007年次贷危机发生时，美国银行还普遍持有6%或者更高的杠杆率（见第五章附录表5A.1）。其中的一些差异归因于应用不同的会计准则。这些会计准则影响了分子或分母或两者皆有。也可能是，银行间的不同业务活动影响了相对杠杆率[1]。但是，这些因素似乎不大可能解释美国银行和欧洲银行之间的整个差距。实际上，欧洲监管机构对国际杠杆率的一贯反对很大程度上可能基于他们认为美国监管当局会坚持美国标准。

形势的实际情况表明了：欧洲监管者很可能会继续抵制国际杠杆率，至少部分是出于担心这个杠杆率将要求一些欧洲银行减少资产或增加资本。然而，瑞士联邦银行委员会最近决定对大银行实施杠杆率要求，这表明欧洲监管机构在次贷危机后更容易接受这个要求[2]。虽然美国联邦储备委员会与其他银行机

---

[1] 杠杆率要求同样适用于美国银行控股公司，所以从理论上说，仍将包括联营公司进行的商业银行金融活动（而不是在银行）。在这一点上有一些模糊，因为1999年的法律向商业银行的子公司承诺，实际是任何其他形式的金融机构，美国联邦储备委员会不会把银行的资本要求应用于子公司，因为这些子公司的资本是受其他分支机构监管的，比如证券交易委员会。

[2] 因为在所有欧洲银行中，瑞银和瑞士信贷在次贷危机中遭受了最大的损失，瑞士监管当局的观点可能并不反映欧洲监管者普遍的观点。

构经过商讨后认为国际杠杆率是个很好的指标，但美国机构不同意任何低于4%或者甚至5%的比率。看到一些美国银行把巴塞尔新资本协议的资本最低值调为资本最高值的效果后，机构担心一个更低的国际标准将引发另一轮关于竞争性劣势的抱怨。在大西洋两岸，缺少技术上的解释可以说明目前杠杆率差距的大部分原因，两方的监管机构都需要做出让步。

一种可能性是建立3%的杠杆率。从技术上讲，这是美国银行业的最低值，但监管机构定得比这个比率高得多①。虽然实践中银行机构要求更高的比率水平。在这一水平的要求不需要欧洲银行整体调整。反过来，美国机构可以维持欧洲银行正在制定的一个之前没有过的资本要求，而且在任何情况下，这是美国银行监管制度下技术上存在相同的最小值②。

建议3：增加对次级债的要求

要更好地进行监管合作，一个共同的杠杆率可能会使监管更加有效。大型银行交易的复杂性和速度将继续对获得和评估银行业形势的有关信息方面构成巨大挑战。根据第七章中叙述的详细原因，在这些情况下市场纪律是对监管的一个很好的补充。因此，应强调第三支柱，包括体系对银行发行次级债券的要求。如前所述，即使是最精细的次级债务提议也会有不确定

---

① 作为一件正式的事情，在所谓 CAMELS（基于资本、资产质量、管理、收益、流动性和市场风险敏感性）利率下，3%水平适用于那些有最高复合利率的银行。

② 这种战术取得成功的关键很可能是机构事前争取国会主要议员的支持，他们做一些与巴塞尔新资本协议无关的事情。一旦国会支持的变动建立，各银行就没有什么可以再抱怨的，即使它们很想这样做。

性，使得资本金也存在不确定性。实际上，一个可供选择的市场纪律工具，比如反向可转换债券，可能会更有优势，因为它有这方面的潜力，不仅可以反映银行疲软，而且当银行财务状况恶化时还提供股权资本自动补偿（Flannery，2005）。然而，这一非常好的想法只是提出了一个概念上的设想，完全没有经过实践检验。次级债务提议已经在学术界和政策上争论了好多年。作为对监管制度的辅助工具，该方法似乎非常值得尝试①。

要成为能在银行间进行比较的基准，就需要标准化、发布频率以及尽可能多的其他条件。虽然实际经验和政策工作已经为讨论提供了一些起点。当然，这些细节都还必须通过商讨才能确定。正如第七章建议的，包括要求银行每季度均要发行次级债务在金额上相当于至少2%的银行资产。

债务要求只对一定规模以上的银行适用。其中一个可能性是，持有2 500亿美元资产或资产负债表的100亿美元的外汇敞口的双门槛。美国银行机构用双门槛来确定要求采用 A－IRB 的"核心"银行。但最终，选择的标准应是能够涵盖所有其业务活动具有国际系统性影响的银行。从技术上讲，旧巴塞尔协议和巴塞尔新资本协议已经只适用于"国际活跃银行"（巴塞尔银行监管委员会，2006g）。然而，作为一个普遍适用于许多国家的银行监管协议，旧巴塞尔协议的广泛采用得出了一个假设，即以后的巴塞尔委员会措施将适用于实际中的所有银行。使次级债务要求（见下文的信用风险模型的要求）只适用于在规模和业务活动上有国际系统影响的银行并不是建立在一个类似的假设上；相反，要求多数银行发行次级债务是不适当和不切实际的。巴塞尔委员会认为这普遍适用于银行监管，虽然这并没有什么错，但是其主要重点和活动应该是关于那些可能破坏其他

----

① 根据这一要求的经验，以后对次级债在某些情况下进行监管干预是恰当的。

国家银行系统将要破产倒闭的银行①。

正如第七章所述，次贷危机中信贷资金流对金融机构的损害提出了一个重要问题，即关于大银行使用次级债务要求的问题。在金融危机中，投资者可能无法区分不同银行面临的风险。次级债务尚未解决的价格问题可以类似地反映整体市场的担忧，而不是对发行银行具体情况的评估。在这种情况下，至少在危机中，次级债务的要求基本无用。然而，这种可能性并不否定次级债务作为一个合适的监管辅助手段的价值。次级债务要求的最大价值是很可能被视为问题银行的早期预警之一。分析家和投资者对银行发展的消极反应督促监管者更加仔细的分析，并在适当情况下，采取纠正措施。在一个大的金融震荡中，不需要告诉监管者更彻底地审议各大银行，他们肯定已经紧张地监测这些机构的指标，比如实时基点，如果条件恶化的话会制定备用方案。在这种情况下，次级债务的"煤矿中的金丝雀"功能几乎没有必要，大家都知道环境发生了恶劣的变化。

为了实现市场规律对金融安全和稳健的潜在作用，第五章的讨论围绕第三支柱信息披露的要求进行。如果没有充分的披露信息，市场对银行情况反应的价值将受到严重限制。作为完善这些要求的一种方式，应在市场的信息利益和银行的管理费用之间寻求一个适当的平衡。巴塞尔委员会应设立一个咨询小组，由各国证券委员会、银行和投资或分析次级债务问题的市场参与者组成，他们投资或分析次级债务问题。根据咨询小组的建议，委员会应修改第三支柱的要求。

这项建议具有双重目的，既快速地向监管者提供了市场对

---

① 值得注意的是，美国的国内操作提供了一个解决办法，即仅对大银行实施次级债要求。这是对银行拥有"金融子公司"的要求之一。这些子公司只能从事某些业务，否则禁止银行及其附属机构的相应业务。只有当银行是最大的50家保险银行之一时，它才能持有合格的次级债券。

银行风险观念的额外信息，又决定了次级债务的价格是否可以作为银行监管的一个正式部分。应该有三个制度措施以确保这些目标得以实现。

首先，跟巴塞尔新资本协议 1/2 提议的其他因素一样，需要在一个更为严格的过程中由巴塞尔委员会监测和完善银行监管具体实施细则。在第五个建议中提到的更一般的季度审查程序中可以包括报告债务发行的价格走势和讨论要求中的异常现象或缺陷。委员会可根据需要修改要求①。

其次，先前提到的咨询委员会应予保留，以对次级债务要求的使用以及可能的改进提供持续的独立意见。

最后，在次级债务要求经历适当的期限后，委员会委托认可的非政府专家进行评估。这项评估应审查次级债券价格的变动是否、何时以及如何能成为证明一家银行出现问题的指标，因而成为需要进行监管的根据。评价的结论应该是公开的，这将为委员会进行分析提供一个出发点，即次级债务要求是否能为监督实践增加一些有用的方法，是否对监管者而言仅是一个补充信息，还是作为一个更正式的监管关注的因素。

建议 4：详尽的第一支柱要求和可替代的国际准则

A－IRB 方法是否是国内监管的可取模式，这里有很多重要的问题。如果只不过是错误地将 A－IRB 方法作为国际监管融合的基础，那么有很好的理由将 IRB 规则从第一支柱中删除。这

---

① 当然，来自某个国家的监管者可能想要质问另一个国家的同行，是否后一家银行次级债务价格的显著下降提供了一个应立刻监管的理由。

个建议显然违背了过去 10 年巴塞尔委员会的指导原则，虽然没有背离学术界、政策观察员以及在某种程度上还有银行的广泛而持续地怀疑。因此，并不是期望这项建议能在不久后受到来自巴塞尔委员会的审议。我们的重点是说明如何构建一个更有管理性从而更有效率的资本充足率国际协议。

替代 IRB 规则的将是简单的第一支柱要求。其要求建立一些基于风险的、适用于第二支柱原则的资本要求形式。第二支柱原则同时解决了银行风险管理和银行资本监管视野的问题。至于第一支柱要求，要由每个国家的监管机构决定，并在巴塞尔委员会的指导下进行协商，以决定哪种监管资本规则适用于其银行。尽管这里质疑 A-IRB 方法作为一种监管模式的有效性，但没有理由禁止巴塞尔委员会成员国使用这种方法的一些变形，或实际上一个全模型的方法。虽然有理由怀疑 A-IRB 方法是资本管制的最佳形式，但这一方法在实际操作中的经验允许对其进行充分的调整使之成为可运行的、可靠的监管模式。监管者甚至很乐意每家银行使用自己的信用风险模型，而不是由监管者自己设计模式。另一方面，在其他不变的情况下，国内监管机构应该可以自由选择更简单的基于风险的方法，包括标准化方法的变形。正因为每个现有方法有如此多的缺点，允许国内监管者在巴塞尔委员会一般监督情况下自己进行选择是十分合理的。

第二支柱规定了四类监管原则：①各银行必须有评估自身与风险状况有关的整体资本充足率的过程以及保持其资本水平的战略。②监管者应审查和评估银行内部资本充足评估系统和战略，以及监测和确保其符合监管资本率规定的能力。如果监管者不满意这一过程的结果，应该采取适当的监管行动。③监管者应要求银行经营高于最低监管资本充足率，并应有能力要求银行持有超过最低要求的资本水平。④监管者应当在早期阶段进行干预，以防止资本跌至最低要求水平之下而需要承担某一银行的风险行为，如果银行没有保持或恢复最低资本水平，应迅速采取补救措施。

只要这些原则能够得以执行，那么这些原则是无可非议的。然而，即使作为第一支柱详细规则的一个补充，而且甚至在第二支柱的余下部分进行了阐述，它们也是不完善的。回到更简单的、更容易审核的规则，正如在这里建议的，应列出足够多的对监督银行的整体风险管理情况和特定资本水平的监管措施的具体期望目标。这个建议与从狭义的"监管"方式向一个更加注重"指导的"方法转变的趋势相一致，从而更进一步支持银行法这一已被美国、英国和其他国家的银行机构接纳的法律。这一转变的前提是目前大型银行业务活动的复杂性及节奏相关的风险不能有效地被包括在即使很先进的规则中。恰恰相反，越来越强调在银行内部建立健全的（而不是所谓最先进的）风险管理制度。但对这一方法的必要辅助是一个同样健全和专业的监管过程。如果巴塞尔委员会协议要保证将所有成员国银行的国际金融稳定性风险完全包含在规则中，那么必须对监管过程给予更多的国际关注。因此，即使第一支柱 IRB 规则不再使用，但这里增加的一些建议原则都是相关的，有很多原则在任何情况下都是有用的，可以补充到第二支柱里。

在这里建议把 IRB 规则剔除出巴塞尔协议并不是忽视 IRB 监管效用的预期潜力，而是怀疑将 IRB 方法作为资本规则是否是一个很好的选择，并且不确信将这些方法加入到一个详细的国际协议是否是一种误导。废除这些规则应该引起银行对其自身风险计算更多的关注。对于目前第二支柱的第一监管原则，应该增加一项要求，即次级债务要求涵盖的每家银行都应该拥有自己的信用风险和操作风险模型作为评估和维持充足资本水平策略的一部分。将模型输出结果应用到维持银行资本水平的一系列最佳实践应该通过与银行和营销此模型的外部销售商磋商后进行完善。由此产生的准则将随后被列入第二支柱。

第二支柱中的第二监管原则应确保银行使用模型的完整性。现有第一支柱中关于 IRB 方法的一些限定性条件的规则可以导入到扩展的第二支柱中。对于仍然使用 IRB 方法来确定监管资本的监管者，这些可能已经足够了。然而，当监管者选择不同的方法，无论是标准化方法或完全模型化方法，确认原则需要广泛到足以适用于任何一家银行使用的合理模式。这个与第一支柱要求相差很远的基本步骤目的在于重新连接巴塞尔进程与其最初的出发点，即更好地协调监管活动与银行在评估风险敏感性方面的专业技能。第五章提出的监测问题依然存在。事实上，只要每家银行使用其自身的信用模型（正如实施 A - IRB 将要达到的商业目的那样），他们可能会更加复杂。下一个建议是回应这一问题，但仅仅只是其中的一部分。虽然放弃将 A - IRB 方法作为一个单独的监管资本要求同样意味着也将丧失利用监管套利的机会，而监管套利被银行视为联系某些东西的一种人工措施。银行错误和监管不确定性的潜在性一定是写进了刚提交的巴塞尔新资本协议的提案中，虽然这个提案理论上并不比现在的巴塞尔新资本协议好。

无论 IRB 方法作为巴塞尔新资本协议内容的命运如何，第二支柱的第二、第三和第四监管原则的详细阐述也是必须的。如第六章讨论的那样，协议应该有更具体的监督目标，包括银行监测的性质和程度。监督者应定期接受和审查银行信用风险和操作风险模型得到的原始资料，以及银行针对特定风险真实持有的资本数额和模型表明应当持有数额之间差异的解释。这种做法将加强在第二原则下监管评价的精确性和第三项原则下采取行动的基础。第三项原则表明了对银行持有高于最低资本水平要求资本量的要求①。第四监督原则——关于防止或补充资本低于最低水平的监管干预——应该是相当完善的。尽管美国快速纠正措施系统的所有具体特性可能并不适合所有的巴塞尔委员会成员国，但对低于杠杆率或相应风险基础要求最低水平的监管干预时间和范围有了更明确的目标。此外，随着次级债券发行要求中市场活动的经验积累，对揭示银行因为价格变化而引发的问题应该进行采取适当的监管措施，巴塞尔委员会应该起草指导意见。

建议5：加强巴塞尔委员会监督职能

在所有工作小组和会议上，巴塞尔委员会已经回避监测甚或讨论巴塞尔成员国银行的资本状况。在最初几年，委员会是个相对非正规的组织是其成功的一个原因。即使在今天，也有很好的理由不把资本充足协议作为一个具有约束力的国际法律去遵守，否则很难与促进各国监管者之间合作以及监管者基于银行内外部环境做出监管判断的需要共存。如果认为可以强制要求银行"遵守"资本协议，这恐怕是无用的。因为对国际法律义务的过分强调和执行可能会导致公然的对抗，这可能会削弱监管机构之间的合作，而合作是所有巴塞尔委员会活动的关键②。

---

① 在使用 IRB 方法来设定基于风险的监管资本水平的国家，就应该在模型输出和资本要求之间存在很少或没有分歧。因此，在这些情况下，这个额外要求的影响将是有限的。

② 美国银行机构不愿意放弃具有法律约束力的巴塞尔资本协定也是考虑到潜在国内法律和宪法问题，因为它怀疑机构授权把约束美国作为一个国际法律问题。

不过，民族主义的存在以及对国内监管机构合作的激励支持委员会范围内的采用一定方式方法来反映在资本协议中的共同目标。正如以前的建议，实现这个目标最有效的方式也许应该是结合监管活动和其他监管职能，比如信息共享、分析解决问题以及共同制定新的提案。也就是说，应将监测工作运用到同业互查中，而不是在裁决方面。同业互查职能本身也应融入到合作活动当中。除了次级债务提案的体制特点外，还有两个建议：

首先，委员会应该制定一个关于大型国际活跃银行资本水平的季度审查和报告，并要求这些银行发行次级债务和使用内部模型。报告可以是已有的国际清算季刊的附录，或是巴塞尔委员会公布的一个独立部分，并且应该包含定量和定性两个部分。前者将包含这些银行的杠杆水平和基于风险的资本充足率①，以及在第二条建议里提到的有关银行次级债券价格的变动信息。定性部分将包括该委员会对这些银行的情况分析和国家监管者为提高低于最低监管水平的银行资本充足率或者是银行的债务价格变动所涉及的其他非定量问题。

显然该报告的要求将给市场、政策分析家、学者以及其他利益群体提供信息。虽然这些信息的大多数将会从其他的渠道获得，然而汇总表中的季度披露将为重点针对国际活跃银行资本条件的各小组创建一个定期的信息披露机制。通过公认的、不带任何歧视的方式，这个机制可提供巴塞尔委员会和各国监管机构的一些看法。报告内容应更多地关注巴塞尔委员会委员自身的信息以及他们作出的分析。国内监督者需要对其他委员解释他们银行资本状况或次级债券价格的重大变化。这一过程

① 当然，基于风险的资本充足率不会是直接可比的，因为在一系列建议下每个国家将选择自己的方法。

将允许其他成员按照条件对特定一家银行或几家银行做进一步调查，以及去引领趋势，而这种趋势可能需要监管的关注或调整。虽然这个报告的要求明显不能保证巴塞尔委员更加重视成员国最低资本监管的质量，但它至少提供了一个适当检查的机会。非政府部门审议本身（包括潜在的预警信息忽略，事前和事后调查都包括在内）可能促进委员会在信息披露原则设定上采取一种更积极的态度。

其次，委员会应设立一个检查部门，负责独立评估巴塞尔委员会国家的大型国际活跃银行的资本管理操作方式。一个或更多的专家小组将在给定的年份对有限几家银行进行现场模型验证和监督。在资源受限的条件下，检查部门将每年审查不同国家的银行。至少在最初检查部门的专家们将来自巴塞尔委员会国家银行监管机构，而从具体的一个足够长的时期来看，他们能够作为检查队伍的一部分。检查部门队伍将间接监督国家机构在模拟监督中表现如何。这些经验也将为小组成员提供一个从其他国家监管者模型验证和检查中学习知识和汲取经验的机会，并希望从不同国家的相关专家中建立信任和真正的"共同语言"。

不管 IRB 或其他共同的风险资本方法是否要求使用信用风险模型等风险度量方法，这些银行都将保持复杂的风险管理系统。如果巴塞尔新资本协议的 IRB 方法被保留，那么银行的内部评级体系评估和相关资本计算很显然是归功于该管理系统的。如果 IRB 方法从国际协议中去除，一些国家仍然可以对其保留。正如第三项建议所讲，为了维持适当的模型使其成为他们风险管理系统总体的一部分，国内没有采取 IRB 方法的仍然要求采取。如果没有国内或国际资本要求，监督者依然可以使用银行的信贷风险模型和更大的风险管理制度（IRB 是制度的一部分）来评估银行资本水平对其风险敞口是否适当。

正如前面所强调的，银行信用风险模型操作和国家监管机构监管的不透明是巴塞尔新资本协议相关检测困难的主要原因。审查的建议和对银行资本状况的报告没有改善这些问题。

一个实际存在的问题是，检查部门很可能只可以在特定年份审查最大银行的一小部分。但是，这一活动水平应足以给巴塞尔委员会一个说明，即各成员国银行机构如何管理 IRB 方法，或在资本要求缺失情况下，他们如何监管大银行的风险管理制度。在自身检查之后，检查部门应跟相关国内监督者汇报情况。这些检查将不会有直接的法律或监管后果。但是，当检查组发现了重大问题，而国内监督者未能纠正或他们不知道这些重大情况，这时国内监督者将有机会进行讨论并酌情补救。每年审查的结果应该在巴塞尔委员会讨论，同时应该将检测部门的每年的检查活动编辑到委员公布的季度报告中去。

这一建议的一个明显障碍是银行和国内监督者关注于专有信息，包括风险管理和客户资料，这些专有信息可以提供给监督者验证信用风险模型。在这种情况下，银行监管者担心的一个比较大的问题就是，当同行者急于摆脱与问题银行的关系时，银行问题的一个暗示成为一种自我实现的预言。监督者表露的这种担心解释了为什么当它们其中一家银行遇到问题时，他们不会立即告诉其他国家的监督者。另外，采用模型验证的监测过程只会偶然吻合一个特定的银行事件，而不会导致这种大面积的连带事件。

至于更广泛的保密问题，尽管是切实需要考虑的，但不一定是不可克服的。管理者在其他领域有办法在调查中分享关于国际活跃公司的信息，同时将专有信息秘密维持在一个适当的水平上。似乎没有理由解释为什么类似协议不能在银行领域运行。确实，更大的问题可能是官员在细节上缺乏评估督导表现的动力，他们国内银行的表现是受监督的影响的，并且一旦他们返回他们的长期工作，个人行动可能会影响他们的事业。

随着时间的推移，除了银行监管机构外，这些专家可以直接从其他途径招募来。由此产生的员工的自主性和连续性将有助于减少在前面章节中提到的问题，而不会导致国家机构的直接监管权力有任何的转移。这种状态应该固化下去，审核单位也应该扩大到包括来自非巴塞尔委员会国家的专家和银行模型的评估专员。

资本监管以外的影响

因为巴塞尔委员会的工作是国际经济协议形式的典范，这些协议被称为是"软法律"、政府的监管网络或国际监管衔接，问题是它是否包含其他经济领域必然出现的经验教训。巴塞尔委员会无论在其合作活动范围上还是各国监管实践融入协议的程度上都堪称楷模，其中合作活动范围包括协调国际活跃银行的监管以及协调其资本要求。在其理想化形式中，这样的协议是一个有组织的国际活动制度，这些活动由国家政府官员和国家管理职责部门执行，旨在使各国法律和法规更加一致，并促进国内相似法律能够协调一致地执行。这样的协议是不像国际法律一样具有法律约束力的。例如，不像贸易协议一样。因此，没有正式的争端解决机制。非正式性、灵活性和基本假设是一致的，即参与国具有共同的和持续的利益来有效监管国际经济活动中个体参与者。

巴塞尔委员会中银行官员的持续合作，包括巴塞尔新资本协议以及巴塞尔旧资本协议在 10 国集团以外的显著影响表明，国际经济治理的新模式正在形成，其中国家监管将会在国际层面上进行有效协调。实施这种方式的部分原因来自于各国不同的管理全球金融体系。不可避免地会提出这样一个问题，即巴塞尔委员会是否应采用促进各国金融监管当局之间监督合作和实质性衔接一系列更加广泛的协议。正如美国次贷房屋市场崩溃揭露的金融问题所表现的那样，不仅在全世界的商业银行之间，而且在银行和其他金融市场参与者之间都存在着密切的联系。然而，金融监督者间的其他国际协议，例如那些在国际证券委员会和国际保险监管者协会支持下的协议，跟巴赛尔协议比起来更不完善。

伴随着巴塞尔协议跟银行的监管实务偏离越来越远，有些人担心巴塞尔协议是否能为处理商业领域谈判协议提供一个可行的选择，国家之间的不同法规和交易协议造成在货物贸易或服务中的障碍。贸易协议通常通过设立国际契约来处理这些情况，这些契约对国内法规关于外国利益方的核准范围进行了限制，要么是国民待遇条款的形式，或者是更一般的程序性和实质性监管要求。这些贸易协定中可供选择的每一个方法都存在着巨大的差异。国民待遇的原则很难适用于国内法规的众多具体表现形式，是否区别对待一家外国公司通常是根据公司产品或经营的特殊性来决定的。现在的问题是，监管衔接是否可以在不损害监管基本目标的情况下消除大多数歧视情况或对外国公司的差别对待。

当然，人们一直怀疑巴塞尔委员会的工作的有效性。有些人贬低委员会的工作只不过是在面对监管竞争时官僚主义的自我保护（Macey，2003）。迄今为止，巴塞尔新资本协议过程的经验表明，无论人们对协调银行监管模式的出发点是什么，都是期望协议能够促进不同国家银行监管的潜在协调能力。

事实上，巴塞尔新资本协议对其他金融和非金融领域问题的解决能力是非常有限的。当然，我们绝不能因此从单一现象合理地推断国际协议既定形式使用的一般原则。本书着重于分析一个重要的监管方法的细节和一个特定协议的制度潜力之间的相互影响，以及这种影响在其他领域的扩展性。此外，巴塞尔委员会本身的历史表明了如何确定合理的国际监管合作做法的细节和框架。

虽然细节最终确定了，但是巴塞尔新资本协议的一些内容确实表明了关于国际金融监管中对监管协议承诺的某些考虑，这些考虑涉及了其他国际经济领域中的一些做法。

第一，建立一个基于有效监管模式的国际协议的重要性是显而易见的。该模型为国内监管者提供了一个至少是切实可行的基础，尽管国际协议对参与国家来说带来的不太可能都是好处。例如对于巴塞尔新资本协议来说，A‐IRB 方法作为国内监管模型的不确定性是非常明显的。对于巴塞尔新资本协议，人们可以认为，推进该协议的官员在确定资本监管的方法时犯的一个基本错误是，这个方法完全没被测试过。然而，在协议的国际谈判中次优监管模型的选择成本是非常高的，因为我们没有办法对所有方法进行准确评估。

第二，巴塞尔新资本协议的经验表明，国际监管协同努力的成功取决于是否能够找到一个与机构管理模式相匹配的一个监管模式。巴塞尔新资本协议的 A‐IRB 方法不仅在国内监管者监督银行方面，而且在其他巴塞尔委员会成员监测各国内监督者的监管质量方面，都存在着很大的困难。即使是一个对于参与国家而言是国内监管健全基础的模型，可能也不能很好的匹配国际协议的体制特点。因此，在某些情况下，没有任何管理模式是既对参与国家而言是切合实际的政策，又能与有效的国际协议相匹配。

第三，巴塞尔旧资本协议和巴塞尔新资本协议一贯主张将注意力集中在有影响的政治经济因素上，这是一个非常值得推敲的问题。涉及政府的任何过程都会染上政治的色彩，但受各种因素影响的政治色彩也各有不同，例如时间和范围。这种观点适用于每个参与国现行的政治经济和在国际层面间相互影响的政府官员和私人利益。也就是说，即使在一个特定的领域，也很可能没有一个固定的政治环境。